"十三五"江苏省重点出版物出版规划项目

走向深蓝·海上执法系列

海上安全与执法

裴兆斌　王黎黎　孙　岑　等编著

海洋法律与政策东北亚研究中心（教育部备案CQ17091）资助
《大连海洋大学——蓝色法学课程群》项目资助
大连海洋大学研究生教育教学创新工程项目资助
大连海洋大学社会科学界联合会资助
辽宁省社会科学届联合会：《辽宁海洋发展法律与政策研究基地》项目资助
中国太平洋学会海洋维权与执法研究分会资助
辽宁省法学会海洋法学研究会资助
大连市社会科学届联合会、大连市国际法学会资助
北京龙图教育/龙图法律研究院资助

东南大学出版社
SOUTHEAST UNIVERSITY PRESS
·南京·

图书在版编目(CIP)数据

海上安全与执法 / 裴兆斌等编著. —南京：东南大学出版社，2017.12
(走向深蓝 / 姚杰，裴兆斌主编. 海上执法系列)
ISBN 978-7-5641-7491-0

Ⅰ.①海… Ⅱ.①裴… Ⅲ.①海上-国家安全-研究-中国 ②海洋法-行政执法-研究-中国 Ⅳ.①E815

中国版本图书馆 CIP 数据核字(2017)第 289248 号

海上安全与执法

出版发行	东南大学出版社
出 版 人	江建中
社　　址	南京市四牌楼 2 号(邮编：210096)
网　　址	http://www.seupress.com
责任编辑	孙松茜(E-mail：ssq19972002@aliyun.com)
经　　销	全国各地新华书店
印　　刷	虎彩印艺股份有限公司
开　　本	700mm×1000mm　1/16
印　　张	15.75
字　　数	318 千字
版　　次	2017 年 12 月第 1 版
印　　次	2017 年 12 月第 1 次印刷
书　　号	ISBN 978-7-5641-7491-0
定　　价	49.80 元

(本社图书若有印装质量问题，请直接与营销部联系。电话：025-83791830)

走向深蓝·海上执法系列编委会名单

主　任：姚　杰
副主任：张国琛　胡玉才　宋林生　赵乐天
　　　　裴兆斌

编　委（按姓氏笔画排序）：
　　　　王　君　王太海　田春艳　刘　臣
　　　　刘海廷　刘新山　刘　鹰　朱　晖
　　　　高雪梅　常亚青　彭绪梅　戴　瑛

总 序

人类社会发展史上,海权与世界强国伴生,互为倚重。无海权,便无真正的世界强国;而无强大的国力,则无法形成和维持强大的海权。海洋权益是海洋权利和海洋利益的总称。按照《联合国海洋法公约》规定,国家的海洋权利包括:沿海国在国家自己管辖海域(领海、毗连区、专属经济区和大陆架)享有的主权、主权权利和管辖权;在国家自己管辖之外海域(公海、国际海底区域、他国管辖海域)依法享有航行自由和捕鱼、深海底资源勘探开发等权利。国家海洋利益主要是指维护国家主权和领土完整的政治利益,以及开发利用领海、专属经济区、大陆架、公海、国际海底等所获得的收益。

伴随着《联合国海洋法公约》的生效,世界沿海各国不断加强对国家管辖海域的管理,随着世界各国对海洋问题的重视程度不断加深,沿海国家相继调整海洋战略,制定相对完善的海洋法律体系,强化海洋综合管理与执法,以维护本国在海洋上的利益。纵观世界各国,随着管理内容的变化,世界各国逐渐形成了各自独特的海洋管理与执法体制,主要有以下发展模式:

第一,"管理部门集中—执法权集中"模式。"管理部门集中—执法权集中"模式,是指一个行政机关或法定组织通过一定的法律程序,集中行使几个行政机关的行政检查权和行政处罚权的一种行政执法体制[1],具体而言,就是指由一个部门统一管理全国的各项涉海事务,同时也由一个部门集中行使执法权。其具有以下特点:一是有覆盖海洋管理各个方面的专门国家海洋管理机构;二是有健全、完善的海洋管理体系;三是有较为系统和完善的国家海洋法律法规及海洋政策;四是有统一的海上执法队伍。美国是"管理部门集中—执法权集中"模式的典型代表。

第二,"管理部门分散—执法权集中"模式。"管理部门分散—执法权集中"模式是指虽然没有一个能够完全管理国家海洋事务的机关,但是它却有一个能管理大部分或绝大部分海洋事务的组织,在发展趋势上,是不断向"管理部门集中—执

---

[1] 刘磊,仇超. 行政综合执法问题略论[J]. 泰安教育学院学报岱宗学刊,2004(1).

法权集中"模式发展的。其具有以下特点：一是全国没有统一的海洋管理职能部门；二是建有海洋工作的协调机构，负责协调解决涉海部门间的各种矛盾；三是已经建立了统一的海上执法队伍。日本是"管理部门分散—执法权集中"模式的典型代表。

第三，"管理部门分散—执法权分散"模式。"管理部门分散—执法权分散"模式是指海洋管理工作分散在政府的各个部门，中央政府没有负责管理海洋事务的统一职能部门，也没有形成统一的执法体系。其具有以下特点：一是全国没有统一的海洋管理职能部门，海洋管理分散在较多的部门；二是没有统一的法规、规划、政策等；三是没有统一的海上执法队伍。此种模式在世界上相对来说是非常少的。加拿大是"管理部门分散—执法权分散"模式的典型代表。

这三种不同管理与执法体制模式虽然呈现出不同的特点，但是目前仍然属于"管理部门分散—执法权分散"模式的国家少之又少，并且"管理部门分散—执法权集中"模式也在向着"管理部门集中—执法权集中"模式转变，因而"管理部门集中—执法权集中"模式是国际大趋势。

我国现行的海上行政执法体制是在我国社会主义建设初期的行政管理框架下形成的，其根源可推至我国计划经济时期形成的以行业执法和管理为主的模式，是陆地各行业部门管理职能向海洋领域的延伸。[1] 自新中国成立以来，我国海洋管理体制大概经历了四个阶段：

第一阶段大致为新中国成立至20世纪60年代中期，分散管理阶段。对海洋管理体制实行分散管理，主要是由于新中国刚刚成立对于机构设置、人员结构的调整还处于摸索和探索时期，其主要效仿苏联的管理模式，导致海洋政策并不明确，海上执法建设相对落后，又随着海洋事务的增多，海洋管理规模的扩大，部门与部门之间，区域与区域之间出现了职责交叉重叠、力量分散、管理真空的现象。[2]

第二阶段是海军统管阶段。从1964年到1978年，我国海洋管理工作由海军统一管理，并且成立国务院直属的对整个海洋事业进行管理的国家海洋局，集中全国海洋管理力量，统一组织管理全国海洋工作。此时的海洋管理体制仍是局部统一管理基础上的分散管理体制。

第三阶段是海洋行政管理形成阶段。这一阶段的突出特点是地方海洋管理

---

[1] 刘凯军.关于海洋综合执法的探讨[J].南方经济,2004(2).
[2] 宋国勇.我国海上行政执法体制研究[D].上海:复旦大学硕士学位论文,2008.

机构开始建立。至1992年年底,地(市)县(市)级海洋机构已达42个,分级海洋管理局面初步形成。海上行政执法管理与涉海行业或产业管理权力混淆在一起,中央及地方海洋行政主管部门、中央及地方各涉海行业部门各自为政、多头执法、管理分散。

第四阶段是综合管理酝酿阶段。国家制定实施战略"政策""规划""区划"协调机制以及行政监督检查等行为时,开始注重以海洋整体利益和海洋的可持续发展为目标,但海洋执法机构仍呈现条块结合、权力过于分散的复杂局面。[①] 这一阶段仍然无法改变现实中多头执法、职能交叉、权力划分不清等状况。

2013年3月10日《国务院机构改革和职能转变方案》公布,为进一步提高我国海上执法成效,国务院将国家海洋局的中国海监、公安部边防海警、农业部中国渔政、海关总署海上缉私警察的职责整合,重新组建国家海洋局,由国土资源部管理,国家海洋局以中国海警局的名义开展海上维权执法,接受公安部的业务指导。[②] 重组后的海警具备了原有海监、渔政、边防海警的多项职能。从《国务院机构改革和职能转变方案》以及实践来看,中国海警局是海上执法的执法主体之一。在这一轮的改革中,虽然整合了原有的海监、渔政等力量形成海警局,但目前在海洋执法方面还是平行地存在两个执法机构,即海警局和海事局。同时,在整个海洋执法体系中也存在一定的地方政府海洋执法力量。

总之,为了建设强大的海洋国家,实现中华民族的伟大复兴,更好地维护我国海洋权益和保障我国海上安全,有效地遏制有关国家在海上对我国的侵扰和公然挑衅,尽快完善我国海洋管理与执法体系显得尤为必要,也是现阶段的紧迫要求和时代赋予我们的神圣使命。

为使我国海洋执法有一个基本的指导与理论依据,大连海洋大学法学院、海警学院组织部分教师对海上执法工作进行研究,形成了以下成果:

1.《海上安全与执法》
2.《海上治安案件查处》
3.《海上行政案件查处》
4.《海上犯罪侦查实务》
5.《海洋行政处罚通论》
6.《海洋行政案件证据规范指南》

---

① 仲雯雯.我国海洋管理体制的演进分析(1949—2009)[J].理论月刊,2013(2).
② 李军.中国告别五龙治海[J].海洋世界,2013(3).

7.《海上治安执法实务若干问题研究》
8.《蔚蓝的秩序——西非渔事咨询案评析》
9.《海上渔事纠纷与治安案件调处》
10.《最新海洋执法实务实用手册》

丛书编委会主任由姚杰担任；张国琛、胡玉才、宋林生、赵乐天、裴兆斌担任丛书编委会副主任。王君、王太海、田春艳、刘臣、刘海廷、刘新山、刘鹰、朱晖、高雪梅、常亚青、彭绪梅、戴瑛担任编委。

丛书主要作者裴兆斌系大连海洋大学法学院院长、海警学院院长，长期从事海上安全与执法、海上维权与综合执法、海洋行政法、海洋法教学与科研工作，理论基础雄厚。其余作者均系大连海洋大学法学院、海警学院等部门教师、研究生及其他院校教师、硕士和博士研究生，且均从事海上安全与执法、海上维权与综合执法、海洋行政法、海洋法教学与科研工作，经验十分丰富。

本丛书的最大特点：准确体现海上执法内涵；体系完整，涵盖海上执法所有内容；理论联系实际，理论指导实际，具有操作性。既可以作为海警和其他海上执法部门执法办案的必备工具书，又可作为海警和其他海上执法部门的培训用书；既可以作为海洋大学法学专业本科生、研究生的教学参考书，又可作为海洋大学法学专业本科生、研究生的专业方向课的教材。

希望该丛书的出版，对完善和提高我国海上执法水平与能力提供一些有益的帮助和智力支持，更希望海洋管理法治化迈上新台阶。

大连海洋大学校长、教授

二〇一五年十月于大连

前 言[①]

  2012年,党的十八大报告首次提出了"坚决维护国家海洋权益,建设海洋强国"的奋斗目标,并强调要"高度关注海洋安全"。海洋安全在国家安全战略中具有极其重要的地位。没有海上安全,就没有国家的发展与安全。我国作为一个海洋大国,伴随经济的发展及国家利益的延伸将更加突出海洋安全意识。在此背景下,研究我国海洋安全与执法具有极其重要的意义。

  2016年,经中国太平洋学会批准,依托大连海洋大学成立了海洋维权与执法研究分会。2015年,经辽宁省法学会批准,依托大连海洋大学法学院成立了海洋法学研究会。这两个研究会于2017年1月7日,在大连海洋大学召开了学术年会。来自海洋、海警、海军等部门和院校、科研机构的100余名与会代表分数个单元对海上安全与执法主题进行了深入交流,《中国海洋报》等媒体对此作了报道。

  会后,我们从提交的论文中择优选出一部分,分为海洋维权、海洋执法、深海法三个专题编成此书。

  本书的付梓得益于中国太平洋学会、辽宁省法学会领导的鼎力支持与指导,也受益于海军大连舰艇学院原航海系教授陆儒德、原中国海监东海总队副总队长郁志荣等的无私帮助与启迪,大连海洋大学法学院、海警学院诸多老师都给予了大力帮助,在此深表衷心的谢意!东南大学出版社的编辑孙松茜老师任劳任怨,不辞劳苦逐字逐句予以核校勘正,在此也表达我们深深谢忱!

  当然,作者愿望良好,但效果尚待实践去检验。本书肯定存在一些不足与疏漏之处,恳请诸位热心读者发现、提出、指正,我们一定会倾听各界的批评与建议,希望各位读者不吝赐教。

二〇一七年三月于大连

  [①] 基金项目:1. 教育部备案2017年度国别与区域研究中心项目"海洋法律与政策东北亚研究中心"(GQ17091);2. 2017年度辽宁经济社会发展立项课题(2018lslktyb-015);3. 2016年辽宁省教育厅科学研究项目(w201607);4. 2016年度校级教育教学改革研究重点项目(大海大校发[2017]14号-7);5. 大连海洋大学研究生教育教学创新工程项目(海上安全与执法)。

目 录

第一专题　海洋维权 …………………………………………………… 1

　中国海警维权执法主体地位的法律缺失与建构 …………………………… 3
　我国海洋维权执法体制的困境及路径解析 ………………………………… 8
　关于中国海警行使紧追权的法学思考 ……………………………………… 14
　我国海洋维权法律体系研究 ………………………………………………… 20
　我国海洋维权与执法存在的问题及对策分析 ……………………………… 27
　维护我国海洋安全发展的现状及应对举措 ………………………………… 33
　南海仲裁案后南海人工岛礁的维权对策 …………………………………… 38
　海洋维权之紧追权行使主体研究 …………………………………………… 44

第二专题　海洋执法 …………………………………………………… 51

　涉海案件司法解释刑法内容评析 …………………………………………… 53
　海军参与海上执法的国际法基础与实践 …………………………………… 60
　海洋维权与执法——由南海仲裁案引发的思考 …………………………… 75
　我国海上执法武力措施使用研究 …………………………………………… 82
　海上行政执法程序完善对策 ………………………………………………… 89
　涉海犯罪罪名与我国《刑法》罪名的衔接与适用 ………………………… 98
　两岸海上协同执法合作机制研究 …………………………………………… 104
　我国海上刑事执法主体研究 ………………………………………………… 118
　域外海上执法力量分析及对我国的启示 …………………………………… 123
　现行海上渔事纠纷调解制度的完善 ………………………………………… 128
　中国—东盟海上执法合作机制建设研究 …………………………………… 132

海上运输有毒有害物质污染损害赔偿机制探析 …………………… 141
海洋环境突发事件应急管理措施 ………………………………… 148
"一带一路"倡议下海洋环境保护的国际合作 …………………… 156

第三专题　深海法 ……………………………………………… 167

论联合国海洋法公约与深海法 …………………………………… 169
国际海底区域开发主体责任研究 ………………………………… 174
《深海法》中的政府与企业协同发展研究 ………………………… 181
我国对国际海底区域开发法律制度完善研究 …………………… 186
《深海法》中基于深海海底资源开发与海洋环境保护的思考 …… 195
论我国《深海法》确立的相关制度 ………………………………… 201
国际海底区域海洋环境保护研究 ………………………………… 206
深海区域海底资源物权研究 ……………………………………… 211
讨论海底资源勘探开发问题 ……………………………………… 216
深海水下文化遗产盗捞法律问题研究 …………………………… 219
我国深海法律制度研究 …………………………………………… 227
《深海法》法律制度意义及实用性考量 …………………………… 230
以《深海法》出台为契机浅谈我国海洋立法的未来发展 ………… 233

第一专题

海洋维权

中国海警维权执法主体地位的法律缺失与建构

戴 瑛　谢曾红

近些年来,中国海警管理体制、执法手段成为当前学术界和实务界普遍关注的热点。研究的内容主要集中在:第一,海权的发展趋势及中国海权战略;第二,海上执法主体的适格性研究;第三,中国海洋执法体制研究;第四,海洋维权执法措施研究。总体而言,研究方向有海洋维权执法环境、执法程序和措施研究,域外比较研究也逐渐深入,对于海洋维权执法体制的探讨更为全面细致,以上问题的研究却忽略了一个关键问题,即忽视中国海警执法主体立法的相关问题研究。从我国现行海洋维权执法体制来看,海洋维权执法队伍需要有专门、系统的法律法规支持。本文揭示海洋维权执法行为的困境,探讨在现行制度框架和现实约束中探究中国海警主体立法的必要性,并进一步探析如何在现实约束下重塑中国海警海洋维权执法法律法规体系及其合理性。

一、我国海警主体地位立法缺失的反思

海洋权益管理,是指各国通过成立专门的海权管理机构和建立海上执法队伍进行海上维权活动以及颁布相关的法律法规捍卫本国海洋权益、调查与他国海洋冲突、为实施海上执法行为提供法律依据。美国的海岸警卫队作为美国五大军种之一,是世界上实力最强的海上警察部队,主要职务就是确保美国海上安全、国家防御和保护海洋资源,是众多国家海上执法队伍建设和海洋权益管理的典范。作为世界上举足轻重的海洋国家,日本为维护海洋权益,建设了一支军事科技力量强大的海上执法力量——海上保安厅,而且出台了一系列以《海洋基本法》为根本的海权管理法。

中华人民共和国成立后存在的海权管理分散现象,导致我国海洋资源开发滞缓、海上执法力量薄弱、海上权力难以得到有效控制,为一些周边国家侵犯我国海洋权益埋下了隐患。21世纪以来,中日钓鱼岛问题和中菲南海问题的白热化促使中国人民和政府意识到建立一个专门性的海权管理机构和执法队伍势在必行。2013年国务院重新组建国家海洋局,成立中国海警局。[①] 按照我国行政法的原

[①] 国务院印发的《国家海洋局主要职责内设机构和人员编制规定》指出,"设置国家海洋局北海、东海、南海分局,履行所辖海域海洋监督管理和维权执法职责,在沿海省(自治区、直辖市)设置11个海警总队及其支队。国家海洋局以中国海警局名义开展海洋维权执法,接受公安部业务指导"。《国务院机构改革和职能转变方案》规定强化国家海洋局"加强海洋综合管理,促进海洋事业发展"和"加强海洋维权执法,维护海洋秩序和海洋权益"两项职责,并划分了国家海洋局与国土资源部、公安部、农业部、海关、交通运输部、环境保护部的职责分工,为各机构更好地明确分工、完善合作提供了依据,对海上执法队伍进行了整合,此举迈出了我国海权管理体制建设的重要一步。

理,对于国家行政机关来说,法无授权即禁止。整合了中国海监、中国渔政、海关缉私警察和公安部边防海警成立的中国海警局在执法权限上还需要法律法规的确认。政府行政体制改革应当依法进行,有法可依,而现行法律法规制定的步伐远远跟不上体制改革,这就会出现执法资格与相关立法的脱节,甚至出现执法真空现象。一个新整合成立的行政执法机关,如果没有配套授权的相关立法,仍沿用过去的法律法规,显然其执法主体资格存在瑕疵。中国海上执法体制调整后,探索中国海警的立法研究,明确海警执法的主体地位和职责权限,是一项十分紧迫的工作。

海洋执法实践是维护国家海洋主权、促进经济发展、保护海洋环境、保障国家安全的重要手段。近几年,随着我国海上执法实践出现的问题逐渐增多,许多海上执法人员从事具体执法工作时找不到执法依据,给海上执法工作带来了困难。中国是一个海洋大国,由于地理位置特殊,周围海域与许多国家相邻。近些年,周边国家越来越重视海洋权益,并加强了海洋立法和执法实践。我国经济和社会发展取得了一定的成果,但是对海洋法律法规建设这一领域的研究则有所欠缺,中国海警在进行具体的海洋维权执法工作时缺乏法律法规的依据。因此,制定明确海警主体地位及规范执法行为的法律法规可以说是解决中国海警队伍目前存在问题的唯一选择。

二、中国海警立法的国家战略性及法律体系的内生性

海上统一行政执法是我国发展海洋产业、保障海洋权益的必然选择,是建设"海洋强国"战略的客观要求。《国务院机构改革和职能转变方案》于2013年3月份公布,将现有多个海上执法力量组建为中国海警局,统一开展海上维权执法。本次机构改革涉及多个涉海部门的职能、编制变动,对海上执法格局产生大范围、深层面的影响,导致现实中海警局履职面对严峻的挑战。执法依据缺位、跨部门关系难以协调、执法人员素质和技术设备水平有限等因素严重影响中国海警局职能的发挥。

从中国海警局成立的过程来看,适应行政环境和海洋安全局势的需要,依靠"三定方案"和党的指导来完成的海警局是走了行政指导机构改革的道路。海警局的合并涉及单位众多,直接依据是《国务院机构改革和职能转变方案》,即"三定方案",因此,中国海警局的成立没有成型的组织法规范,也没有直接依据法律而做出机构的整合。

按照"行政组织法定"原则的要求,行政机构的设置和职权应当来自法律的授权与规定。相关法律的缺失导致了中国海警局在组建过程中失去了直接的法律指导。而海警局在法律的缺失情况下成立是导致海警执法现实问题产生的重要原因。从现在的组织结构来看,虽然重组合并了四个主要的海洋行政机构,有效

改善了中华人民共和国成立以来一直存在的海上行政执法不力、重复建设、管理混乱的现象,但新的综合海上执法部门未来的机构建设仍需法律的规范和指引。因此,有必要制定明确海警的地位和职责权限的法律。

从立法角度看,我国在单项海洋法规的制定方面发展较快并且比较健全,如海洋环境、交通方面的立法,但缺乏综合性、基础性的海洋基本法律。世界主要海洋国家,如美国、法国、日本、加拿大等国在海洋综合管理方面都有相应的法律。现阶段,我国有关海洋权益的管理主要参考《联合国海洋法公约》和其他相关国内法,如《中华人民共和国专属经济区和大陆架法》《中华人民共和国领海及毗连区法》和《人民警察法》等;在海洋执法和武器使用方面,我国制定了《公安机关海上执法工作规定》《中华人民共和国人民警察使用警械和武器条例》等。但目前执法体制框架下,在尚未确立专门完善的海洋法律体系的情况下,如执法上与他国出现冲突或发生一些特殊情况,会很难处理。如何能在解决与周边国家的矛盾冲突时做到有法可依,更好地保障我国海洋权益,我国亟须在《联合国海洋法公约》的框架下,建立、健全海洋执法方面的法律法规,充实和细化我国海洋立法,增强海洋法规的针对性和可操作性。

就立法时机而言,充分考虑中国海警队伍的现状及发展的主客观条件,在立法需求的基础上,从相关立法现状和执法实践两个方面体现立法的可行性。第一,我国已经制定的与海洋维权执法相关的法律法规及规章,如《中华人民共和国刑法》《中华人民共和国行政处罚法》《中华人民共和国治安管理处罚法》《中华人民共和国人民警察法》《中华人民共和国人民警察使用警械和武器条例》《公民机关办理刑事案件程序规定》《公安机关办理行政案件程序规定》《公安机关海上执法工作规定》《专属经济区渔政巡航管理规定》《沿海船舶边防治安管理规定》等,这些立法实践为中国海警立法工作提供参考借鉴的依据。第二,迄今我国海上执法的实践积累了许多宝贵的经验和有效措施,把较成熟的经验措施吸收到立法中去,不仅有利于立法自身的完善,而且有利于这些成功经验更好地广泛适用。

三、中国海警维权执法法律法规体系的重塑

(一)立法进路

目前学界肯定中国海警立法的必要性,但是相关立法的细节问题还存在着诸多争议,学界讨论的热点在于如何确定海洋维权执法法律法规的体系及相应的程序机制和配套制度设计。立法是由特定的主体依据一定职权和程序,运用一定技术,制定、认可法律规范的活动。基于立法的基本特性,立法者的认知与执法实践也很大程度上影响到海洋维权执法法律法规体系的实际走向,我们可以从三个向度来剖析与总结海洋维权执法立法时呈现出的特征。

1. 突出重点、力求实效

鉴于中国海警维权执法涉及面广,横跨刑事和行政两大体系,涉及刑侦、治安、缉私、渔业执法、港航安全、资源保护、海域使用、海岛保护等方面,因此,如果面面俱到,势必重点不突出,增加立法和实施的难度。为此,立法遵循突出重点、力求实效的原则,争取通过立法,解决中国海警现实中的突出问题。从结构上看,立法应包括以下内容:总则、职能职权、执法措施、行为规范、警务保障、法律责任、附则。这种结构安排充分考虑了目前中国海警实践中的具体问题,强调了确立海警主体地位的几个要素。

2. 从中国海警维权执法的现实问题出发,立足于解决实际问题

梳理我国海警维权执法实践中所存在的主要问题,并以解决这些问题作为立法的目标。除此之外,我们研究发现各国海警立法存在许多差别,在法律体系的结构、法律的调整范围、调整方式等方面均有不同,但在基本立法原则方面是一致的,都在于通过立法来规范各国海上执法者保护国家安全和维护国家海洋权益的执法地位。我们认为,我国海洋维权执法立法的核心任务在于从法律上确立中国海警执法人员依法开展海上维权和综合执法任务的地位。因此,不论立法规范的表现形式如何变化,其宗旨不会变。通过立法规范,更好地保护国家安全和维护海洋权益是立法的灵魂和核心。因此,立法从实际出发试图解决执法实践中所面临的各种现实问题作了一次有益尝试。

3. 吸收和借鉴国内外海洋维权执法实践中的有益经验和做法

近年来,我国各地海警执法人员在执法实践方面均进行了有益的探索,有许多经验和做法。比如海洋维权执法强制措施、武力措施的使用,维权执法程序的完善等。吸收和借鉴实践中有益的经验和做法,能够使立法具有更强的生命力。目前中国海警维权执法相关立法工作明显落后于其他国家,正视这种现实,可以使我们吸收和借鉴其他国家的先进经验,有利于规范海警维权执法工作。通过对其他国家海警立法的研究并结合我国的实际国情,经过比较、分析、论证,在许多制度设计上充分吸收、借鉴国际社会的先进经验,如海洋维权执法强制措施、武力措施的使用等。

(二)构建系统的海洋维权执法体系

确认中国海警法律地位的立法其内容应包括以下几个方面:总则、职能职权、执法措施、行为规范、警务保障、法律责任、附则。

1. 关于总则

总则主要包括立法目的、依据;适用范围;执法主体;执法原则;海警境外执法合作等。目的和依据是立法首先要明确的问题。中国海警主体地位立法目的首先应当为海警履行维权职能提供法律上的依据。除此之外,对执法主体、执法原

则、海上执法巡航制度、境外执法合作也应当做出规定。

2. 关于职能职权

随着中国海上执法体制的改革,海上综合执法的效能愈加突显,立法应专章明确中国海上执法队伍的法律主体地位,并总结我国长期海洋维权执法的经验,参考国际通行做法,在平衡国际法、国际惯例、外交战略和国内法的基础上,明确中国海警的职能权限。目前《公安机关海上执法工作规定》《海关法》中均有规定相关执法队伍的执法权限。单行法律法规对原海上执法队伍的职责规定明显不能满足中国海警履行海洋维权执法职责的需要。因此,需要通过立法对中国海警的职能职权予以明确。

3. 关于执法措施

目前,部分执法人员对外籍侵权船舶进入我国主张管辖的一些敏感海域(如南海九段线内海域)可以采取的法律措施不明确,加之维权执法措施受国家大局和外交政策的影响,导致遇到突发事件时应对不及时、应对不恰当而导致了不利后果。立法应在我国以往海洋维权执法措施予以总结、归纳的基础上,参考国际通行做法,在国际法允许的框架内,对可以使用的紧追权、登临权、检查权、扣押权、拿捕权、驱离权、拦截权和使用警械武器权等法律措施予以明确,进一步规范了海洋维权执法措施。

4. 关于行为规范

无论从中国海警执法行为体系还是从立法内容的结构来看,需要在明确执法权力来源、执法措施的基础上,对执法行为规范做出规定。本部分内容应当包括:执法标识、执法人员资质、执法人员着装、执法行为规范、调查取证、回避的内容。

5. 关于警务保障

为中国海警更好地实施执法行为、履行职责,立法内容上应对执法的装备、经费保障、执法队伍建设做出规定,以利于中国海洋维权执法主体协同工作的开展,升级改造加强融合。

6. 关于法律责任

法律责任应当包括两方面内容:第一,单位和个人针对海警执法人员做出的违法行为应当承担的法律责任。第二,海警工作人员在履行职务过程中违法应承担的责任。

7. 关于附则

附则,是附在法律、法规后面,在法的整体中作为总则和分则辅助性内容而存在的一个组成部分,不对实质性内容做出规定。立法附则对条例未明确的事项做出"参照适用"的规定;对与发布前制定的有关法规的关系进行明确。

四、结语

中国海警维权执法成为当前的社会热点和时代显学,理论界和实务界都在积极参与其中,全国各地也有不少的实践在积极推进,关于中国海警的主体制度、理论基础、程序机制和配套制度都有不少讨论,似乎一个完整的海洋维权执法制度体系即将构建完成。但是,既有的研究和关注点却有一个盲区:海洋维权执法立法及相关研究的推进。中国海警主体地位的立法是中国海洋法律法规体系中的重要组成部分,是执法人员维权执法的依据。在肯定海洋维权执法主体立法必要性的基础上,维权执法法律法规体系的建构还应当关注:第一,我国海洋维权执法困境、疑难问题的梳理;第二,证据链条:海上行政处罚证据、海上侦查实务、司法鉴定程序;第三,程序规定:办理行政案件、刑事案件程序;第四,勤务保障研究;第五,海上所有违法行为的归纳整理。本文在当下的制度语境下,反思了我国海洋维权执法的现实掣肘,建立了中国海警海洋维权执法体系。

我国海洋维权执法体制的困境及路径解析

王黎黎　王子欣

进入21世纪以来,我国开始大力拓展海洋事业,以海洋经济建设作为国民经济发展的重要任务。"据国家海洋局发布的《2015年中国海洋经济统计公报》显示,2015年全国海洋生产总值64 669亿元,比上年增长7.0%,海洋生产总值占国内生产总值的9.6%。"[①]伴随着社会经济和科学技术的创新,涉海经济在我国国民经济发展中所占比重越来越大,已上升为支撑我国经济发展的重要依靠。"海洋强国"战略最早是在中共十八大报告中提出的,重点是针对海洋资源的深度开发,提高开发能力,发展海洋经济,体现出国家越来越重视海洋权益,这是对我国海洋管理制度的完善和改革的号召与指引,而改革的首要任务在于整治海洋执法的分散格局。为了更加长久地发展海洋产业,结合目前我国海洋权益维护方面存在的现实紧迫性,我国亟须组建一支专门的海洋执法队伍。

一、中国海洋维权执法体制概述

(一)中国海洋维权主体的历史演变过程

中国海洋维权主体作为维护海上治安的公安执法力量,最早起源于前苏联海上执法体制,其前身是公安海巡部队。1973年中国第一支海洋维权部队成立于

---

① 国家海洋局.国家海洋局发布《2015年中国海洋经济统计公报》[EB/OL]. http://www.soa.gov.cn/xw/hyyw_90/201603/t20160302_50203.html,2013-03-14.

广东,其主要负责近海域的海上治安,属于中国人民武装警察边防部队的编制,是由公安部领导管理的现役部队。[①] 1981年上半年,为抑制走私的发展势头,国务院、中央军委临时派海军增援。由于打击海上走私具有斗争长期性和任务艰巨性的特点,必须建立一支专门的海上缉私队伍,而海军具有军事性特点,容易引发外交冲突。因此,1982年起,国家于1982年开始在海军中抽调一部分舰艇和人员组建海上公安巡逻队分别在海南、广东、福建和浙江四省巡逻。后来,随着改革开放的不断深入,逐渐扩展到沿海各省市,它就是海洋维权主体的前身。最初归各省的武警总队管辖,1987年变更为由公安厅边防局管理,1988年调整全国边防管理体制之后,其管理由各省边防总队负责,名称改为海警支队。

关于中国海上执法主体的历史,在学术界存在两种说法:一说为"五龙治海",中国同时存在5支海上执法队伍,即海监、渔政、海事、边防海警和海关缉私,分别属于国家海洋局、农业部、交通部、公安部和海关总署。另一说为"九龙治海",9个部门对海域拥有管理权,即"海警""海事""海救""海监""海关缉私""渔监""渔政""边防派出所""搜救中心",分别隶属于公安部边防局、交通部、交通港监局、国土资源部国家海洋局、海关总署缉私局、农业部渔政渔港监督局、农业部渔政渔港监督局、各边防总队、沿海县乡政府。由此可以看出我国海上执法力量过于分散,不利于海上执法权的统一行使,难以达到理想的海上维权执法效果。

2012年下半年中央海权办成立,紧接着十八大报告正式提出了"建设海洋强国"的概念,体现了中央对海洋维权改革的决心。2013年根据中国共产党十八届二中全会会议精神要求"中国海警"这一概念正式提出,中国海警局是按照新一轮"大部制"改革方案及《国务院机构改革和职能转变方案(草案)》重组的一个新机构。国家海洋局在进行海上维权执法时需要以中国海警名义进行,接受公安部业务指导。

(二)中国海洋维权执法体制现状

根据国务院公布《国家海洋局主要职责内设机构和人员编制规定》(以下简称《规定》)即可看出,中国海警局与国家海洋局一起办公,隶属于国土资源部领导。国家海洋局将设北海、东海、南海三个分局,对外以中国海警局北海分局、东海分局、南海分局名义开展海上维权执法,3个海区分局在沿海省份设置11个海洋维权总队及其支队,但同时还要接受公安部的业务指导。

目前中国海警局负责海上维权和综合执法工作,主要职责包括"管理海上边界,负责海上重要目标的安全警卫,处置海上突发事件,综合行使海上治安、刑事、缉私、渔业、海洋环境保护、海域使用、海岛保护等执法任务,维护国家海洋权益和

---

① 新华社. 十二届全国人大一次会议关于国务院机构改革和职能转变方案的决定[EB/OL]. http://news.xinhuanet.com/2013lh/2013-03/14/c_115030793.htm,2013-03-14.

海上安全稳定"。①

二、中国海洋维权执法存在的困境

(一) 与行政法治原则相冲突

首先,行政法治原则又称为行政合法性原则,是我国行政法的基本原则之一,主要指行政权力作为一项国家公权力其存在和实施的前提须符合法律、法规的相关规定,做到于法有据。2013年3月第十二届全国人民代表大会第一次会议通过了《国务院机构改革和职能转变方案》(以下简称《方案》),随后国务院印发了《规定》,是我国成立海警局的直接法律依据。作为衡量中国海警成立的法律依据,不仅要从是否符合行政法治原则的角度考量,还需要综合我国行政组织法以及行政编制法来考虑。《方案》和《规定》需符合其上位法《中华人民共和国国务院组织法》(以下简称《国务院组织法》)和《国务院行政机构设置和编制管理条例》(以下简称《条例》)的规定,其内容不应该超出上位法的范围,更不能与其产生冲突。《国务院组织法》第8条规定:"国务院各部、各委员会的设立、撤销或者合并,经总理提出,由全国人民代表大会决定;在全国人民代表大会闭会期间,由全国人民代表大会常务委员会决定。"该法第11条规定:"国务院可以根据工作需要和精简的原则,设立若干直属机构主管各项专门业务,设立若干办事机构协助总理办理专门事项。每个机构设负责人二至五人。"通过以上规定可知,对于国务院各部委的调整,不管是程序还是人员配置都对应有法条的明确规定。但其局限在于该规定只到部委,其组成部门并没有在相关规定中涉及。当前我国新设置的海警局的设置行政层级相对比较模糊,其定位既不是国家部委又不属于国务院的组成部门。因此,并不能在《国务院组织法》中找到设置的直接依据。

其次,依据行政法治原则的规定,立法先行才能使得机构设置到达依法组建的要求,符合行政组织法和行政编制法的规定。世界上的海洋强国其在进行海上执法体制变革时,都是立法先行。"例如日本,其海上保安厅是在《海上保安厅法》通过之后成立的,根据法律的规定设置职责、人员以及实践中的具体执法操作问题等。"②反观中国海警局的设置及执法,很难找到相关的法律依据:我国的《中华人民共和国宪法》(以下简称《宪法》)第9条尚未将"海洋"列入其管理范围之内③,整部《宪法》中涉及海洋的规定是空白的,甚至所有法条中都没有一个"海"字。由

---

① 中国新闻网.王宏任国家海洋局局长、中国海洋维权局政委[EB/OL]. http://www.chinanews.com/gn/2015/02-17/7072278.shtml,2015-04-24.
② 财新网.中国海洋维权局编制确定超1.6万名[EB/OL]. http://china.caixin.com/2013-07-09/100553661.html,2013-07-9.
③ 《宪法》第九条规定:矿藏、水流、森林、山岭、草原、荒地、滩涂等自然资源,都属于国家所有,即全民所有;由法律规定属于集体所有的森林和山岭、草原、荒地、滩涂除外。

此,当下我国的海上执法问题欠缺《宪法》的支持。"相较于其他国家,我国至今还没有一部海洋基本法,除去《中华人民共和国行政诉讼法》以及《中华人民共和国行政处罚法》这些一般性法律规定,现在关于海洋行政执法方面的国家级法律文件约有 700 件,地方性法规约 1 500 件,而且在涉及海上行政执法权限、执法程序等的规定质量并不高。"[①]由此可见,中国海警局的机构设置先于相关法律创制。这也导致中国海警局在执法过程中会出现无法可依的尴尬局面。

(二) 决策权与执行权合一

"行政权力三分"顾名思义是行政权内的"分权",是指在一级政府管理系统内部,将决策、执行、监督职能分离,并在运行过程中使之相辅相成、相互制约、相互协调的一种行政管理体制。它是由深圳大学马敬仁教授为深圳市政府行政管理体制改革试点设置的构想,是根据党的十七大报告中的相关内容提出的一个学术概念。党的十七大报告中提出"要建立健企决策权、执行权、监督权既相互制约又相互协调的权力结构和运行机制",简言之行政权力三分主要是对决策权、执行权和监督权的分离。对于行政权力三分的设计方案,我国的学者有不同的见解,但大部分学者是表示赞同的,也有比较少的学者持反对意见,认为孤单的一种权力不能实现权力制约,必须要有两个或两个以上的国家权力才能到达权力制约的目的。此外一部分学者觉得在维持和保证权力正规运转、矫正和预防权力偏离正常轨道方面,权力监督和权力制约在一定程度上是相同的,二者具有一致性,权力制约就是行政权力三分所设置的决策权和执行权,而权力监督就如同监督权。西方的一些国家与我们不相同,他们不存在相对应的理论概念,但在实践中行政权力中的决策权、监督权以及执行权彼此之间是分离的。其中政策的制定是由决策机关负责,政策的执行和公共服务方面是由执行机关完成,监督事务则是监督机关实施。例如英国比较成功的典范就是执行局的改革,其中最有成效的就是执行机构的设立,达到了政策制定和政策执行分开的效果,从而极大地提升了政府的工作效率,最重要的是阻断了政府随意的自己决策自己执行的情况。[②]

中国海洋维权的行政权是我国政府享有的行政权的一部分,自然也应该遵循行政权力三分原则。目前在我国行政权力的设置里中国海警局自己实施执行权,其决策权是由国家海洋局享有。因此,从表面上看中国海洋维权的行政权力中的决策权和执行权二者也是相对分离的状态,但究其本质国家海洋局和中国海洋维权是处于"一套人马,两套牌子"的状态。两者的人员设置大体一致,再加上合二为一的权力职能,这就造成了中国海洋维权行政权力配置在实践中不可能像西方国家那样实现决策权与执行权实质分离问题。其结果就导致了海洋维权行政部

[①] 王琪,董鹏.我国海上执法体制有效运行的困境与出路[J].中州学刊,2014(8):67-72.
[②] 吴志飞,姚路,翁辉.世界主要国家海上执法力量建设发展与运用[J].求实,2013(1):55-57.

门"既是运动员,又是裁判员"的现象,在这种自己设置自己行政权力的运行边界、自己决策自己执行的状态下,很容易造成乱执法、随意扩大自己执法权的严重后果,使得中国海洋维权综合执法体制一开始就丧失了公平与正义,无法实现理想的执法效果。

(三) 执法监督缺位

"绝对的权力导致绝对的腐败",如果说在行政权力的行使中将决策权和执行权分离的目的是为了实现决策科学、执行公正的话,那么监督权的存在就是为了保障将行政权力置于阳光下,一切权力的实施都是透明状态,从而提高行政执法能力,更好地践行公平正义。① 但是中国海洋维权的权力在我国现行的行政配置中我们并没有看到其明确的专属监督权,从而使得海洋维权局的决策权和执行权无法得到强有力的专门监督。然而由于我国内部的监督体制目前并没有实现独立、人民代表大会的监督不够刚性、司法机关的监督涉及范围有限,面对我国一般行政权的监督权这种监督困境,就算将海警局行政权中的监督权归为其中,也是要遭受着监督无力的窘况。目前,我国海洋行政执法管理的决策与协调职能是由新设立的国家海洋委员会以及中央海洋权益工作领导小组办公室二者共同负责,海洋行政执法行动则是由中国海警局来承担。但是,目前的新问题是国家海洋局在进行了重组之后依然没有针对海洋行政执法权力设置专门监督机构,所以我国海上执法权力的约束与监督仍然没有得到解决。法国启蒙思想家孟德斯鸠曾经说过:"拥有权力的人总是容易滥用权力",因此即使我们做到了科学的决策,实现有力的执行,但若唯独执法监督缺位,海上行政权力运行仍然不会得到良好的效果。②

三、中国海洋维权执法体制路径解析

(一) 实现海上执法依据的有效统一

若要实现我国海上执法的有效统一,中国海洋维权执法行政权力的设置须符合法律、法规的相关规定,做到于法有据。因此,中国海洋维权执法主体应当在海上执法力量整合前先实现其相关法律规范的统一,将之前颁布在不同法律文件中的以及存在冲突的海洋法律规范进行梳理,无法协调的法律规范可进行重新修订、增补。首先要为中国海洋维权执法主体的设置在法律中找到合法依据,使其符合规定,同时也是满足海洋维权局在法律中进行准确定位的需要。其次,修订我国专门的海洋基本法,为中国海洋维权执法主体的执法权统一找到合理依据,

---

① 姜秀敏,刘光远. 美日俄海上维权机构设置及对我国的启示[J]. 东北亚论坛,2013(6):51-60.
② 向力. 海上行政执法的主体困境及其克服——海洋权益维护视角下的考察[J]. 武汉大学学报(哲学社会科学版),2011(5):82-87.

实现有法可依,明确其执法责任。也可通过全国人民代表大会授权国务院的方式,先由国务院制定关于海上执法的条例,以缓解修订专门的海洋基本法时间上的压力。因为,在实践中造成执法困境的主要因素还是相关方面存在法律空白和法条冲突。将海上执法依据做到有效统一可以在很大程度上从执法困境中解脱。① 同时,之前海上执法格局各自为政、各负其责的局面也会宣告终结。

(二) 决策机构与执行机构实质分离

海洋事务的治理也是政府行使行政权的体现,但能确保行政权有效实施的前提是其决策机构同执行机构相分离。当下国际上的主流趋势,也是成立多种形式的执行机构,实现决策与执行的实质分离。具体而言,我们可以借鉴西方发达国家现有的海洋管理体系。例如美国的海洋管理系统其显著的设计就是具有国家层面上的决策权与执行权相分离。美国海洋与大气管理局(National Oceanic and Atmospheric Administration,以下简称 NOAA)相当于决策机构行使决策权,而海岸警卫队(U. S. Coast Guard,以下简称 USCG)则作为执行机构行使执行权。海洋事务相比于陆地来说具有显著的不确定性以及流动性,让 NOAA 来负责统揽海洋管理大局,可以充分发挥其在装备、技术以及人力方面的资源,有利于其宏观决策最大限度地达成目标。这种设计模式对于决策机构来说是最佳的,也是最需要的。反过来看 USCG,它作为执法机构的定位非常明确。具体而言,它在执行任务时不仅要向总统委员会负责,还需要根据不同的任务类型对内务部长、环保部长或 NOAA 局长负责。② 如果对二者的关系进行比喻的话,可以将 USCG 看作一把剪刀,无论手握这把剪刀的是哪个职能部门,最终具体裁剪都是由 USCG 来直接执行。透过 NOAA 和 USCG 这两个机构所各自承担的职能,可以看到两者的定位非常明确,各司其职实现了决策与执行机构相分离。有着强大理论基础和典型实践范例的海洋管理决策机构与执行机构分离示范,应该成为中国海洋维权执法主体未来进一步完善的参考。

(三) 建立监督机制

其一,设置专门的监督机构。为确保海洋行政执法权力的合理行使,应当设置专门的监督机构,辅助我国海洋政策与规划的实施,并且需要绝对独立的监督权。根据我国的现实情况,同时参考国外的相关经验可以把我国目前监督部门实施的双重领导体制转化为垂直领导体制,只需要对其上级行政首长负责即可,同时还要满足的条件是必须独立于被监督机构以外。③ 其主要目的是通过改革使

---

① 于杰,赵薇."海洋强国"背景下中国海洋维权局之设立与展望[J].世界海运,2014,36(1):5-7.
② 冯江峰.我国海警法律制度构建研究[J].中国水运月刊,2015,15(12):60-63.
③ 王印红,王琪.海洋强国背景下海洋行政管理体制改革的思考与重构[J].上海行政学院学报,2014,15(5):102-111.

监督机构不再附属于行政组织,摆脱其束缚,享有独立自主的监督权,真正发挥其对海洋行政执法的监督作用,形成完善的监督机制。

其二,建立海洋行政执法问责制度。该问责制度的建立需要从以下几方面进行:第一,将行政执法的问责落实到整个执法过程。主要表现在实践中海洋执法的决策、执行和监督等环节。第二,实现多元化的问责主体。实现多元化的问责主体可以在很大程度上提高工作效率,调动多元主体的工作积极性。① 海洋事务相比于陆地来说具有显著的不确定性以及流动性,这种自然特性导致了海洋行政管理工作的复杂性,需要其执法工作的专业性。所以,在海洋行政执法活动中更加需要透过多元化的问责主体对海洋行政执法权力的行使进行有效监督,以便顺利开展海洋行政执法工作。第三,贯彻落实问责制。若问责制仅存在于理论层面,则其形同虚设,只有贯彻落实于实践中才能体现其真正的作用。所以对其进行可操作性强化是合理且有必要的。首先,需要立法先行,制定与海洋行政问责相关的法律规范,明确其执法人员的权责范围,实现有法可依;其次,规范行政问责的法定程序,增强行政问责制度的可操作性。最后,设置相应的监督部门确保行政问责制度的实施。

四、结语

确立中国海洋维权执法主体同国际上海洋执法发展趋势是一致的,有利于维护我国海洋权益。中国海洋维权执法主体作为我国深化海洋执法体制改革的起点,在现有行政体系中与国家海洋局错综交织,行政层级模糊,不利于明确执法资质,还需要进一步理顺各种关系,更需要认清中国海洋维权执法目前所面临的内外部环境,参考国外先进经验,改善海洋维权执法体制的困境,进一步推进我国海上执法体制改革,对大部制改革乃至整个执法体制改革都具有导向和经验借鉴意义。

关于中国海警行使紧追权的法学思考

王辛昊

一、紧追权概述

(一) 紧追权的概念和性质

紧追权是指沿海国有充分理由认为外国船舶在其领域内违反其法律、规章

---

① 郭倩,张继平.中美海洋管理机构的比较分析——以重组国家海洋局方案为视角.上海行政学院学报,2014(1):104.

时,在一定条件下,可将外国船舶追至公海,拿捕并强制带至本国的权力。在定性上,学界认为紧追权是国家管辖权的一部分,是属地管辖权的扩大或者延伸,是公海航行自由原则的例外。随着海洋权益斗争的逐步深入,紧追权不可避免地会成为执法中会使用到的重要权力。

(二)紧追权的法律构成

结合紧追权的概念和1982年《联合国海洋法公约》(以下简称《公约》)框架下的紧追权规定,可以总结出紧追权的法律构成主要涵盖了紧追的依据、开始、即时性与连续性、终止、武力使用和不当责任几方面。具体包括以下几个要点:一是紧追的主体应当是由军舰、军用飞机或者其他有清楚标志可以识别的为政府服务并经授权的船舶或飞机行使。二是紧追的对象应当是违反本国法律法规,从本国管辖海域向公海行驶的外国船舶。三是紧追应始于本国内水、领海、毗连区、专属经济区、大陆架、群岛水域,应止于他国领海,但必须连续不断。四是进行紧追前应当先行警告(停驶信号),且紧追的过程中原则上不能使用武力。

毫无疑问,中国海警作为当前我国最为重要的海上执法力量之一,其代表国家公权力行使海上警察权力,是适格的紧追主体,对于违反我国管辖海域法律法规的外国船舶,具有不可争辩的执法权力。

(三)研究中国海警行使紧追权中存在问题的必要性

通过上文对紧追权的介绍,可以发现其中仍有一些细节问题亟待厘清,而这些表述较为模糊的概念会给实际行使海上紧追权的中国海警很多困惑,造成权力行使不畅,甚至引起不必要的国际责任。本文就其中规定不明确、给海警执法带来明显不利影响的若干方面进行进一步的探讨,其意义在于让中国海警的执法行为在程序和实体上有更权威的说服力,避免在国际责任的纠纷中陷于被动。

二、当前中国海警行使紧追权的法律依据

当前中国海警行使紧追权能够依据的法律法规主要有1992年和1998年先后颁布的《中华人民共和国领海及毗连区法》(以下简称《领海及毗连区法》)、《中华人民共和国专属经济区和大陆架法》(以下简称《专属经济区和大陆架法》),以及2007年开始实施的《公安机关海上执法工作规定》(以下简称《规定》)。

其中《领海及毗连区法》第14条可以说是我国现行立法中对紧追权相对最为完整和明确的规定,其主要内容是参照《公约》对我国管辖海域内行使紧追权的主体、发起紧追的条件、紧追对象和紧追的开始和结束做出了规定,但没有细化和操作层面的内容。而《专属经济区和大陆架法》和《规定》中关于紧追权的规定则更为简略,前者只是说明了对于违反我国在专属经济区和大陆架的法律法规的行为可以行使紧追权,而后者只是明确了公安边防海警拥有紧追这一项执法权力,但

其突破性在于规定了公安海警在执法过程中的武力使用可以参照《中华人民共和国人民警察使用警械和武器条例》（以下简称《条例》）的规定执行，然而这在操作中就会出现两个障碍：一是在体制改革的大背景下，"公安边防海警"这一用语是否妥当不能明确，更无法讨论其在执法实践中的问题；二是尽管用指引规范的方式规定了有关武力使用的内容，但是该条例并未涵盖海上执法使用武力的特殊规则，比如涉及具体的武器种类时，海警船舶上的多种武器装备并没有包括在《条例》之中。

可见，立法和体制问题是造成中国海警执法中存在困境的宏观方面原因，但其在执法实践当中会遇到的更多问题依然是由于现有紧追权的具体规定存在漏洞造成的，具体问题分析如下。

三、中国海警行使紧追权中存在的法律问题及分析

（一）紧追发起条件的判断标准不明确

《公约》第111条规定，沿海国主管当局有充分理由认为外国船舶违反该国法律和规章时，可对该外国船舶进行紧追。但是在判断一艘外国船舶的违法行为是否能够引起紧追的标准上，仍然存在具体问题。

1. 违法程度的判断

这里涉及的问题就是能否对轻微甚至无害的违法行为发起紧追，本文认为无论违法程度如何，只要触犯了沿海国的法律规定，都能引起沿海国管辖权的行使，违法程度只会影响沿海国行使紧追权的方式，如是否使用武力。而且《公约》第111条第1款的开放性措辞并没有禁止对轻微甚至是无害的违法行为的紧追。因此，对被紧追对象的违法程度并不需要作进一步的解释。但随之而来的问题就是如何判断涉案船舶的违法程度，也即《公约》中"充足的理由"这一表述应当如何理解。本文认为仅仅依靠简单怀疑或者有情报显示该船为违法船舶是不能达到发起紧追的标准的，应该是建立在有充足的证据之上，而证据证明的违法内容应当包括目标船舶逃逸、抗拒执法甚至攻击行为，这些内容应该是裁量能否发起紧追的重要标准，同样也是中国海警在执法过程中应当通过拍照、录像等方式收集到的重要证据。

2. 违法行为实施主体的判断

是否能对个人违法行为实施紧追的问题源于一般而言沿海国只能对违反所在管辖海域的外国船舶本身主张管辖权，不能因为外国船舶上的外籍乘客或船员的违法行为而发起紧追，因为紧追的目的是为了沿海国管辖海域的法律秩序不被破坏，而对于船舶内的秩序并不涉及。但是如果该违法行为人与船舶存在一致性，如船长或以船方名义实施行为的人，或实际控制船舶实施违法行为的人，这种

情况下的违法行为当然能够引起紧追,所以,个人违法行为能否引发紧追是有裁量余地的,应当在立法中作进一步的解释说明。

3. **违法行为发生时点的判断**

违法行为发生时点的谈论焦点在于,对于先前违法的船舶能否依然行使紧追权。如果从字面上解释《公约》第33条的话,应当做这样的理解,即当某一外国船舶被实施紧追时,该船必须违反了被发现时所在海域的法律规定,只有在这种情况下方能行使紧追权。例如设A、B两海域均为沿海国管辖海域,而该船违反了A海域的规定未被发现或警告,但却在B海域被发现且被发现时未违反B海域规定的情况下,是不能行使紧追权的。这种情况类似于刑法理论"正当防卫"的概念中"防卫不适时"(事后防卫)的情况。因此,根据《公约》规定,对于先前违法行为是不能发起紧追的。然而,这种结论无疑妨碍了沿海国有关法律的有效实施。因此,在对有关规定做出细化规定前应当明确这一前提:即外国船舶在A海域违法未被发现而逃脱并不能成为违法阻却事由,相反,以前犯有违法行为的外国船舶再次出现于沿海国管辖海域的事实恰恰可以成为对其产生合理怀疑的"充足的理由"而发起紧追。正如有学者指出,无论如何,一旦该船舶(指违法外国船舶)被置于沿海国控制之下,它就可能要对以前的违法行为承担责任。

(二)紧追中的武力使用缺乏管理制度

由于立法中缺失了紧追中武力使用的内容,因此在制定法律规范前应当首先解决中国海警在紧追中能否使用武力,以及使用武力应当遵循哪些原则的问题。在探讨紧追中的武力使用之前必须首先区分两个概念,即《联合国宪章》(下文简称《宪章》)中所确定的"不得使用武力威胁或武力原则"与国际执法实践中已经确立的武力使用的"必要且合理"原则。首先,两者的武力性质不同。《宪章》中所确立的原则应当是基于保卫国家政权免受外来侵略的军事武力;而执法实践中的武力显然来自于为维护管辖领域内的秩序而使用的执法权力,如警察执法过程中使用的武力。其次,使用武力的依据不同。依《宪章》规定,军事武力的使用只有两种合法方式,即行使自卫权和联合国安理会的授权。而执法武力的依据则主要来自于基于国家管辖权的国内法规定和部分国际协定或议定书等。如《公约》中第111条的部分规定允许了军舰逮捕被追逐船舶,这就包含了必要时使用武力的权力,另一方面从法理上看,武力使用是紧追权具备强制力和真正实现维权目的的有效保障,在紧追过程中如果没有诉诸武力的权力,那么就无法达到紧追权规定的本意。

综上所述,再结合紧追权的性质,我们可以得出这样的结论:中国海警在紧追过程中使用武力,该行为属于我国执法主体在管辖海域正当行使执法权力的行为,在执法过程中的武力使用应当达到必要且合理的程度。但问题在于应当如何进一步规范"必要且合理"的原则性规定呢？也即武力的使用应当在程度上受到哪些限制？目前国际上得到认同最多、操作性也更强的当属采用"比例原则"的规范加以约束。比例原则出现的法理基础体现在对公权力的限制，结合上文中国海警紧追中使用武力的定性分析，我们可以将比例原则适用到其执法实践当中。比例原则由三个子原则构成，从武力使用的角度分析包括以下三个方面：

1. 武力使用要符合目的性

即是否使用武力应当与被紧追船舶的违法程度相关，也可以说应当在恰当的时机，为实现一定目的（如自卫、阻止正在进行的违法行为）时方可使用武力。

2. 武力使用要符合必要性

必要性指的是武力使用的武器类别和武力使用的强度应当满足最小伤害要求，如美国和中国台湾都通过把武力使用按照强度划分级别从而避免过度使用武力。

3. 武力使用要符合适当性

武力使用应满足损益平衡的要求，即充分比较违法人员的生命或财产法益和其触犯法律的不良影响之间的损益，避免不必要的人员伤亡。

（三）紧追及武力使用的程序规范存在漏洞

1. 未规定紧追前的停驶信号

《公约》规定，在发起紧追之前，应当先在外国船舶视觉、听觉达到的范围之内，发出视觉、听觉的停驶信号。"停驶信号"也是合法紧追开始的构成条件之一。此外，只有发出"停驶信号"且对方没有停驶的情况下才产生紧追，否则直接发起紧追很可能被认为是权力滥用，然而这一重要的程序规定并未在我国国内立法中体现出来。司法实践表明，实际案件中如果遇到未发出停驶信号即开始紧追的情况，是极有可能引起国际争端的。

2. 未规定武力使用的前置程序

由于当前我国在关于海上执法的立法中并未规定有关武力使用的具体内容，因此关于武力使用的程序规范更是无从谈起，因此，有必要从国际司法实践中找到制定规则的依据。

四、完善中国海警紧追权行使的立法建议

解决如何有效捍卫我国海洋权益的问题，不仅要从国家整体安全的战略层面制定规划，而且还要从具体问题入手。中国海警能否规范、有效地行使紧追权是影响我国海洋权益能否得到维护的重要因素之一，其实现的前提就在于拥有完善的权力运行保障规制。

（一）宏观上建立完善的法律体系

现行法律法规虽然在内容上涵盖了紧追权的多个方面，但由于执法依据层级较低（如《公安机关海上执法工作规定》）、涉及紧追的法律规范过于抽象缺乏可操作性、国际公约的转化和适用与国内法的衔接不紧密，使得这些法律规范明显无法满足中国海警依法执法的现实需求。

为解决上述问题，宏观上，应当在制定海洋基本法的基础上制定一个涉及海防管理和为海上维权执法提供基本依据的海防管理法，其中要包含对紧追权本身的规定；另外，对于本文所讨论的行使紧追权的主体——中国海警，也要量身定制一部规定其执法权限的范围和具体权限如何履行的专门立法。这两部法律的关系应当是相互补充的关系，如本文所讨论的紧追权的问题，海警在执法中能够行使紧追权及使用武器和这些权力的行使限度应当在海警立法中规定，但紧追权的内容、行使程序、行使过程中应坚持的原则以及中国在各个管辖海域所拥有的海洋权益应当在海防管理法中规定。这样，两部法律共同推进、协调统筹，共同构成维护国家海洋权益的有效屏障。

（二）微观上制定具体的裁量标准和制度

1. 明确紧追的发起条件

即在具体的立法中应当明确两方面内容：一是对现行规定中"充分理由"的进一步解释并增加对个人违法行为的有关规定。充分理由应建立在充足的证据之上，在立法中可以明确若有证据证明涉案船舶有下列行为之一的，可以发起紧追：(1) 接到停驶信号而未停驶或逃逸的；(2) 拒绝或妨害海警执法活动的；(3) 船舶上个人的违法活动危及管辖海域的良好秩序的。二是明确对有先前违法行为的外国船舶可以实施紧追。即在立法中明确中国海警在执法活动中若发现或有证据显示某船舶在被发现之前的管辖海域实施过违法行为，且该船舶被发现时仍处于中国管辖海域内，则对该船舶可以实施紧追。

2. 设立紧追中使用武力的条件

设立这种前提条件有两种思路：一是借鉴美国海岸警卫队的做法，从武力使用对象角度出发，将武力使用对象划分为消极顺从者（服从警员要求或口头指示的人）、消极抵抗者（不服从警员要求或口头指示的人）、积极抵抗者（不服从警员要求或口头指示并有身体抵抗行为的人）、积极攻击者（企图攻击或伤害警员的人）。在执法活动中，则需要海警判断执法对象是否属于可使用武器的类别。二是直接规定使用武力的具体情况，如把执法中可以使用武力的条件分为两类：一种是自卫目的，即当涉案船舶有机会并意欲造成执法人员死亡或重伤，并已经明显地表现出这种随时侵犯他人的故意时可以使用武器。另一种是执法过程中遇到阻碍，这种阻碍应当是指涉案船只或人员对执法人员使用武力威胁或者使用武力抗拒逮捕,否则将有逃逸风险。

3. 建立违法行为风险评估和武力使用分级制度

风险评估制度的建立是比例原则中利益均衡原则的要求,这里的风险应当是广义的概念:一方面指的是执法中使用武器所要获得的利益与造成的损失不成比例的风险;另一方面的风险指的是使用武力给执法对象所带来的损失程度的风险。因此,在建立风险评估制度时考虑的因素应当更广泛,如环境因素、违法船舶本身的参数信息、违法船舶行为的初步定性以及潜在的意外后果等,都应当作为评估风险等级的因子。在建立风险评估制度的基础上,依据武力使用的必要性原则,规定武力使用的分级制度,这里美国和中国台湾的立法实践可以作为参考,如美国将武器种类划分为非致命性武器和致命武器,并规定了从"警员到场"到"使用致命武力"6个使用武力程序分级。随着中国海警的装备建设日臻完善,我国也应当对海警武器装备做好调查统计分类工作,并在立法中结合美国、中国台湾的现有规定和我国执法实践,建立符合我国海上执法国情的武力使用分级制度。

4. 完善和增设紧追及紧追中武器使用的程序规范

一是完善发动紧追的程序规范。结合《公约》的有关规定,应当将发出"停驶信号"的有关规定纳入海防管理的立法之中,其原因和意义前文已有涉及,此处不再赘述。二是增设紧追中武器使用的程序规范。这部分可以借鉴国际判例和各国执法实践,如1997年国际海洋法法庭在"塞加号"案的判决中确立的"发出停驶的视觉或听觉信号""越过船首射击"和对船体武力打击三个阶段的判决结果。这样的判决得到了国际上的普遍认可,可以成为制定中国海警紧追中武力使用程序依据的参考,但考虑到是在紧追过程中使用武力,所以此时的警告阶段可以和紧追前发出"停驶信号"的程序相融合,在保证合法性的前提下精简程序。

我国海洋维权法律体系研究

刘 通 裴兆斌

自20世纪80年代以来,我国海洋法律有了较大发展,各涉海部门纷纷制定相关法律规范,逐步完善海洋法律体系。但是在海洋维权方面,相关法律的制定却相对落后,许多法律是建国初期制定的,在周边日益复杂的海洋安全环境面前显得捉襟见肘。要维护我国的海洋权益,需要对海洋维权法律有清晰的认识,重视海洋维权法律在维护我国海洋权益方面的关键作用,不断制定适应时代发展的法律。

一、海洋维权法律体系的一般理论

(一) 海洋维权法律体系的界定

法律体系,是法理学的基本概念,法学中有时也称为"法的体系",是指由一国现行的全部法律规范按照不同的法律部门分类组合而形成的一个呈体系化的有机联系的统一整体。

海洋法律范围宽、领域广,涉及海洋的各个方面。海洋维权法律只是海洋法律中的一个部分,但是单就海洋维权法律而言,也包含了非常丰富的内容。在海洋法律这个大的概念当中,海洋维权法律是其重要的分支,也是国家实现海洋利益的基础和保障。目前为止,学界对海洋维权法律体系的概念还未有深刻的认识,没有学者对其内涵进行完整的阐释。因此,需要加强对海洋维权法律体系的研究。至于海洋维权法律体系是什么,从字面上讲,维护海洋权益的法律都叫海洋维权法律;从内涵上讲,海洋维权法律包含了海洋维权主体、海洋维权权益和海洋维权执法程序三个重要组成部分,也就是海洋维权的基本权益是什么,由哪个主体遵循什么程序进行海洋维权的法律,这些法律组成一个层次分明、内容广泛的体系就是海洋维权法律体系。

我国海洋维权法律体系的形成受《联合国海洋法公约》(以下简称《公约》)的重要影响,虽然部分法律制定在《公约》诞生之前,但是与《公约》的精神也相契合,与《公约》内容并不冲突;《公约》诞生之后的法律,是以《公约》为基础,而且主要借鉴了《公约》的内容,进而逐渐形成我国的海洋法律体系。

(二) 海洋维权法律的历史沿革

1. 概述

海洋维权法律是随着人类对海洋的不断探索应运而生的。从古代罗马法对海洋自由原则进行的法律确认,到中世纪后期"大航海"时代,西班牙和葡萄牙对世界海洋的划分,开启了人类对海洋的全面探索,带动了人类对海洋理论的研究;从格劳秀斯的"公海自由"理论到宾刻舒克的"大炮射程说",再到1878年英国颁布了《领海管辖权法》,1894年美国宣布3海里领海,[1]人类对海洋探索的理论不断发展,对海洋的管理也从沿海伸向深海。这个过程中人类对海洋的探索由近及远、由浅及深,不断对海洋提出更多的管辖要求。随之而来的就是人类需要确立对海洋的划分规则,一些惯例逐渐形成共识并经过各方长期的斗争与演变成了成文的《公约》。各国借鉴公约的相关规定,将其转化为国内法律,进而融入各国的海洋法律体系当中。

---

[1] 陈德恭,高之国.国际海洋法的新发展[J].海洋与开发管理,1985(1):42-49.

2.《公约》对海洋维权法律的影响

《公约》的诞生可以说是人类海洋文明进步的重要标志，各国在海洋维权法律方面主要根据《公约》制定本国的法律。《公约》规定了沿海国最多24海里的毗连区和最多200海里的专属经济区，将各沿海国对海洋的管辖范围扩大了几十倍，相比之前，各国之间更容易产生海洋纠纷。面对这种形势，各国加紧出台应对措施，尤其是加快海洋维权法律的制定。例如，日本在加入《公约》之后，制定了本国关于专属经济区和大陆架的法律，通过积极制定国内海洋法维护其海洋权益。虽然美国目前没有通过《公约》，但是美国的海洋维权立法早在二战结束后就开始了。1945年9月28日美国发布大陆架公告和渔业公告，之后，于1953年制定了《外大陆架土地法》和《水下土地法》，规定了对大陆架和水下土地的管理、使用、开发的权利。根据美国联邦管辖权限制定的法律还有《海岸带管理法》《海洋保护、研究和自然保护区法》等。美日等发达国家在海洋法律制定方面走在时代前列，在日益紧张的资源争夺中成为海洋维权法律的先行者。

二、海洋维权法律体系的主要内容

（一）海洋权益法

海洋权益法是一个概括性的概念，并不是现实存在的法律，是规定海洋权益的法律的集合。现代海洋权益法主要来源于《公约》，其确立的现代海洋制度为各国划定海洋范围提供了依据，也为各国处理海洋纠纷提供了法律基础。对一个国家而言，海洋权益的范围非常广泛，从内水到外大陆架直至深海海底都涉及国家的海洋权益。但是并不是所有的海洋法律都是海洋权益法，在涉及国家海洋主权、岛屿保护、海洋环境保护、渔业资源保护、海洋维权执法等方面都是海洋权益法的组成部分。除了这些基本海洋权益，还有沿海国的海洋科研活动的权利、海洋空间的利用权利以及领海的行政、司法管辖权的权益等，都是沿海国应受法律保护的权益。沿海国制定的保护这些权益的法律也属于海洋权益法。

（二）海洋维权主体法

海洋维权主体是一国执行海上任务，实现国家主权的重要支柱。各国当中，海上行政执法主体名称不一，但是职能大同小异，职责在于维护各国海洋权益。一般而言，对外维权和对内行政执法是同一机关，这样能够高效地处理在管辖海域中遇到的各种问题，避免多部门之间的掣肘，我国海上执法主体改革的目的也在于此。

海洋维权主体法是规定具有海洋维权执法资格的组织的法律。具有海洋维权执法资格的组织一般是政府部门的组成单位，也有部分国家是海军。海洋维权主体法规定了海洋维权主体的资格、职责、权力、责任等方面的内容，是对海洋维权主体做出规定的主要法律。海洋维权主体法在有的国家是单独立法,像日本《海上保安厅法》;有的国家规定在其他法律当中,没有专门规定,像英国的法律,各国规定不一。

(三)海洋维权程序法

海洋维权程序法与海洋维权主体法相结合,构成海洋维权执法的两大支柱。海洋维权程序法是规定海洋维权执法主体在海洋维权执法过程中所遵循的程序性规范,主要规定了海洋维权执法主体在管辖海域内发现、处置违法行为时采取的措施、遵循的程序、做出的处罚以及相应的救济措施等。海洋维权程序法是规范海洋维权执法主体执法的主要法律,是防止执法主体专权擅断、保护执法相对人的重要依据。各国都很重视对海洋维权程序法的制定。

海洋维权程序法中对涉及外国人或组织违法时的规定较为特殊,表现在三个方面:(1) 外国人或组织侵犯本国海洋权益和本国人违反本国法律身份性质不同,一般牵涉到外国人或组织时当事国会较为慎重,以避免不必要的国际纠纷,因此,不能适用国内处理行政执法案件的程序,对外国人或组织侵犯本国海洋权益的应做特殊规定;(2) 处理外国人或组织侵犯本国海洋权益的程序内容具有特殊性,在处理过程中,有诸多障碍容易引发双方之间的摩擦,比如语言障碍、外国人或组织对本国法律法规了解不深入;(3) 一旦发生国际争议,争端各方需要遵循相应的国际法和惯例等妥善处理纠纷,减少不必要的争议。这期间就需要各国对海洋维权程序的国际认同,需要各国对海洋维权程序的内在价值有共通的理解。因此海洋维权程序法在涉外问题上需要格外重视和加强国际间的交流与合作。

三、我国海洋维权法律体系的构成

(一)海洋权益类法律

这类法律规定了我国的海洋权利和利益。维护国家海洋权益方面,我国的法律、法规或政策性文件主要有《中华人民共和国领海及毗连区法》(1992年);《关于批准〈联合国海洋法公约〉的决定》(1996年);《中华人民共和国政府关于中华人民共和国领海基线的声明》(1996年);《中华人民共和国专属经济区和大陆架法》(1998年);《中华人民共和国海域使用管理法》(2002年)等。[①] 其中,《中华人民共和国领海及毗连区法》主要规定我国领海和毗连区的范围以及在领海和毗连区享有的主权和管辖权;《中华人民共和国专属经济区和大陆架法》规定了我国专属经济区和大陆架的范围以及在其范围内所享有的管辖权和资源开发的主权权利;《中华人民共和国渔业法》规定我国渔业资源不受外国非法侵犯;《中华人民共

---

① 许维安.我国海洋法体系的缺陷与对策[J].海洋开发与管理,2008,25(1):128-133.

和国海洋环境法》规定我国海洋环境不受非法破坏和污染。除了这些基本的海洋权益法律，还有《中华人民共和国涉外海洋科学研究管理规定》等涉及海洋科研的法规。

（二）海洋维权执法主体类法律

自2013年我国进行海上维权执法主体改革之后，名义上的执法主体有中国海警局和中国海事局。由于改革尚在过渡阶段，人员配置尚不到位，但是日常执法又不能停止，所以在改革完成之前先由原来的执法主体进行执法。我国原来的维权执法主体主要包括边防海警、海监、渔政、海关缉私警察和海事局等。

我国目前没有专门针对海洋维权执法主体的立法，对于海洋维权执法主体的规定散见于各类法律法规中。《公安机关海上执法工作规定》是公安部公布的部门规章，主要规定了公安边防海警的概念、职责权限、管辖分工和案件办理的规则等。《中国海监海洋环境保护执法工作实施办法》《中国海监海岛保护与利用执法工作实施办法》是国家海洋局制定的部门规范性文件，主要是对海监执行任务进行了规定。《中华人民共和国渔业法》规定渔政部门对外行使渔政渔港监督管理权。除了这些执法部门自己制定的规章之外，我国缺乏更高层面的立法。

（三）海洋维权程序类法律

目前而言，由于我国现行分散部门管理模式，加之国家没有制定统一的海上维权执法程序法，造成程序法分散在各个部门法中，有海上执法权的各部门根据自己部门的规定进行执法，形式上较为分散，各自为政，各部门之间的规定也不相衔接，缺乏整体统一性。在我国彻底完成海上执法主体的改革、形成统一的海上执法主体之后，针对海上维权执法需要制定统一的执法程序法。

目前来看，涉及海上维权执法程序的法律规范有《中华人民共和国领海及毗连区法》《中华人民共和国海事局水上巡航工作规范》（试行）《外国籍商船违法逃逸应急处置规定》等。

四、我国海洋维权法律体系存在的问题

（一）立法不足

从我国目前的立法情况看，我国在海洋维权方面的立法存在较多不足。体现在以下三个方面：

（1）在涉及海洋权益的法律方面，虽然规定了领海及毗连区制度、专属经济区和大陆架制度，但是还缺乏对海岸带、海岛等区域更为细致的规定。除此之外，周边国家与我国的海洋争端呈现增多的趋势，虽然有各方势力的影响，但是我国在应对这类问题时，缺乏更为明确的法律支撑，也缺乏主动性。在处理海洋争端时，需要明确清晰的海洋权益法作为支撑。

(2) 在涉及海洋维权法律主体方面,我国尚未出台相关的法律法规,有了完善的法律,行政机关根据法律规定才好做出机构设置。而我国虽然在 2013 年就颁布了海上执法主体改革文件,但是真正落实改革还有很长的路要走,在这个阶段,亟须对海上维权执法主体做出法律规定,为改革做好法律铺垫。

(3) 在海洋维权执法程序方面,虽然原来有相关的规定,但是不能满足日常的执法需要。如涉及渔业资源的保护,仅仅规定对侵犯我国海洋权益的外国人或组织进行处罚是不够的,缺乏对具体执法程序的规定,只是规定如果外籍船舶侵犯我国渔业资源就对其进行处罚,而对于从发现到处罚这中间的一系列执法过程缺少规定。一般情况下,我国定期对海域巡航执法,但是执法人员在巡航执法中遭遇外国籍船舶的执法程序需要明确规定。

(二)原有法律规定不完善、不协调

涉海法律规定明确、规范,才能让执法者在执法过程中有法可依,公民才能对法律信任、有信心。我国海洋维权法律存在部分法律规定不明确、不具体的情况,这给执法者造成很大的困扰,也让守法者无所适从。比如,作为维权执法重要手段的紧追权和登临权,在法律中,《中华人民共和国海岛保护法》和《中华人民共和国专属经济区和大陆架法》中仅有一条规定,而且不是具体规定,只是笼统规定采取登临措施,就没有下文;行政法规中,也没有专门的法规规定登临权。《中华人民共和国领海及毗连区法》和《中华人民共和国专属经济区和大陆架法》对紧追权也只是有权行使紧追权以及行使紧追权的机关。虽然《外国籍商船违法逃逸应急处置规定》对紧追权做了规定,但是该部门规范性文件内容集中规定针对外籍商船违法逃逸的紧追权,内容适用范围狭窄,而且该部门规范性文件层级较低,并不能适应当前紧追权适用的需要。

(三)法律体系性不强

虽然海洋维权法律规定已经初具规范,但是法律之间的联系和协调性还不够,缺乏法律系统性。由于缺少统领海洋维权法律的基本法律,加上海洋维权主体法的缺位和海洋维权程序法的亟待完善,整个海洋维权法律体系都需要立法部门加强立法,同时也需要执法部门的及时反馈,立法部门与执法部门之间需要及时沟通协调。

五、完善我国海洋维权法律体系的建议

(一)加强立法

1. 制定海洋基本法

我国海洋法律的完善直接关系到我国海洋维权的效果,因此,加强立法是解

决海洋维权问题的首要措施。许多学者对我国目前缺乏海洋基本法达成了共识。海洋基本法规定了我国的海洋基本制度,而海洋维权法律所规定的内容包含在海洋基本法中,制定海洋基本法能够完善我国海洋维权法中关于海洋权益的基本规定。海洋基本法不仅包含我国海洋的基本权益,还有海洋法律基本原则等,将分散规定我国领海、毗连区、专属经济区和大陆架制度的法律整合到海洋基本法中,成为涉海法律的基础规定,成为其他海洋法律规范制定的基础。

为了配合海洋事务管理职权分工走向法制化,真正发挥国家海洋委员会对海洋事务的协调决策作用,需要海洋单独立法对涉海部门的具体分工、海洋问题决策机制、海洋事务管理体制进行规定,进而逐步改变"先设机构后立法"、立法总是滞后于机构改革的状态,从而转由根据立法授权进行机构设置或改革。[1] 同时,还要加强我国对海洋争端立法的重视,海洋争端争的就是国家的海洋权益,如果缺乏宏观的战略规划,只能亦步亦趋,被动受困。因此,我国还要加强涉及海洋争端的立法,在涉及历史性权利、资源开发、传统渔场等海洋权益方面有更加明确的规定,以法律为武器捍卫国家海洋权益。

2. 制定海上执法主体法

在法律规定方面,需要对海洋维权执法主体的性质、作用、职责、权限等方面进行详细的规定。尤其在涉外维权过程中,海洋维权执法主体代表我国对外执行法律,体现的是我国的海洋立法、执法水平,代表我国当前的对海洋权益的重视程度。由于海洋强国战略的全局性、海洋执法的跨地区性以及海洋争端解决能力的复合性,有效地维护海洋权益就必须建立其不同层级的协同机制。[2] 因此,在制定我国海上执法主体法时对海洋执法部门进行顶层设计尤为重要。日本《海上保安厅法》对海上保安厅做了详细规定,包括海上保安厅的职责、司令官、区域与区域总部、海上保安厅办事处和其他办公地点、海上保安厅人员级别和职务、日本海上保安厅从事执法工作人员的地位、海上保安厅人员采取的强制措施、武器携带、武器使用、指挥系统、日本海上保安厅和其他行政机构之间的联系、磋商与合作等事项。对比我国,不仅海上执法主体建设缓慢,而且立法更是无法跟上时代步伐。因此,制定我国海洋维权执法主体法迫在眉睫。

3. 制定海洋维权程序法

应积极制定《海洋维权巡航执法条例》《海洋维权执法警械和武力使用条例》。建议制定这两部法律规范是为了丰富我国海洋维权执法程序,完善海洋维权法律体系。日常海洋维权巡航是维护我国海洋权益的重要手段,有利于及时发现海上发生的违法案件,及时查处违法行为。《海洋维权巡航执法条例》包含海洋维权巡

---

[1] 李志文,马金星. 论我国海洋法立法[J]. 社会科学,2014(7):86-95.
[2] 江河. 国际法框架下的现代海权与中国的海洋维权[J]. 法学评论,2014(1):92-99.

航执法的行为规范,详细规定巡航执法的操作规范,包含紧追、登临等执法措施。《海洋维权警械和武力使用条例》详细规定海洋维权过程中警械和武力使用的条件和限度,对外国侵犯我国海洋权益形成强有力的威慑。当然制定这两部法律规范是不够的,还要积极制定我国海洋统一的海洋执法程序法,从而实现海洋执法的法制化。

(二)完善法律法规

原来的多头执法部门,变成海警和海事两个执法部门,除了集中执法力量、减少掣肘,体现在立法上的好处就是多部门立法将会消失,进而形成主要以海警为主体的立法模式。在原有立法中,将会对原来符合条件的法律进行整合,剔除不合时宜的法律,适时补充立法,及时更新立法。

(三)增强法律体系性

新的立法模式的形成会逐渐增强法律的体系性。在立法过程中,立法者需要注重法律之间的协调性、规范性。尤其在目前海洋维权体制不够完善,理论研究不够深入的现实情况下,需要较强的立法技巧。总之,立法要按照符合现实需要为基本原则,以"维护海洋权益、建设海洋强国"为指导思想,建立起层次分明、结构严谨、权责明晰的海洋法律法规体系。

六、结语

海洋维权法律及其体系的建设虽然不是一蹴而就的,但是却是亟待解决的问题。我国海洋维权仍有很长的路要走,法律的完善应该走在前列,积极完善海洋维权法律及其体系为未来应对我国海洋维权问题做铺垫。

我国海洋维权与执法存在的问题及对策分析

杨斯婷　裴兆斌

中国有着一万四千公里的海岸线和四千公里的岛屿线,总共有一万八千公里长,在国际上位居第十。但是经过研究发现,其中有两百海里的专属经济区一延伸出去是和邻国重叠在一起的,这就好像是一个巨人,但是手脚却无处安放,而我们国家十三亿人口却需要获得生活与生存的保障[①]。本文首先从海洋维权的概念界定、执法依据、执法体制等方面入手,借鉴国外先进模式,归纳策略与措施,旨在为维护我国海洋权益提供可借鉴的经验。

---

① http://m.guancha.cn/FuKunCheng/2016_05_09_359501.shtml? from = singlemessage & isappinstalled=1 2016年12月5日,14:32,浏览。

一、海洋维权概念的界定

所谓维权,即维护合法权益;但对于海洋维权的概念国际社会并没有明确的规定。有学者认为海洋维权也可以称为海洋维权执法、海上维权执法,是指针对国家海洋权益受到的侵害,出于维护国家主权、主权权利、管辖权和管制权的目的而实施的执法行为。在此,有必要明确海洋权益的概念。权益,不言而喻包括权利和利益两个方面,因而海洋权益一方面是指国家在海洋上可以行使的权利;另一方面是指通过行使权利可以获得和需要维护的利益。

对于海洋维权执法,具体指行政执法抑或是刑事执法,学术界存在两种争议。支持海洋行政执法的学者依据行政法上的行政权理论,认为海洋维权执法是沿海国家的海洋行政机构在其管辖海域内借助于具体行政活动对行政相对人作出的影响其权利义务的行为。① 然而,支持海洋刑事执法的学者则认为将海洋维权执法等同于海洋行政执法的观点值得商榷,因为根据《中华人民共和国海关法》有关内容规定,国家在海关总署创建了专门用作处理走私案件的公安单位,并设定专业的缉私警察,主要掌管走私事件的侦查、拘留、逮捕以及预审等内容,并且依照《刑事诉讼法》有关内容给予处理。所以缉私部门也具有刑事执法主体的资格。纵观国家具体实践与发展来看,本文所涉及的海洋维权执法均指海洋行政维权与执法。

二、我国海洋维权与执法的法律依据

当今世界,法律的斗争已经成为海上维权的重要形式。1996 年 5 月 15 日,全国人大常委会批准加入《联合国海洋法公约》(以下简称《公约》),中国成为《公约》第 93 个缔约国。《公约》内容涵盖了海洋划界、国际海底、岛屿制度等问题,同时对专属经济区和大陆架、海域划界原则、相关岛屿主权及军舰的无害通过问题做出声明,被认为是目前协调和维护国际海洋秩序的"海洋宪法",是海洋维权的主要国际法依据。相比较而言,我国对外维护国家海洋权益的国内立法明显滞后,1992 年国家正式颁布了《中华人民共和国领海及毗连区法》(下文中简称为《领海及毗连区法》),后来又在 1998 年出台了《中华人民共和国专属经济区和大陆架法》(下文中简称为《专属经济区和大陆架法》)。这两部法律一直以来被认为是我国海洋维权的重要法律依据,都是依据《公约》有关内容对维护我国海洋权益作了原则性的说明和阐述,规定了我们国家的领海与毗连区体制还有专属经济地区与大陆架制度。在海洋行政管理方面,还有《中华人民共和国涉外海洋科学研究管理规定》《中华人民共和国海洋环境保护法》《中华人民共和国海域使用管理

---

① 王振清.海洋行政执法研究[M].北京:海洋出版社,2008:3.

法》《中华人民共和国海岛保护法》《铺设海底电缆管道管理规定及其配套规章制度》。但上述法律调整的范围和领域不同,执法主体也各不相同,因此在实践中很难灵活运用。此外,由于海上案件具有不同于一般陆上案件的特点,证据难收集、难固定,分散繁杂,专业强,举证能力不对等,加上一些法律在海上如何适用规定不明确,使得很多非法行为无法得到及时、有效的处理。

三、中外海洋维权与执法机构的组织架构对比

(一)我国海洋执法机构组织架构

2013年3月14日,我国颁布了《国务院机构改革和职能转变方案》,该方案规定要重新组建国家海洋局。为推进海上统一管理,提升执法效率,将当前的海洋局、海监、渔政、边防海警以及海关总署等机构进行融合,实现职责的有机整合,重新构建海洋局,受国土资源部直接管理。该机构最为主要的职能就是设定海洋日后发展计划,管理海域的使用以及海洋环境的保护等,以保障我们国家的海上权益(见图1-1)。①

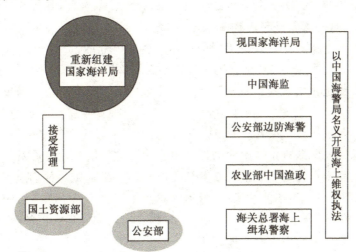

图1-1 国家海洋局重组结构图

当前我们国家正在处于海洋执法机构创建的初级时期,国家在2013年正式创建中国海警局,这是依据十八大会议精神,依照"大部制"改革方针以及《国务院机构改革和职能转变方案》有关内容进行创建的新的执法单位,是我们国家从之

---

① http://www.pkulaw.cn/fulltext_form.aspx?Db=chl&Gid=196367&keyword=国务院机构改革和职能转变方案&EncodingName=&Search_Mode=accurate 2016年12月5日,16:42,浏览。

前的分散式管理形式转变为当前的综合式管理形式的转折点①,并且能够和其他海洋机构进行合作,形成一个"协调—决策—执法"的管理形式②。

(二)美国、日本海洋执法机构组织架构

美国东临大西洋,西靠太平洋,南部濒临墨西哥湾,东北与加拿大接壤部分为五大湖。③ 为维持其海洋大国和强国的地位,80年代以来美国不断强化海上工作。④ 在海上执法方面,美国的执法体系包括海岸警卫队和担负相关海洋执法职能的其他政府部门(国家海洋与大气局、内政部、环境保护署等)。其中,海岸警卫队是主要的海上执法力量。

美国海岸警卫队实行总部与地方分权管理的模式,使用三层管理机制,最高领导者是警卫队司令,对海岸警卫队所有事物进行管理,并且借助于各个战区司令对当地部队进行指挥。总部机构主要是由两个副司令管控,掌管总部机构平日运作;战区归属于两个战区司令管制,掌管当地九个地区部队。美国海岸警卫队是目前世界上规模最大、装备最完善的海上执法队伍,也是美国五大军种之一,为很多国家所借鉴。其执法人员执法水域广阔、执法权限全面,并且具有警察和军事双重属性,是一支真正的海上综合执法力量。⑤

日本的海上保安厅是效仿美国的海岸警备队建立的,成立于1948年5月1日。2001年日本把建设、国土等机构进行整合,并单独创建了国土交通机构,是日本的主要海上执法机构。海上保安厅需要服从国土交通机构与国家安全委员会⑥,其实行垂直化管理,最高领导者是保安厅厅长,直接受命于交通大臣,对全厅所有事情都进行统一管制⑦,同时直属管理十一个管区和教育机关。日本《海上保安厅法》第25条规定:"本法的任何内容均不应被解释为允许对日本海上保安厅及其工作人员作为军事组织或类似目的而进行培训,或将他们组织成军事组织,或让他们履行军事职能。"所以,日本的海上保安厅不属于军事组织。但根据《自卫队法》第80条规定,在特殊情况下,根据日本内阁总理大臣的命令,可以将海上保安厅划归于防卫大臣指挥。⑧

近年来随着各个国家海上执法力量的不断壮大,虽然我国与美国、日本等国

---

① 郭倩,张继平.中美海洋管理机构的比较分析——以重组国家海洋局方案为视角[J].上海行政学院学报,2014,15(1):104-111.
② 何杰.中美日海洋执法机构的组织架构对比[J].舰船科学技术,2016,38(8).
③ 李景光,张占海.国外海洋管理与执法体制[M].北京:海洋出版社,2014:1.
④ 李景光,张占海.国外海洋管理与执法体制[M].北京:海洋出版社,2014:1.
⑤ 于洁,王润生.域外海警执法对我国的启示[J].公安海警学院学报,2015,14(3).
⑥ 高昆.对我国周边国家海洋执法实践的研究及启示[D].青岛:中国海洋大学硕士学位论文,2010.
⑦ 何杰.中美日海洋执法机构的组织架构对比[J].舰船科学技术,2016,38(8).
⑧ 李景光,张占海.国外海洋管理与执法体制[M].北京:海洋出版社,2014:171.

家的管理体制、加入的国际公约以及国内海洋立法的情况都各不相同,但尽快完善海洋执法机构已经成为各个国家的共识。无论是分散型的执法体制还是相对集中的执法体制,都需要与本国相关海上执法部门相互配合、相互协调,最终形成一个成熟的海洋执法机构。

四、我国海洋维权与执法在实践中存在的问题

(一)在海洋法律体系方面,内容不健全,缺乏协调性和可操作性

海洋权益能否得到有力的保障很大程度上取决于法律体系的完备与否。一方面,以法律的形式确认并且保障既有权益,才能使得权益转变成权利,才能受到法律的保护;另一方面,随着陆地资源的不断减少,人类未来的发展将越来越重视对海洋资源的开发与利用。若想促进和引导海洋力量发展,则必须以健全完备的法律体系为基础。

首先,我国宪法对海洋维权与执法的相关问题未作明确规定,这就导致海上执法机关在具体实践活动中缺乏直接与明确的宪法依据。其次,通过本文第二部分汇总的法律条文不难发现,我国在海洋维权与执法领域的相关立法不少,但缺少一部完整的《中华人民共和国海洋基本法》作为核心依据,并且各个专门性的涉海法律之间在立法过程上缺乏连贯性和协调性。第三,大多数的涉海规范多为原则性规定,可操作性弱。以《领海及毗连区法》和《专属经济区和大陆架法》来说,这两部法律总共涵盖了三十三条内容,三千四百个字,但是从某种范畴上来说只是涵盖了《公约》中有关原则性内容。国内法律和国际上的公约肯定存在着不同之处,因为后者是国际有关政治、经济、文化等方面的多边条约,通常是开放性的,它缺乏一个超国家的强制性执行机构,只是起到了一定的宣言与指导功能;然而国内颁布的法律规定应该有较强的可行性与强制性,这样才能够很好地展示其该有的功能。比如,就无害通过制度来说,只有军舰是不在这个制度管制范畴内,《领海及毗连区法》不过是将公约条例简单罗列进来,就无害通过制度的有关内容、国外军舰通过流程还有违反该条例的对应责任等,都没有给予较为详细的说明。另外,就紧追权、临检权等也尚未给出较为细致的实行规则,其在开展中的具体办法与要求等均未涉及,这些问题在我们国家都是局限于理论水平之上,[①]因此很难充分维护我国在相关领域的海洋权益。

(二)在海洋维权与执法体制方面,执法力量分散

从传统来看,我国海洋维权执法体制长期采用分散型模式,以前的海洋执法权力都是分布在海洋机构、海监以及公安部边防海警等部门,2013 年虽然国务院

---

① 姜丽丽.论中国海洋维权执法[D].青岛:中国海洋大学硕士学位论文,2006:16.

重组了国家海洋局,整合了以上四支队伍,并明确了以中国海警局名义开展海洋维权执法。但该体制自身依旧是造成国内执法力量较为散乱,各个执法团队自我掌管,职能重叠、不清楚的主要因素,增加执法成本,分散国家财力,影响我国海洋执法队伍建设。例如,在渔船事故调查中存在的职责交叉问题上,《中华人民共和国海上交通安全法》中详细规定,国家渔政渔港监督管理单位,在渔业水域里,实行该法准许的职权,掌管交通的管制工作,并对该地区渔业船舶间的交通事件给予处置。① 但在具体的行政执法里一般都会出现船舶单方面事故,比如说船舶和水下建筑物出现了碰撞,调查处理部门就会相对比较难确定。② 再比如说,在《铺设海底电缆管道管理规定》中详细规定由国家海洋机构创建的海底路线、管道以及对各个线路进行勘察和其他有关项目的主管单位,但是也提到"国内公司、事业机构修建的海底线路等,获得上级机构审核通过以后,为其修建的道路进行勘察等活动,按照本法内容给予实行",就无疑会造成主管机构出现无法管理、各个分管机构自我掌控的局面。③ 这些是阻碍我国发展海洋事业、维护海洋权益的重要因素。④

五、完善我国海洋维权与执法的对策与建议

(一)根据《公约》创建与完善我们国家海洋维权和执法系统

行政机构在实行职权时一定要具有相应的法律根据,即依法行政原则,这是行政法规定的基本原则之一。在《公约》不能直接被适用又没有明确的国内法依据的情况下,我国海洋维权执法机构实际上并不能有效地维护国家海洋权益,因此根据《公约》建立和完善相关的国内海洋立法势在必行。

第一,应完善我国宪法规范,明确海洋权益的宪法地位。海洋入宪的积极意义在于海上维权与执法将获得明确、直接的宪法依据,进而提高执法的权威性。第二,借鉴先进国家的经验,尽快出台海洋基本法,这是最有效也是最直接的做法,能够对相关涉海法律起到统领全局的作用。第三,立法之后应当建立起配套的实施办法和细则,注重强化相关规范的可操作性。因为法律规定的内容比较原则抽象,适用性和可操作性不强,如果没有具体的实施办法和细则就会给实际的执法造成困难。例如,《海洋环境保护法》详细规定,对海洋带来严重污染的,并导

---

① http://www.pkulaw.cn/fulltext_form.aspx?Db=chl&Gid=284167&keyword=%e6%b5%b7%e4%b8%8a%e4%ba%a4%e9%80%9a%e5%ae%89%e5%85%a8%e6%b3%95&EncodingName=&Search_Mode=accurate.
② 叶兴良.对统一整合海上执法力量的几点思考[A].载于 2013 年"苏浙闽粤桂沪"航海学会学术研讨会论文集.
③ 丁钊.我国海洋维权执法队伍建设研究[D].青岛:中国海洋大学硕士学位论文,2014:13.
④ 于杰,赵薇."海洋强国"背景下中国海警局之设立与展望[J].世界海运,2014,36(1):5-7.

致公私财产受到严重损坏或者是造成侵害生命安全的事件,都必须要依据法律追究该有的责任。《海洋工程条例》中也提到了较为相似的内容。但是,在具体操作中,就各种事件的伤害程度并没有明确具体的规定,这些标准模糊、主观,不利于行政机关依法行使职权。

(二) 进一步整合现有海洋执法力量,创建一个相对统一的执法队伍

海警局的挂牌成立标志着我们国家海洋维权执法已经步入统一执法与管理的道路。这次对海洋局进行重组,充分考虑了各种因素及实际情况,将四支主要的海上执法力量进行整合,但包括交通部海事局的海巡队伍在内的其他一些海上执法力量尚未进行整合。从长远来看,应当进一步整合以更好地实现海洋综合管理和海上统一执法,例如,建立中国的海洋警卫队。借鉴日本的海上保安厅、美国的海岸警备队、英国的警备厅等各个海洋机构的发展经验,上述这些执法队伍都是以当前较为标准的军事化形式发展着。然而中国海警局本质上仍是行政执法主体,没有军事性质。如果能够建立一只具有行政与军事双重属性的维权与执法队伍,必将提高执法效率,达到资源的优化配置,实现我国的海上警备力量在硬实力和软实力的共同发展。

六、结语

总而言之,任何一项成熟的制度都需要在实践中不断接受检验,不断进行完善。我国海洋维权与执法制度亦是如此。我们需要用发展的眼光来看待问题、应对问题,更多地着眼于国家的未来,而不能故步自封,仅满足于当前的需要。因此,从我国基本国情的实际出发,合理借鉴国外先进经验,相信在不久的将来中国必将组建一支管理有素、执法高效的专业海洋维权与执法队伍,切实保障和维护本国海洋权益。

维护我国海洋安全发展的现状及应对举措

王 夏

21世纪是海洋的世纪,世界各国对于这一点已经达成共识,世界大大小小的沿海国家已经相继制定海洋法律制度和海洋政策,对于海洋安全和保护海洋等核心问题采取了相适应的法律措施和手段。毋庸置疑,我国也是海洋大国,对于迎接海洋新世纪的到来,我们也制定了一些政策、制度等措施来维护我国的海洋安全。党的十八大报告中指出:提高海洋资源开发能力,发展海洋经济,保护海洋生态环境,坚决维护国家海洋权益,建设海洋强国。这一战略充分表明,维护我国海洋安全任重道远,任务艰巨。随着各国海洋治理实践的日益深入和广泛布局,海

洋安全的法律保障治理框架亦呈现日趋成熟的态势,海洋法律法规的实施完善和海洋执法队伍机制成为国家海洋安全战略的重要组成部分。因此,在面临海洋安全发展的治理困境之际,重视构建海洋安全法律体系管理体制革新策略,海洋法律法规等建设机制对推进和改善中国海洋执政是十分必要的。

一、维护海洋安全发展的必要性

21世纪海洋安全的法律保障体系建设是一项繁杂而系统的工程,虽然关于海洋安全执法战略的研究颇多,但是对"海洋安全"的定义,却是百家争鸣,各抒己见。金永明先生关于海洋安全的概念界定认为,海洋安全是指国家的海洋权益不受侵害或不遭遇风险的状态,具体来说,包括国家的海洋权益不受侵害或不遭遇风险的状态。[①] 就其本质而言,金永明先生的观点代表了大多数学者的观点,从本质上揭示了海洋安全的基本定义,即国家的海洋权益不受侵害或者不遭遇风险的状态,在某些情况下也被称之为"海上安全"或者"海上保安"。海上安全分为传统的海上安全和非传统海上安全两类。传统的海上安全主要为海上军事安全、海防安全,而海上军事入侵是最大的海上军事威胁;非传统海上安全主要为海上恐怖主义、海上非法活动(海盗行为)、海洋自然灾害、海洋污染和海洋生态恶化等。[②] 维护海洋权益,加强海洋管理,不仅需要我们正视海上安全等严峻问题带给我们的挑战,而且还要积极肯定我们国家在维护海洋安全发展方面所作的贡献:

(一) 中国在国际事务中发挥着中流砥柱的作用

21世纪的海洋世界,中国在国际事务中发挥着前所未有的建设性作用,并且获得了国际社会的普遍认可和尊重。在当代世界,中国不仅率先提出了推动建设持久和平、共同繁荣的和谐世界理念,而且以实际行动践行这一理念,在区域合作、国际维和、极地和大洋洋底勘探、应对全球气候变化等领域发挥越来越重要的作用。[③] 在这一持久和气、共同繁荣的机遇下,我国必须制定发展海洋强国的战略部署。"和谐海洋"的战略思想依然是我国新世纪新阶段面临当前多元化海上安全威胁形式下全面合理科学分析而坚持的正确方针和战略,在这一总的战略方针指导下,海洋安全的法律保障体系对于维护海洋权益的正当性提供了必要的法理支撑。

---

① 金永明.中国海洋安全战略研究[J].国际展望,2012(4):3-4.
② 参见:国家海洋局海洋发展战略研究所课题组.中国海洋发展报告[M].北京:海洋出版社,2007:88.
③ 参见《中国的贡献、世界的机遇——为什么说中国在国际事务中发挥着重要建设性作用》,来源:https://wenku.baidu.com/view/57d29011f18583d0496459e0.html 时间:2010-8-12.

（二）中国海上安全面临着严峻的风险和挑战

自改革开放以来,我国的综合国力和整体实力在亚太地区乃至全世界的影响力起着中流砥柱的作用,因此,在我国努力成为并且实现海洋强国的梦想之际,美国首当其冲成为遏制中国海洋实力增长的最大力量,因为美国担忧中国整体实力的快速发展撼动其全球领导地位,威胁其在亚太地区的既得核心利益,为此,为遏制中国的海洋实力发展,美国多方联合,加强与同盟国之间的经济、政治互动,造成周边沿海国家的严峻态势,必然也使中国遭遇了其他海洋大国的多方阻碍和直面担忧,引发了钓鱼岛和南海等重大问题的焦灼。因此,为保护国家的海洋核心权益,实现国家建设海洋强国的战略目标,海洋安全的维护需要强大的执法力量来保障。

（三）现行的海洋法律体系互不统属,缺乏统一规划

回顾中华人民共和国海洋立法史的轨迹,我们不难看出,各个政府职能部门在不同历史阶段分别立法所形成的海洋法律体系之间是互不统属、互不影响的,并且缺乏一定的法学理论支撑,立法存在一定的随意性。这些法律文件或者政策之间是互不统属、互不影响的架构。"重陆地,轻海洋"的内陆意识使我国在发展海上力量遭遇了前所未有的挑战,各种危机和紧张局势都接踵而至。我国不是先形成海洋法律体系的一般概念和对海洋法律体系的某种概念规划,然后再按照这个一般概念和立法规划逐步开展立法活动,而是需要什么就做点什么,什么要的急就先做点什么。"头疼医头,足疼医足"可以用来评价我国的海洋立法过程,尤其是中华人民共和国成立初期的立法过程。[①] 这种海洋法律体系缺乏合理性和体系性的现状,已经不能满足国家维护安全发展的需要,难以适应我国经济转型和建设海洋强国的需求。

二、我国海洋安全发展的困境迷思

正如上文所述,国家海洋安全的问题不仅仅是传统意义上的安全问题,还包括了非传统安全的问题。传统安全的历史由来已久,可以说,自从国家产生,国家之间的军事威胁和军事力量的较量也随之产生并不断发展、深入。非传统安全是相对于传统安全这一概念而言的,它排除了国家使用军事、政治、外交等冷暴力手段,因此其对其他主权国家构成生存和发展的威胁因素具有明显的不确定性和冗杂性,主要包括:生态环境安全、跨国犯罪、非法移民等因素。针对上述传统或非传统安全等问题,加强我国海洋安全的执法保障措施是刻不容缓的任务。但是,不可否认,我国正在面临着依法维护海洋安全等权益的严峻挑战和艰巨任务:

---

① 马英杰,等.中国海洋法制建设战略研究[M].北京:海洋出版社,2014:149.

(一) 海洋维权执法队伍机制不健全,执法效果不佳

海洋维权执法,是一国的海上行政主体根据海洋法的具体要求和准则,制定维护海洋权益的基本措施和手段。近几年来虽然我国在海洋权益方面的维权执法取得了不错的成效,但是分散的海上执法队伍体制却严重制约着我国海上执法成效朝着更加体系化的方向迈进。至今,我国海上执法力量主要集中于国家海洋局、海事局、海关等不同部门,虽然总体来说各司其职,但是众多的海上执法部门分散而又越权,冗杂又逃避责任的现象使海上维权工作出现混乱,不仅减低了海上执法的效率,在很大程度上,也削弱了国家海上力量的整体综合实力,造成了不必要的损失。诸多执法部门缺乏沟通,不能集中力量,难以采取有效措施应对侵害我国海上权益的诸多势力和迫害行为,使海上执法的效果难以显现,既浪费了执法人员的物力、人力,也使国家倾注于海上执法力量的心血付诸东流。虽然海上维权执法与一般的行政执法不同,但是其也必须遵循一般行政执法的基本原则,即依法执政和讲求效能原则。

(二) 海洋法律法规不系统,海上维权法律依据不健全

目前为止,虽然我国已经基本建立起海洋法律体系,但是与维护我国海洋安全等方面的需求相比,现有的法律法规建设仍然滞后,在法律适用和法律实施等方面存在着诸多问题。具体而言主要表现在以下几个方面:(1) 颁行的法律法规主要注重于保护海洋环境和海洋权益,对于海洋经济等方面的立法较为稀缺,针对各种海上执法类型缺少统一的执法规范标准和执法细则,以至于执法的不合法找不到相对应的纠错机制;(2) 立法侧重于专项法律法规,法律效力层次较低,法律法规不协调、不系统,具有明显的政策化和利益化倾向,从而使得海洋法律法规条文、条款往往都比较注重理论和原则而缺乏可操作性;[①](3) 相关的法律法规过分抽象和笼统,缺乏相关具体的操作步骤,海洋法体系尚不健全,致使海洋执政法律法规体系缺乏系统性、科学性的指导准则,给地方小法规的制定和实施带来很大的挑战。

(三) 诸岛争端等现实问题的日益加剧

伴随着国际社会开发利用海洋资源的趋势日益扩大,各国对于海洋资源的掠夺或是侵占也日益加剧,比如中日在钓鱼岛等海域的争端逐渐呈现尖锐的趋势,日本持续上演购买钓鱼岛的闹剧。中国有 8 个海上邻国,全部存在海域划界争端;美日联手加强在海上对中国的遏制,日韩军事同盟也日渐成型;美国等国借助东盟国家的"大国平衡"战略,与东盟有关国家建立了以基地使用、技术支持、后勤

---

① 黄建钢.论中国海洋法的现状及其发展趋势[J].浙江海洋学院学报(人文科学版),2010(3):1-9.

支援、海上军演为主要内容的海上军事合作和安全合作机制。[①] 对于这些岛屿主权争端等问题,是影响着我国海洋权益和海上安全的最大威胁因素之一。对于这些问题的解决绝非一日之功,我国应在努力维护我国海上安全和海洋权益的同时,绝不放弃对中国固有领土无可争辩的主权。

三、维护我国海洋权益、加强海洋管理的解决途径

(一) 整合执法队伍建设,集中海上执法力量

如上所述,海上维权执法是海洋管理的一个重要措施和手段,海上执法力量也是现代海洋权益保障的一个重要举措和工具。我们要着力改变执法队伍建设涣散、部门化严重的现象。随着国家经济和科技实力的增强,国家要逐步加强对现代军事的资金投入,建设一支和自身综合实力相匹配的海军力量,整合各个执法部门队伍的建设,重点加强提升海军人员的执法素质,加强海军信息化的作战手段,完善相关海军武器配套设施建设。为更好地维护我国海洋权益,加强海洋管理的有效实施,深化海上执法队伍建设、集中海上执法力量是维系国际海洋整体秩序和维护沿海国家海洋权益的重要举措,也是中国海洋权益维护以及关系到中国海洋经济可持续发展的重要命脉。整合海上执法队伍建设,不仅有效规制执法主体滥用执法权力,而且可以避免海上执法活动和行为中可能产生的随意性和任意性,为海上行政主体实施执法活动明确提供充分的法律依据。

(二) 制定海洋基本法,完善海洋法律体系建设

在 21 世纪的海洋世纪中,世界各国急需制定国家海洋发展战略。在面对我国海洋权益争议众多的现实问题中,海洋基本法的制定为进一步完善我国海洋法律体系指明方向,有助于进一步制定和完善相关领域的法律制度。十一届全国人大常委会第二十四次会议表决通过了全国人大外事委员会关于第十一届全国人民代表大会第四次会议主席团交付审议的代表提出的议案审议结果的报告。报告中指出,制定海洋基本法有利于推进制定和实施国家海洋发展战略,有利于提高全民的海洋意识。[②] 海洋基本法的制定是一个循序渐进的过程,海洋法律体系的建设在一国的法律体系中起着举足轻重的作用。我们所说的海洋法律体系指的是规范体系,而非一国的海洋立法体系。正如马英杰学者在他所著的《中国海洋法制建设战略研究》中指出,完整的海洋法律体系应该包括以下 10 个部分或者分支:(1) 海洋法的基本制度、基本原则;(2) 海洋权益法;(3) 海洋资源和海洋生态保护法;(4) 海洋交通法;(5) 海洋污染防治法;(6) 海洋科学技术和文化教育

---

① 邹立刚,王崇敏.中国的海洋问题与南海问题及其应对举措[J].南海瞭望,2012(5):13-15.
② 参见:全国人大外事委建议:适时启动海洋基本法立法.来源:http://news.163.com/keywords/6/7/6d776d0b57fa672c6.时间:2011-12-31.

法；(7)海洋产业法；(8)海事海商法；(9)海洋管理法；(10)海事纠纷处理及诉讼法。如上所述，海洋法律制度不仅包括实体的法律法规体系，还包括程序法，如海洋纠纷处理及诉讼制度。因此，我们要根据具体的海洋事务的特征对现行的海洋法律法规作出适当调整和补充，进一步完善我国的海事诉讼法。

（三）创新"搁置争议，共同开发"策略，坚持"主权归我"前提

面对日益复杂的国际海洋权益争议和主权利益冲突，尤其是在钓鱼岛、南海等区域错综复杂的形势下，我国必须要做好充分的主权战略准备，进一步思考国家应该采取什么样的主权战略，才能更好地维护我国在南海以至于更多区域的主权和利益。我国一向坚持"主权归我、搁置争议、共同开发"的主权战略原则，不可否认，在这一主权战略部署下，存在着一系列的障碍和不足，但是这一原则仍是目前中国维护海洋利益和主权地位的不二选择。因此，在面对诸多岛屿争端的争议中，中国要和其他各方积极加强沟通，构建"共同开发"的利益实现平台，努力消除影响各方共同开发的阻碍性因素，并且还要加强政府和民间的交流，制造良好的社会舆论，缓解各方的紧张气氛。只有坚持这一战略方针，才能使国家整体的海上力量在维护海区安全稳定，捍卫海洋权益得到真正的有效发挥，才能为国家远海利益的逐步拓展提供强有力的战略支撑，为维护世界和平促进共同发展、推动"和谐海洋"建设作出更大的贡献。

南海仲裁案后南海人工岛礁的维权对策

王振宇　吴俊辰　朱丁一

2016年7月12日海牙国际仲裁法庭对南海仲裁案做出"最终裁决"，判菲律宾"胜诉"，并否定"九段线"。对于仲裁闹剧，我国始终坚持"不接受、不参与"的立场。仲裁案中菲律宾的一项重要诉求即否定我国在南海相关岛礁的法律地位，否定我国人工建设岛礁的行为。我们需要从南海人工岛礁建设实际出发，探索其维权对策，以服务国家海洋强国战略。

一、南海仲裁案与南海人工岛礁

（一）菲律宾单方的南海仲裁案

2013年1月22日，菲律宾政府单方面就中菲南海有关争议提起仲裁。菲方在照会中提出了13项诉求，要求仲裁法庭裁定中国用南海"九段线"划定主权的

做法违反了《联合国海洋法公约》,要求中国停止侵犯菲律宾主权和管辖权。[①] 中国政府于 2014 年 12 月 7 日发布《中国政府关于菲律宾所提南海仲裁案管辖权问题的立场文件》,明确表明我国"不接受,不参与"南海仲裁案。2016 年 7 月 13 日,海牙国际法庭发表声明指出,国际法庭自始至终未曾参与南海仲裁案。如此看来,南海仲裁案自始至终都是菲律宾单方面参演的闹剧,为此菲律宾甚至还替中国负担了仲裁费用。

(二) 南海人工岛礁的法律定位

在仲裁案中,菲律宾提出了 15 项诉求,其中反对中国"九段线"主权权利与"历史性权利";美济礁、仁爱礁、渚碧礁、南薰礁和西门礁为低潮高地,不具备领海;中国对于美济礁的占领和建造活动违反《联合国海洋法公约》。其中多项诉求涉及我国南海人工岛礁的主权与权利,南海人工岛礁在国际法中的法律定位究竟是怎样的?

分析南海人工岛礁的法律地位,应当从人工岛屿入手。《联合国海洋法公约》中并没有对"人工岛屿"进行定义,但列出若干条关于人工岛屿管辖的规定。人工岛屿应该为人造的、四面环水的、在涨潮时露出水面的、在一定时期内固定在海洋相同位置并有固定操作模式的物体。《联合国海洋法公约》第 60 条表示"人工岛礁、设施和结构不具有岛屿地位。它们没有自己的领海,其存在也不影响领海、专属经济区或大陆架界限的划定"。通过研究,南沙群岛及其周边目前有三种人工岛礁或设施:一是临时的水上人工设施,如石油平台,一旦完成使命,这些设施就会被拆除;二是建造在天然岛屿上的临时或永久性的人工设施,如飞机跑道;三是建在永久岩石和珊瑚礁上的人工岛礁。[②] 前文中《联合国海洋法公约》对于人工岛屿的规定适用于前两种情况,而不适用于第三种情况。南海的吹填岛礁是一种既非自然岛屿也非完全人工岛礁,目前的定性更接近与混合岛礁,在整个国际法体系中都比较难以定义,如果被界定为天然地貌,它又混杂着人工结构装置;如果被界定为人工岛礁,它又没有人为地固定在海床上,而是靠天然地基支撑着。完全的人工岛屿不具备领海,然而不意味着南海的人工岛礁——这种自然为基的混合岛礁也不具备领海,其法律地位有待探讨,并且随着科技进步和人类生存的需要增长,海上岛礁扩建会越来越频繁,混合岛礁的定性问题亟须解决。笔者认为可以在以下两个方面考量混合岛礁的性质:一是未进行人工吹填建造之前岛礁的

[①] Southchinasea:《Notification and Statement of Claim on West Philippine Sea[EB/OL]》,http://www.southchinasea.com/entertainment/421 - notification-and-statement-of-claim-on-west-philippine-sea.html,2013 - 03 - 05。

[②] 邹克渊.岛礁建设对南海领土争端的影响:国际法上的挑战[J].亚太安全与海洋研究,2015(3):1 - 13.

自然基础面积,二是进行建设后岛礁支撑人类生存的能力。若有明确的衡量标准出现,相信未来争端的解决会简易一些。

二、当前南海人工岛礁维权现状与困境

2014年,我国加强在南海岛礁建设以来,各种骚扰接踵而至。2015年秋"拉森号"闯入我国南海渚碧礁海域附近,之后美军B-52轰炸机飞越我南沙人工岛礁附近海域,2016年3月美航母群进入南海海域,2016年7月南海仲裁案结果公布以来,更是引起了菲律宾、越南等南海周边国家"维权"新高潮,南海维权目前呈现出"周边国家不断侵扰,域外大国干预"的现状。美国及周边国家三番五次地侵犯我南海权益,暴露出以下几个问题:

一是实际控制力不强。南海周边的其他声索国在20世纪70年代起争先强调在南海的权益,并占领岛礁。越南主张拥有南沙群岛和西沙群岛的整体主权,实际控制南沙群岛的鸿庥岛、南子岛、景宏岛、南威岛等29个岛、礁、滩,并陆续在岛礁上进行军事性建设、生活设施建设,进行移民和开发旅游线路。菲律宾实际控制南沙群岛马欢岛、南钥岛、中业岛、西月岛、北子岛、费信岛、双黄沙州、司令礁和仁爱礁9个岛、礁。① 菲律宾为所控制的岛礁行政建市——卡拉延市。马来西亚实际控制弹丸礁等5座岛礁,并开通弹丸礁的国际旅游航线。据统计,南沙群岛中面积在0.01平方公里以上的岛礁共有32个,其中中国大陆占据7个,越南占据12个,菲律宾占据7个,马来西亚占据5个,中国台湾占据1个。由此可见,中国在南沙群岛面积较大的岛礁实际控制量并不占优势。

二是法律权益不明朗。目前关于中国南海"九段线"内海域的地位的说法尚未有一个定论。在学术界,关于南海"九段线"性质的研究,目前主要有四种观点:即"传统疆域线说""历史性水域线说""历史性权利线说""岛屿归属线说"。诚然,确定南海"九段线"的法律地位十分艰难。但是,在不明确南海"九段线"法律地位前,我国在维权时难免会出现尴尬局面。此次南海仲裁案菲律宾的诉求就是抓住了"九段线"的法律地位问题,否定"九段线"的权利。

三是维权实力不足。近期发生在南海的一系列美国"秀肌肉"的挑衅事件,从一个侧面反映出我国与美国的军事力量存在差距。另外,我们应当认识到,美国在南海的"炮舰外交",在菲律宾南海仲裁案中的"话语霸权"都是其霸权主义的延伸,这启示我们不仅军事实力要强大,外交、法律实力也要强大。而就南海吹填造岛行为,中国政府面对国际上的普遍质疑,宣称自己的行为是完全"符合"国际法的,但同时却没有对其做出详尽的法理阐释。这种笼统的回应最易授人以柄,在

---

① 薛桂芳,毛延珍.有效控制原则视角下的南海岛礁主权问题研究[J].广西大学学报(哲学社会科学版),2014,36(5):94-98.

中国今后的岛屿设施建设上将不断引发新的争议。受到挑衅与侵犯证明我们的军事实力不足,而事件之后的反应含糊不力也反映了现实证据与法律支撑不足。

三、南海人工岛礁维权对策

菲律宾仲裁案前后,南海发生的一系列紧张事件,并不意味着南海局势进入了全面军事斗争。南海博弈,在今后很长一段时间重心都在于外交战、舆论战和法律战,而不是急躁而简单的军事战。正是因为南海博弈具有战略性与长期性,我们寻找维权策略时,要坚持刚柔并济,既要进取地进行岛礁建设和国防实力建设,建设性地拓展我们在南海主权争议及南海问题定义定性的话语权;也要与相关国家加强沟通,积极探索人工岛礁相关法律建设之路,填补国际法相关领域空白,为解决岛礁争议做出示范。

(一) 收集我国对南海岛礁拥有主权的证据

我国对于南海岛礁拥有主权的证据主要体现在以下两个方面:一是历史证据,二是现实管控证据。

历史证据方面,我国各朝代政府均有发现南海、在南海进行生产、管理的记载。公元前 214 年,秦朝在平定百越的基础上置南海郡,海疆实临南海。据《汉书·地理志》记载,在汉代我国即开发出由广州途径西沙群岛到达越南的航线。唐朝在海南岛设立崖州都督府,正式把南海诸岛划入中国疆域。南宋时,据《诸蕃志》《舆地纪胜》记载,西沙群岛称为"千里长沙""万里石塘"。明朝天启元年的《郑和航海图》,明确地标绘了南海诸岛的地理位置。[①] 1800 年,晓峰氏所作《清绘府州县厅总图》将"南澳气""万里长沙""万里石塘""七洲洋",即东沙群岛、中沙群岛、南沙群岛以及西沙群岛列入我国版图,属清朝行政管辖范围。1946 年 11 月 24 日,国民政府开始接收南沙群岛、西沙群岛,时至 1947 年 2 月 4 日,南沙群岛接收完毕。1947 年 5 月,我国首次对外正式发布"断续线"地图《南海诸岛位置图》,该图在南海海域中标有东沙群岛、西沙群岛、中沙群岛和南沙群岛,并在四周画有国界线,以示属于中国领土。中华人民共和国成立后,1958 年《中华人民共和国政府关于领海的声明》第一款就规定:"中华人民共和国的领海宽度为 12 海里。这项规定适用于中华人民共和国的一切领土,包括中国大陆及其沿海岛屿,和同大陆及其沿海岛屿隔有公海的台湾及其周围各岛、澎湖列岛、东沙群岛、西沙群岛、中沙群岛、南沙群岛以及其他属于中国的岛屿。"明确指出南海诸岛为我国领土。

现实管控证据方面,1950 年,中国人民解放军进驻永兴岛;1988 年我国海军

---

① 彭俊,胡阿祥.海上明珠:我国对南海诸岛的发现与管辖[J].唯实,2015(12):79—82.

进驻永暑礁、渚碧礁、东门礁、赤瓜礁、华阳礁;1994年,以渔政为先导,进驻美济礁。除被我国收回的岛礁外,南海还有许多岛礁被周边其他声索国占领,对于这种行为,虽不主张直接武力收回,但我国不能放弃对于这些岛礁的权益声明,持续保持索权状态。2009年11月,我国在永兴岛建立地方村庄委员会;2012年7月24日,三沙市正式成立,对西沙、中沙、南沙群岛及海域进行行政管理。

(二)完善相关法律,明确南海人工岛礁法律定位

尽管根据国际法与《联合国海洋法公约》对于南海人工岛礁的法律定位很难做出定论,但我国可以也应当具备立法自信,从实际出发,提出合理的衡量标准,为人工岛礁,尤其是为南海的混合岛屿做出法律定位。学术界一种解决方案为,在南海地区构建远洋群岛法律制度,即参照群岛国的群岛法律制度:先在群岛当中确定若干个领海基点,然后根据这些基点划出群岛基线即领海基线,然后在领海基线之外再确定领海、毗连区、专属经济区和大陆架。我国应尽快确定中沙、东沙、南沙群岛的领海基点并划出领海基线,根据此领海基线确定领海、毗连区、专属经济区等区域,就可以避免为每个岛礁单独划定领海时所面临的区分人工岛礁性质的困惑。2011年4月14日,中国常驻联合国代表团就有关南海问题致联合国秘书长的第CML/8/2011号照会中亦指出:"按照《公约》、1992年《中华人民共和国领海及毗连法》和1998年《中华人民共和国专属经济区和大陆架法》的有关规定,中国的南沙群岛拥有领海、专属经济区和大陆架。"结合远洋岛屿制度和此声明,南沙群岛领海是根据南沙群岛的领海基线划定的,领海基线内岛礁的法律定位和权益就十分明确了。我国可以根据国际范例,出台相关远洋岛屿制度法律,并联合其他拥有远洋岛屿制度的大陆国家为《联合国海洋法公约》做出合理解释。

(三)加强对于南海岛礁的人工建设

通过研究部分非公开资料和近年菲律宾、越南、马来西亚及西方媒体针对南沙群岛的新闻报道与政府文件,可知南沙群岛中面积在0.01平方公里以上的岛礁共有32个,陆地总面积16.076平方公里。其中中国大陆占据7个,陆地面积13.227平方公里,占82.28%;越南占据12个,陆地面积1.025平方公里,占6.4%;菲律宾占据7个,陆地面积0.901平方公里,占5.6%;马来西亚占据5个,占2.7%;中国台湾占据1个,占3.0%。中国在南沙群岛中面积0.01平方公里的岛礁占有数量上并没有很大优势,但在面积上占有绝对优势,为82.28%,之所以在面积上有如此优势,与我国在南沙群岛的人工建造密不可分。我国应当保持扩建技术优势,将那些面积较小的岛礁合理扩建,并着力改进海水淡化技术,提高岛屿自给能力。研究发现,南沙部分岛礁海域的风向、波向具有较强规律性,蕴藏

着较为丰富、适宜开发的风能、波浪能资源，①值得关注和开发利用。在能源自给的基础上将南海人工岛礁建设成能支撑人类日常生活的岛礁，政府移民充实岛礁，将无人岛礁改造成为有人生存的岛礁；在满足日常生活的同时，进行岛礁的经济建设，开拓岛礁服务职能，例如航线船舶补给功能，旅游观光功能。建立行政管理单位，进行日常行政管理，做到实际控制、实际管理，建造相应的军事设施，维护岛礁的安全。

（四）开展南海常态巡航

维护南海权益，重点岛礁是关键，因此我国要加强对于关键岛礁的巡航以对南海进行有效管控。由于南海是我国主张的主权海域，南海巡航的主体应当为具备行政管理能力的中国海警。目前海警巡航大致可分为管理式和维权式两种形式，管理式即中国海警在海域开展正常勤务性巡航，同时进行海上治安管理、海上搜救、海洋环境与资源保护、打击海上犯罪等行动。维权性巡航即在我国主张岛礁和海域进行主权宣告、保护我国船只安全、驱逐其他侵犯我国权益的船舶的行动。在我国人工岛礁附近巡航，维护我国岛礁建设的安全有序，对于其他国家非法侵占我国岛礁并进行人工建设的行为，要果断制止，并发出警告，声明我国权益。将巡航制度常态化，即可保持我国对于南海的常态行政控制，也可表明我国对于南海持续管理的决心与态度，在黄岩岛争端平息后，中国海警在黄岩岛附近开展了持续性的、常态化的巡航，实现了有效管理，维护了维权成果。

（五）军警民联动，共同维护南海权益

鉴于南海局势的复杂性，南海的维权力量的构成应当是军警民联合力量。军方力量为中国人民解放军海军和空军，警方力量为中国海警，民间力量为民兵和普通渔商船。当前，南海在面临诸多安全挑战的背景下，我国海军通过非战争军事行动参与南海维权行动，尤其在防止、制止他国干扰和破坏我国南海人工岛礁的行动中，是十分有必要的，"拉森号"事件与 2016 年初美国航母进入南海侵扰时，我国海军通过跟进与警告，发挥了显著作用。中国海警作为我国海上主要的维权执法单位，其维权行为具有行政性，体现的是我国对于南海的有效管控。常言"军力有限，民力无穷"，在南海维权方面，民间力量有着不可替代的优势，一是力量优势，民用船舶的数量巨大；二是战略优势，民间力量的使用可以防止我国在维权行动中陷入被动；三是机动性优势，民用船舶的体积大小不一，活动性强，收集信息时具有很强的隐蔽性。将军警民联合起来，据时因势采取不同的维权行动，能发挥更加显著的作用。例如 2012 年黄岩岛对峙和 981 钻井平台护航中就

---

① 郑崇伟，李崇银.中国南海岛礁建设：风力发电、海浪发电[J].中国海洋大学学报（自然科学版），2015,46(9):7-14.

体现了军警民联合维权的威力,海军空军作为后援力量,在后方进行军演与后勤保障;民用船舶形成包围圈,干扰对方船舶的行动;海警船舶进行驱赶行动,三方面形成合力,促使两次维权行动的成功。

四、结语

随着国际航运的发展与南海资源的开发,南海争议将会长久持续,随着技术的进步与人类生存的需要,未来人工岛礁的建设也将持续发展。南海人工岛礁问题将是未来南海维权的关键,也是解决南海争端的关键,我国应当紧抓"海洋强国"战略期,不断发展我国海上实力;也应当利用好"海上丝绸之路"这一契机,与周边国家建立良好的合作互动,以区域性负责任的海洋大国身份寻求南海争端的解决之道。

海洋维权之紧追权行使主体研究[①]

戴雅婷 潘耀亮

紧追权(right of hot pursuit),是指沿海国对违反该国法律并从该国管辖范围内的水域驶向公海的外国船舶进行追逐,将其缉捕和交付审判的权利。它是由国家主权引申出来的一项国家属地管辖权,是沿海国管辖权的扩大和延伸,是公海自由的一种例外。这项权利通过19世纪的国家实践发展成为一项国际习惯法规则。1958年《公海公约》首次以一个多边条约的形式在其第23条中确认了紧追权及其相关规则。紧追权的实施仅适用在内水、领海和毗连区范围。1982年联合国第三次海洋法会议通过的《联合国海洋法公约》(以下简称《公约》)是现代国际海洋法律制度的纲领性文件,其第111条对《公海公约》第23条内容进行了补充和修改,对沿海国为维护本国海洋权益所享有的紧追权扩大适用于专属经济区或大陆架水域。此后,各国对海洋资源的开发利用、海洋权益的保护空前重视,纷纷加强海上执法能力和执法力度,完善涉海国内立法,为海上执法提供国内法依据。紧追权,已成为一项公认的国际法制度,是国际法赋予沿海国有效行使管辖权的一项重要权利,是维护沿海国海洋权益的有力武器。

一、紧追权立法现状

在《公约》中,紧追权主要规定在第111条,共8款详细阐述了紧追权的紧

[①] 基金项目:1. 辽宁省法学会课题(辽会〔2016〕20号)。2. 辽宁省国际教育"十三五"科研规划课题(16NGJ044)。3. 大连市社科联(社科院)重点课题(2015dlskzd114)。4. 辽宁省教育厅课题(沉浸式远程互动教室研究与实践)。5. 2015年大连海洋大学研究生教育教学改革与创新工程优秀教材建设项目海上犯罪侦查实务(dhdy20150403)。6. 2016年度大连海洋大学社科联立项课题(xsklzd-11)。

事由及法律依据、紧追工具及主体、实施紧追的区域、紧追的开始、接替和终止、行使方式、不当紧追引起的赔偿责任等。依据《公约》，各沿海国家纷纷在国内立法中规定了有关紧追权的条款，力求国内法与国际法的统一协调，既能在海洋执法中避免不必要的国际冲突，也能在海上维权中占据优势。现在，各国普遍认识到海洋的战略地位及其重要性，加大海上投入，加强海上执法力量，提高海上执法水平。在实际情况中，大多数国家都是由船舶和飞机进行联合执法，如美国、加拿大、日本等国，美国和加拿大是由海岸警备队和军队联合行使紧追权，日本的紧追权行使主体是海上保安厅和国民自卫队。与此同时，得益于科技的进步，执法工具日益高端和多元化。美国海岸警备队和国防部的所有海上船舶和飞机都有权实施紧追，海军潜艇同样被授权行使紧追。新的执法工具还包括高空飞机、机载雷达设备和卫星等。[1] 我国同样也在国内法中对紧追权作了规定，主要集中于1992年《中华人民共和国领海及毗连区法》(以下简称《领海及毗连区法》)第13～14条和1998年《中华人民共和国专属经济区和大陆架法》(以下简称《专属经济区和大陆架法》)第12条。此外，2001年《中华人民共和国海关法》、1999年《关于加强海上治安防范维护船舶安全的通知》、1993年《关于海关执行缉私任务的船舶在海上行使紧追权的批复》、1993年《关于加强东海海上航行和渔业安全意见的通知》也均对紧追权的行使做出了规定。[2] 可见，我国对紧追权的规定比较分散，从法律到法规再到规章，各个效力层级的法律文件都有相关规定，牵涉不同执法部门，本身就造成执法依据混乱和不清晰，立法混乱，甚至相互冲突，在实践中操作性差；同时上述法律法规与《公约》也有不统一之处，以致在紧追权行使过程中引发国际争端。与此同时，我国《专属经济区和大陆架法》第13条规定："本法没有作出规定的，根据国际法、中华人民共和国其他相关的法律、法规行使。"这表明根据该法紧追权的行使可依照《公约》第111条的相关规定，[3] 也可以依照中华人民共和国的其他法律，然而我国《领海及毗连区法》对紧追权的规定与《公约》的规定存在差异，这也是我国在实际操作中执法主体不够明确的重要原因。

二、我国紧追权行使主体之不完善之处

对于紧追工具和紧追主体的规定，是正确有效行使紧追权的重要一环，这表明行使紧追权的主体资格，目前，我国关于紧追权行使工具和行使主体的规定并不明确，还有许多亟待完善之处。

---

[1] 郭红岩.中国海上紧追权立法浅议[J].国际安全研究,2007(2):43-47.
[2] 贾春伟.紧追权法律问题探析[D].哈尔滨:黑龙江大学硕士论文,2014.
[3] 赵明.论海上紧追权[D].重庆:西南政法大学硕士论文,2012.

(一)"执行政府公务"用语缩小了紧追工具的范畴

《公约》第 111 条明确规定,紧追权只能由军舰、军用飞机或其他有清楚标志可以识别的为政府服务并经授权紧追的船舶或飞机行驶。我国《领海及毗连区法》第 14 条规定:紧追权由中华人民共和国军用船舶、军用航空器或者中华人民共和国政府授权的执行政府公务的船舶、航空器行使。"为政府服务"和"执行政府公务"这两种说法,显然,范围是不一致的,"为政府服务"这一说法比"执行政府公务"这一说法范畴要广,相比《公约》的规定,"执行政府公务"缩小了紧追工具的范畴,这自然减损了国际法赋予我国的权利。①

(二)"执行政府公务"的船舶这一表述不明确

早前中国的海洋管理职能较为分散,海洋、渔政、海事、公安边防、海关甚至包括石化、石油企业等各部门和行业都有涉及。中国的海洋管理特别是海洋执法力量分散,关于重复检查、效率不高等方面的议论很多。因此对于紧追权"执行政府公务"这一模糊规定,各部门更是存在着交叉执法,相互推诿的情况,"执行政府公务"的部门具体是指哪些,职能、责任如何分配,如何协调各部门的行动,都没有详细规定。2013 年国办关于实施《国务院机构改革和职能转变方案》的决定,将原国家海洋局的海监总队、公安部边防海警、农业部渔政局、海关总署缉私局进行整合,重组国家海洋局,属国土资源部,以中国海警局名义开展海上维权执法,接受公安部业务指导。经过整合,虽然原先海上执法权分散的情况不复存在,但仍旧有一些权力分散在各个部门法中。无论是按照国际上《公约》还是国内《领海及毗连区法》,中国海警局作为海上执法机构都有资格行使紧追权,但是任何权利的行使都应有法律明确的授权。我国海洋维权执法体制庞大,执法主体若没有法律授权,就会产生负面效应,即名不正言不顺,陷入任意性和随意性,不作为也无所谓。② 但目前来说,我国并没有在立法中明确授予中国海警局实施紧追之权利。

(三)国内相关法律未规定"有清楚标志可以识别"

《公约》规定为政府服务并经授权紧追的船舶或飞机应是有清楚标志可以识别的,即条件有二:一是有清楚标志,二是可以识别,二者缺一不可。但在我国《领海及毗连区法》中,仅仅规定了由中华人民共和国授权和执行政府公务,并未要求有清楚标志可以识别,这一与国际法规定不一致的地方,势必导致现实执法中的不必要的冲突和对抗。

---

① 余民才.紧追权的实施与我国海上执法[J].中国海洋法学评论,2005(1):79-92.
② 新华网.郁志荣:海洋维权执法必须有法可依[EB/OL]. http://news.xinhuanet.com/2016-11/25/c_1119990411.htm,2016 年 11 月 25 日.

二、我国紧追权主体的完善

当前,我国海洋局势颇为紧张,日本、菲律宾等国虎视眈眈,面对他国对我国主权的挑衅,执法形势日益严峻,海上维权面临巨大挑战。由国家海洋局负责起草的《海洋基本法》已被列入国务院 2016 年立法安排,有必要在《海洋基本法》中对紧追权进行统一与规范,在紧追权行使主体方面也应作出明确界定,笔者认为,可以从以下几个方面进行完善:

第一,在新的立法中,将《领海及毗连区法》中的"执行政府公务"改为"为政府服务",对于"中华人民共和国授权的执行政府公务的船舶或航空器"加以"有清楚标志可以识别"的限制,以实现与《公约》的统一,减少不必要的国际纠纷。因为"清楚的可识别的标志"的意义在于确保国家对经授权代表国家行事的船舶或飞机的行为负责任。① 也就是由原来的"中华人民共和国政府授权的执行政府公务的船舶、航空器行使"改为"中华人民共和国授权的有清楚标志可以识别的为政府服务的船舶或航空器行使"。

第二,根据《公约》第 111 条第 5 款规定行使紧追权的船舶应当"有清楚标志可以识别",尽管我国《领海及毗邻区法》和《专属经济区和大陆架法》对此未作规定,但可以确定地划分为两点标准:一是有清楚标志;二是可以识别。国家海上管辖权的执法主体是以执法工具为标志的。② 在我国按照该标准,新组建的海警局的公务船舶均具有行使紧追权的资格。中国海警船统一采用白色船体,船上涂有红蓝相间条纹、新的中国海警徽章和醒目的"中国海警 CHINA COAST GUARD"标志,部分原有船舶已经完成舷号、徽章和涂装的更改。可见从形式要件上看,中国海警船符合"有清楚标志可以识别"的条件,中国海警局作为我国海上执法机构,当然能够使用紧追权。而从实质要件来看,沿海国根据国家主权论享有海上管辖权,中国海警局是代表国家行使海上管辖权的执法主体,国家主权和国家海上管辖权为中国海警局海上执法权提供了充分的权利依据,是中国海警局今后在与邻国争议海域进行海上巡航、海上治安管理等执法活动的有力支撑和国际法理依据③,也就是说中国海警局行使紧追权是有切实的理论依据的。再者,根据现行的法律法规,在我国领海、毗邻区、专属经济区和大陆架区域,中国海警局都可以根据需要行使紧追权。与美国海岸警卫队比较而言,其由一些极具权威的海事专业执法人员组成,它的职能包括了缉毒、海洋资源保护等方面的执法。它既有军队的属性又有综合的执法权,是许多国家紧追权执法的典范。只是我国

---

① 贾春伟.紧追权法律问题探析[D].哈尔滨:黑龙江大学硕士论文,2014.
② 邹立刚.国家海上行政管辖权研究[J].法治研究,2014(8):19-26.
③ 钱翠翠.论中国海警局海上执法权[D].大连:大连海事大学硕士论文,2014:7.

法律至今还未明确规定紧追权的行使主体范围及权限,日本海上保安厅和美国海岸警卫队作为统一海上执法机构都经法律赋权,两国分别在《海上保安厅法》《美国海岸警卫队法》中明确授予海上执法权限,这当然包括紧追权的行使,所以我国应学习美日的做法,亟须通过立法赋予中国海警局海上紧追权。

目前,我国涉及紧追权的法律文件,多头立法,种类、数量较多,当务之急是梳理国内现有的关于紧追权的法律文件,消除已出台的法律文件之间的冲突,更新修改陈旧过时的法律条文。同时,早前海关、渔政等海上执法部门自行制定的一些涉及紧追权执法的法律文件,由于其队伍和职责经整合后重组了国家海洋局,并以中国海警局的名义开展维权执法,因此实际上是由现中国海警局综合行使其海上执法权,应将各执法部门自行制定的一些法律文件予以修改或废止,在《海洋基本法》中明确紧追权的行使主体。不管用何种主体执行海洋维权任务,都要由法律统领和授权,才能切实保障我们进行海洋管理和海上维权的合法性。

第三,尽管军舰的法律地位争议不断,但是各国都达成一个共识:在有管辖权的海域必须要有一定的武装力量来保证巡航执法的顺利进行。[1] 我国巡航执法工作起步时期,中国海军起了很大作用,直到现在依然是巡航执法的支撑力量,是实施紧追权必不可少的主体。授予军舰执法主体地位既是公约的要求,也是各国的惯例。对于紧追权执法主体,各国有其惯例遵循。如美国、加拿大等国的紧追权主要由其海岸警备队和部队联合行使,并且美国海岸警备队和国防部的所有海上船舶和飞机都有权实施紧追,海军潜艇同样被授权行使紧追;俄罗斯由国境警备队等机构行使;日本由海上保安厅与日本的国民自卫队联合行使。在我国《领海及毗连区法》第14条也赋予了军队紧追权,本条规定的紧追权由中华人民共和国军用船舶、军用航空器或者中华人民共和国政府授权的执行政府公务的船舶、航空器行使。对于紧追权,由于其针对的是违反沿海国法律或法规的外国船舶,中国海警局和军舰都有对外国船舶进行监督检验的职责,所以为维护我国的合法权益,将紧追权应该同时赋予中国海警局和军队协同行使,因而有必要在《海洋基本法》中做出明确的执法依据规定。

"谁控制了海洋,谁就控制了贸易,谁控制了世界贸易,谁就控制了世界财富,最后也就控制了世界本身",这是马汉在《海权论》中提出的观点,深刻地揭示了海洋对一个主权国家的重要性,海洋权益是国家主权重要组成部分,维护海洋权益刻不容缓,紧追权作为海上维权的一项重要途径和手段,有必要根据《公约》以及中国的实际情况,在法律中予以明确、清晰、完整的规定。中国海警局和军队作为海上维权执法力量,是行使紧追权的两大主体,尤其是新组建的中国海警局,由于

---

[1] 初言惜.军舰的法律地位与沿海国管辖权的法律关系研究[D].青岛:中国海洋大学硕士论文,2013:28.

改革机构先行、立法的滞后以及关于紧追权法律规定的缺陷,中国海警局在行使紧追权时,缺乏执法合法性,执法出现茫然性。笔者认为通过以上文中提出的解决措施,加之再制定相应的海警执法程序法,使中国海警局进行紧追权执法时有章可循,提高执法效率,与军队协同执法,更好地行使紧追权维护我国海洋权益。

第二专题

海洋执法

涉海案件司法解释刑法内容评析

裴兆斌

我们的刑法理论、刑事立法和刑事司法,要想成为一把厘定国家和社会在打击犯罪和保障人权方面的精确尺子,还需作艰辛的努力。最高法出台的这两部司法解释不仅是我们国家为打击犯罪作出努力的丰硕成果,更是我们国家在特定历史时刻运用刑法武器宣誓国家主权、维护海洋权益的重要体现。涉海司法解释的出台不仅符合我国当今我国面临的海洋情势,而且涉海司法解释也具有丰厚的理论的支撑,同时该司法解释满足了切实履行国际义务的国际法的要求以及罪刑法定的刑事法律的要求。

一、合情

我国地处亚欧大陆东部、太平洋西岸,海岸线总长1.8万千米,与8个国家的大陆架或200海里的专属经济区相连接。我国濒临黄海、东海、南海,不仅拥有内海渤海,而且拥有漫长的海岸和6 500多个岛屿,海洋面积共计约300万平方公里,约为陆地面积的三分之一。海洋不仅具有重要的军事价值,我国海域中所蕴含的丰富的渔业资源、油气矿产资源和海洋能源还是我们当代中国人以及子孙后代所赖以生存的宝贵财富。然而在当下,我国的海洋国土安全形势不容乐观。下面从黄海、东海、南海水域主要面临的形势进行分析。

(一)黄海方面

我国的黄海海域面临着同朝鲜和韩国的划界问题,在争议水域内渔业冲突不断。近年来,我国渔民屡次遭受损害,生命、人身以及财产安全得不到保证。2010年12月8号,一艘中国拖网渔船与韩国海岸警卫队船只发生冲突后,一名船员失踪,一人死亡。在2010年9月1日发生的一起中国渔船被韩国货轮撞沉事件,中方船员全部失踪。2011年11月16号和17号两天,韩国海警以非法捕捞为名,扣留了26艘中国渔船。2014年10月10日,韩国海警在对中国鲁荣渔50987号渔船执法时,向中国渔民开枪,导致船长宋厚模死亡。有学者指出,"在当下的中国要想在国际关系上保持对等的态势以维护本国的主权和尊严,就必须启动海上刑事司法程序,同样对非法侵入我国领海捕鱼的船只采取刑事制裁手段。"这样的建议得到了最高法的回应,《最高人民法院关于审理发生在我国管辖海域相关案件若干问题的规定(二)》(以下简称《规定二》)第4条规定:"违反保护水产资源法规,在海洋水域,在禁渔区、禁渔期或者使用禁用的工具、方法捕捞水产品,具有下列情节之一的,应当认定为刑法第三百四十条规定的'情节严重':(1)非法捕捞水产品一万公斤以上或者价值十万元以上的;(2)非法捕捞有重要经济价值的水生动物苗种、怀卵亲体二千公斤以上或者价值二万元以上的;(3)在水产种质资源保护区内捕捞水产品二千公斤以上或者价值二万元以上的;(4)在禁渔区内使用禁用的工具或者方法捕捞的;(5)在禁渔期内使用禁用的工具或者方法捕捞的;(6)在公海使用禁用渔具从事捕捞作业,造成严重影响的;(7)其他情节严重的情形。"上述具体的认定标准明确了非法捕捞水产品罪的具体适用情形,为打击外来以及国内非法捕捞的不法分子提供了法律依据。

(二)东海方面

在东海方面,中日钓鱼岛主权争端持续发酵,日方觊觎钓鱼岛不仅因为钓鱼岛的战略价值,还因为钓鱼岛及其附近海域蕴藏着巨大的石油以及其他矿产资源,具有重要的经济价值。钓鱼岛及其附属岛屿自古以来就是中国的领土,我国对其享有无可争辩的主权。根据《联合国海洋法公约》以及《中华人民共和国领海及毗连区法》,2012年9月10日,我国政府发表声明,公布了钓鱼岛及其附属岛屿的领海基点基线。作为我国领土的一部分,我们对其享有主权,我们不允许日本相关船只非法侵入钓鱼岛海域。为此,我国的公务船在钓鱼岛及其附近海域进行常态化巡航,对越界的日方船只进行警告和驱离。以喊话宣誓主权的方式是一种维护主权的手段,但这样的手段的实用效果究竟如何却有待反思。用刑法手段打击侵入我国领海的外国船只,借用刑事司法宣誓和维护主权是一种强有力的制裁方式。《规定二》第3条针对非法进入我国领土的外国船只进行了刑法回应:"违反我国国(边)境管理法规,非法进入我国领海,具有下列情形之一的,应当认定为刑法第三百二十二条规定的'情节严重':(1)经驱赶拒不离开的;(2)被驱赶后又非法进入我国领海的;(3)因非法进入我国领海被行政处罚或者被刑事处罚后,一年内又非法进入我国领海的;(4)非法进入我国领海从事捕捞水产品等活动,尚不构成非法捕捞水产品等犯罪的;(5)其他情节严重的情形。"我国传统刑法第322条规定了偷越国(边)境罪,无论是在立法者还是司法者的观念之下,都传统地认为该罪的国(边)境都是指陆地上的国(边)境。涉海案件司法解释打破了这种局限,明确可将该罪适用于海上,并指出具体的适用情形。由此,运用刑法武器打击非法越界的外国船只成为可能。

(三)南海方面

在南海方面,我国南海海域诸岛被越南、菲律宾、马来西亚、印尼和文莱等国侵占,海洋资源被各国瓜分。近年来不断有不法分子盗采红珊瑚等珍贵动物破坏海洋生态资源的报道。红珊瑚是我国一级保护动物,红珊瑚生长极其缓慢,上千年才能生成一株珊瑚树,因而有"千年珊瑚万年红"之说。目前在国际上,顶级的红珊瑚每克价值几万元,普通的红珊瑚也要几百元一克,价值超过黄金。因其高昂的市场价格,一些不法分子铤而走险在我国管辖海域进行盗采,犯罪形势猖獗。2015年1月前广东省海警总队破获了两起涉嫌非法猎捕红珊瑚的22名涉案人员,被广东省汕头市人民检察院批准逮捕,该案共查扣红珊瑚13.53千克,案值估算达540万元。此外,还有一部分不法分子进入邻国管辖海域盗采红珊瑚等珍稀海洋生物,给我国的国际形象造成恶劣影响。对此,我国刑法第三百四十一条规定了非法猎捕、杀害珍贵、濒危野生动物罪与非法收购、运输、出售珍贵、濒危野生动物、珍贵、濒危野生动物制品罪可对上述行为进行刑法规制。

刑法第三百四十一条第一款原文表述如下:"非法猎捕、杀害国家重点保护的珍贵、濒危野生动物的,或者非法收购、运输、出售国家重点保护的珍贵、濒危野生动物及其制品的,处五年以下有期徒刑或者拘役,并处罚金;情节严重的,处五年以上十年以下有期徒刑,并处罚金;情节特别严重的,处十年以上有期徒刑,并处罚金或者,没收财产。"针对我国海域非法采捕红珊瑚、砗磲或者其他珍贵、濒危水生野生动物,非法收购、运输、出售珊瑚、砗磲或者其他珍贵、濒危水生野生动物及其制品案件多发情况,本次出台的涉海案件的司法解释对刑法第三百四十一条适用于海上的具体情形进行了规定,以打击海上破坏生态资源环境的犯罪行为。

其中《规定二》第5条规定:"非法采捕珊瑚、砗磲或者其他珍贵、濒危水生野生动物,具有下列情形之一的,应当认定为刑法第三百四十一条第一款规定的'情节严重':(1)价值在五十万元以上的;(2)非法获利二十万元以上的;(3)造成海域生态环境严重破坏的;(4)造成严重国际影响的;(5)其他情节严重的情形。实施前款规定的行为,具有下列情形之一的,应当认定为刑法第三百四十一条第一款规定的'情节特别严重':(1)价值或者非法获利达到本条第一款规定标准五倍以上的;(2)价值或者非法获利达到本条第一款规定的标准,造成海域生态环境严重破坏的;(3)造成海域生态环境特别严重破坏的;(4)造成特别严重国际影响的;(5)其他情节特别严重的情形。"

同时《规定二》第6条规定:"非法收购、运输、出售珊瑚、砗磲或者其他珍贵、濒危水生野生动物及其制品,具有下列情形之一的,应当认定为刑法第三百四十一条第一款规定的'情节严重':(1)价值在五十万元以上的;(2)非法获利在二十万元以上的;(3)具有其他严重情节的。非法收购、运输、出售珊瑚、砗磲或者其他珍贵、濒危水生野生动物及其制品,具有下列情形之一的,应当认定为刑法第三百四十一条第一款规定的'情节特别严重':(1)价值在二百五十万元以上的;(2)非法获利在一百万元以上的;(3)具有其他特别严重情节的。"

为了便于刑法第三百四十一条第一款在海上的具体适用,准确把握《规定二》第5条和第6条的适用规则,笔者这里对刑法第三百四十一条第一款进行深入分析,以期能进一步指导执法司法实践。我国司法实践习惯于将三百四十一条第一款拆分成非法猎捕、杀害珍贵、濒危野生动物罪与非法收购、运输、出售珍贵、濒危野生动物、珍贵、濒危野生动物制品罪处理,但这样的划分是为了表达上的便利。根据上述刑法条文具体表达内容可知第三百四十一条第一款规定的实际是一个选择性罪名,只按照一罪定罪处罚,但应当注意的是,依据罪责刑相适应原则,量刑时应当充分考虑选择性罪名所包含的行为方式和行为对象的范围。第三百四十一条第一款的行为方式包括猎捕、杀害、收购、运输、出售;行为对象包括国家重点保护的珍贵、濒危野生动物以及国家重点保护的珍贵、濒危野生动物制品。具体的对应关系如下表 2-1 所示:

表 2-1

行为方式 \ 行为对象	国家重点保护的珍贵濒危野生物种	国家重点保护的珍贵濒危野生动物制品
捕猎	√	—
杀害	√	—
收购	√	√
运输	√	√
出售	√	√

犯罪分子猎捕、杀害国家重点保护的珍贵濒危野生动物的目的多数是为了出售其本身或者以其为材料的动物制品,这种不法行为其至发展成一条完整的"产业链",上有猎捕、杀害的"生产环节",中间有"运输环节",下有"出售环节"。涉及的不法分子有猎捕杀害者、运输者、出售者以及购买者。执法人员可能现场介入到其中任意一环,在没有证据证明不法分子实施了多种不法行为时,只能针对有证据支撑的犯罪事实定罪。因此,涉海工作人员在海上发现捕捞、杀害国家重点保护的珍贵濒危野生动物如红珊瑚、砗磲等时,如没有其他证据证明不法分子实施了收购、运输、出售行为,司法机关只能根据一种行为对应的罪责定罪量刑。

二、合理

在我国涉海国际争端不断激化,与我国周边相邻或者隔海相望的国家海洋纠纷增多的大背景下,涉海案件司法解释的出台是我国海洋形势所迫的必然结果,为今后解决相关的海洋权益纠纷提供了司法依据与保障。但是应对我国不容乐观的海洋情势只是涉海案件司法解释出台的表面因素,向更深的层面挖掘,我们发现,涉海案件司法解释中刑法方面的相关规定,是增强我国涉海执法人员执法权威,打击不法分子在海上嚣张的违法犯罪气焰,从而促使我国海上生产活动正常、有序、安全进行的需要。同时从国际关系的角度,对于社会危害性较大、社会影响恶劣的严重侵害我国领海主权、海洋安全的涉外纠纷运用刑事司法手段逐渐替代国家行政机关的外交政治途径，是一种必然的趋势与选择。除此之外，从刑法的发展进程来看，刑法保护的法益不再局限于以人为中心的生命和财产安全，对环境资源进行保护，是实现经济、社会可持续发展的必然要求，涉海案件司法解释中明确将刑法中环境保护的相关罪名适用于海上正是这种趋势的重要体现。

（一）刑法维持秩序机能的重要体现

从刑法产生的根源来看，"刑法是统治阶级或者说代表统治阶级利益的国家为了维护有利于统治阶级利益的社会秩序而制定出来的。"所以刑法必然具有维持秩序的机能。涉海案件司法解释的出台为我国行政管理部门开展海上渔业综合整治等各项管理提供了司法保障。刑法是各部门的保障法，当其他的部门法或者说当其他的制裁对手段不足以抑制危害行为时，就会考虑运用刑法手段维护秩序。涉海案件司法解释明确了严重侵犯我国海洋管理秩序行为应承担的刑事法律后果，并且确定了适用相关罪名的具体情形与条件，界定出海上严重违法行为与犯罪行为的具体界限。可以说涉海案件的司法解释是有效打击和预防犯罪，维护海上秩序，促使海洋渔业、海上运输、海洋工程建设等活动有序进行的重要保证。与警告、驱离、行政罚款等手段相比，对于严重的涉嫌犯罪行为进行刑事处罚，以国家刑罚作为最后打击手段一方面增强了海警、海事等涉海执法人员的执法信心，同时也增强了涉海执法人员对于不法分子的震慑力。

（二）刑法工具化的恰当表现

"当我们讨论刑法的目的时，我们是在主体意义上讨论目的问题，这时候法律是理性的实体，而不是人的工具。就像人的目的必须合乎功利并符合正义原则一样，刑法目的也必须符合正义原则和功利要求，否则刑法就会丧失其理性品质，失去其存在价值，而沦为纯粹的统治工具。"所以，坦白地说，刑法在一定条件下是可以被作为工具加以利用的，但是要满足刑法正义等原则的要求，不可让其失去其内在的价值。所以在一定条件下，运用建立的长效的刑事司法机制面对我国所面对的一系列海洋争端被认为是可行的。正如有学者所言"为了提高海洋维权能力，除了加强海洋意识以外，中国的外交人员应充分认识到国际争端解决司法化的发展趋势，并改变政治解决国际争端的外交传统，同时加强其法律意识和运用海洋法进行外交博弈的能力。"现阶段，我国的海洋安全面临着严重的挑战，各种海上国际争端逐渐发酵。解放军海军力量纵然是维护我国海洋安全的重要支撑，但是军事处理方式过于强硬，在和平解决国际争端的国际法原则下，通过国家外交机构对外进行国际博弈是我们国家长期以来一直坚持的解决方案。但是这种政治方法在解决国际争端的具体实践中表现得过于委婉，难以达到保障国家海洋权益、维护国家海洋安全的需求。在军事方法过硬、政治方法过软的情况下，寻求一种属性适中的第三种解决方式是化解困境的唯一选择。我们认为，从政治方法向法律方法转化是一种切实可行的有效方式。就军事、政治、司法三者而言,司法方式力度适中,实用性较强。而事实上,这种方式也已经被一些国家利用来处理海洋争端。非紧迫、非特别重大的危害我国海洋权益、危害我国海洋安全的案件出现时,运用国家的刑事司法手段解决,在外交关系的处理过程中的不冒进又不失尊严。这种进退有据的刑事司法处理方式可以达到维护我国海洋安全的目的。

(三) 刑法保护环境法益的重大显现

我们最初关注海洋,是因为海洋可以满足我们运输以及资源获取的需要。我们不断通过海洋汲取养分以满足需求,充分的开发和利用海洋是最终目的,不断提高开发和利用海洋的能力是达到目的的必然途径。在这样的背景下,船舶从独木舟时代发展到现在的核动力时代;海上钻井平台从最初的木架结构发展到深水半潜式结构。最初,我们理想的认为海洋的承载能力是无限的,但是逐渐我们意识到海洋对污染物的净化能力是有限的,当局部海域接受的有毒有害物质超过它本身的净化能力时,就会造成该海域的污染;过度捕捞会破坏渔业资源的再生产能力,肆意滥采滥伐不仅会破坏鱼虾等栖息、繁殖的场所,更容易造成生态系统的破坏,不利于海洋资源的健康可持续发展。我们充分认识到了保护海洋权益的重要性,从各个方面入手保护海洋环境,维护海洋权益。刑法也从最初的保护以人为核心的生命财产安全的局限中走出来开始注重保护环境安全。这样的突破并没有走远,而是应以人的利益为最终保护目的。正如台湾学者林山田指出:"环境刑法所保护之法益,并不只是生命法益、身体法益或财产法益,而且亦包括所谓之'环境法益',由于生态环境之破坏,将足以导致生命、健康或财物之危害或灾害,故以刑法保护环境法益,亦属间接地保护个人之生命、身体或财产法益。"这样的背景下,传统的刑法观念也从保护人的生命、健康和财产安全法益的思维中突破出来,将海洋权益也纳入其保护范围。涉海案件司法解释明确将非法捕捞水产品罪,非法捕捞、杀害珍贵、濒危野生动物罪,非法收购、运输、出售珍贵、濒危野生动物、珍贵、濒危野生动物制品罪适用于海上,并指明具体的司法操作标准正是我国刑法运用国家强制力保护海洋环境法益的体现,有利于打击严重侵犯海洋环境利益的犯罪行为,有助于促进我国的海洋环境安全,实现经济、社会的可持续发展。

三、合法

涉海司法解释由最高法院制定和颁布使其内容具有形式上的正当性,实质上的正当性在于其合乎国际法的要求并符合我国刑法的相关规定。

(一) 符合国际法的要求

17世纪时,荷兰国际法学家格劳秀斯主张:"如果在一部分海面航行的人能被在岸上的人所强迫,那么这一部分海面就是属于这一块土地的。"换言之,国家管辖的海域范围取决于它的有效控制。从这一原则演变而为下列公式：一国的领海宽度应以大炮的射程为准。1703 年另一荷兰法学家宾客斯胡克提出：武器力量终止之处即陆地上权力终止之处。当时大炮射程约一里格，即三海里，因此很多人便认为一国控制的沿岸海的宽度应为三海里，从而提出"三海里规则"。但是随着大炮射程不断扩大，科学技术不断进步，人类控制海洋的能力不断增强，越来越多的国家期望并在实际上扩大对海洋的控制领域。1982 年的《联合国海洋法公约》规定沿海国的领海宽度以 12 海里为限，除了领海主权之外，还规定了毗连区管制权、专属经济区和大陆架的主权权利与管辖权。由此可以看出，随着科技的不断进步，人类控制海洋的能力不断加强，国家对海洋的管控范围从最初的三海里发展到十二海里，国家甚至有了对毗连区、专属经济区和大陆架的主权权利和管辖权。管辖领域的不断扩大正是国家对海洋控制能力与控制需求不断增大的结果。管辖的方式是多样的，而在诸多管辖方式中当然包括司法管辖，《最高人民法院关于审理发生在我国管辖海域相关案件若干问题的规定（一）》（以下简称《规定一》）第 1 条开明宗义指出："我国管辖海域实质中华人民共和国内水、领海、毗连区、专属经济区、大陆架以及中华人民能共和国管辖的其他海域，中国公民或组织在我国与有关国家缔结的协定确定的共同管理的渔区或公海从事捕捞作业的，也适用于《规定一》。"这样的表述切合国际法发展的内在要义，并且符合《联合国海洋法公约》的基本要求。

在各国纷纷加强对海洋的实际控制之时，为了给各国航海运输提供便利，《联合国海洋法公约》的缔约各国在领海的绝对主权上进行了让步："在本公约的限制下，所有国家，无论为沿海国或内陆国，其船舶均享有无害通过的领海的权利。"与此同时，公约也规定了 12 种丧失无害通过权利的情形。丧失无害通过权的原因在于实施了对沿海国有害的行为。其中有害行为就包括捕鱼、研究以及测量等。涉海案件的司法解释对于此做出了回应。其中《规定二》规定："非法进入我国领海从事捕捞水产品等活动，尚不构成非法捕捞水产品等犯罪的以偷越国（边）境罪处罚。"这样的规定是符合国际法要求的，是我国切实履行国际义务的具体体现。

（二）符合我国刑法的要求

"司法犯罪化的实质就是通过有权的刑法解释方式将某些原本刑法并没有规定的内容基于存在社会风险的需要而入罪，或者将应当属于轻罪的行为依照重罪处理。"防止刑法犯罪化现象出现的前提是刑事司法政策应当符合刑法原则与刑法条文的要求。换而言之，司法解释的实质合法性并不是表现为其制定与颁布机关为国家权力机关，而在于司法解释的制定与适用是以严格遵守刑事法律规范为前提和归宿。涉海案件的司法解释中涉及的刑法罪名主要有刑法分则第三百二十二条偷越国（边）境罪、第三百四十条非法捕捞水产品罪、第三百四十一条第一款非法捕捞、杀害珍贵、濒危野生动物罪以及非法收购、运输、出售珍贵、濒危野生动物、珍贵、濒危野生动物制品罪。这些罪名本身就是我们刑法中存在的罪名,这次出台的涉海案件司法解释的刑法部分只是将上述罪名如何适用于海上作出了具体规定,是我国刑法在海上的具体应用,并没有超越我国刑法的具体内容,并没有违反刑法中罪刑法定的原则性要求。

海军参与海上执法的国际法基础与实践

徐 鹏

据报道,2012年10月11日在英吉利海峡的诺曼底附近海域,法国海军出动舰船驱散英法两国渔船,平息了两国渔民因扇贝捕捞问题而引发的冲突。[①] 同月19日,在我国东海舟山群岛附近海域,我海军出动军舰、军机联合海监、渔政执法公务船成功实施了海上维权执法演习。[②] 在短短十天之内,发生于国内外的这两件事均引起了关注,而其中最为引人注目的是此两件本质上均为国内执法的事件均有海军的参与。作为国家军事力量的海军,其参与海上执法是否符合国际法?

海军参与海上执法涉及海军的非军事使用,其并非新问题,早在20世纪80年代,在美国就存在这样的学术探讨及司法实践。多年来,无论在理论还是实践中都存在两种截然相反的观点,对海军介入执法有支持者也有反对者。笔者认为,海军参与海上执法存在国际法基础,而且在现实中也有丰富的国际实践。海军参与海上执法不存在法律和实践上的障碍,应予推动和支持。

一、海军参与海上执法的国际法基础

在一些重要国际公约及其他国际性文件中都有关于海军执法的表述,它们是海军参与海上执法的重要国际法基础。

(一)联合国《公海公约》中涉及海军执法的规定

联合国《公海公约》于1958年4月29日在日内瓦订立,是经由联合国第二次海洋法会议制定的四大海洋法公约之一,其主要是规范各国船只、设施在公海上的活动,以确保公海向全世界开放并保障各国合法利用,其中的多数原则已经为《联合国海洋法公约》(United Nations Convention on the Law of the Sea:

[①]《为争扇贝英法近50艘渔船冲撞 法国军舰干预》,载 http://mil.cnr.cn/gjjs/201210/t20121014_511117837.html,2012年12月11日。

[②]《东海演习模拟中日执法船相撞 中国海军紧急驰援》,载 http://news.ifeng.com/mil/2/detail_2012_10/23/18489944_0.shtml,2012年11月10日。

UNCLOS)所吸收。① 目前约有五十多个国家加入该公约。② 该公约中涉及海军执法的内容如下：

（1）第 8(2)条明确规定："'军舰'一词系指属于一国海军和具有辨别军舰国籍的外部标志，由该国政府正式委任并名列于海军名册的军官指挥，并配备受过正规海军训练的船员的船舶。"即公约中的军舰就是指海军所属并由海军军官统一指挥的舰船。

（2）第 21 条规定因海盗行为而对涉嫌船舶或航空器进行扣押，"只能由军舰、军用航空器或为此目的而授权的其他政府船舶或航空器执行"。此处的规定明确了海军的执法权力，并将军舰、军机执行扣押活动置于其他公务船舶、飞机更为优先位置。

（3）第 22 条规定，军舰在公海上遇到外国商船，如具有合理根据认为该船存在从事海盗或奴隶贩卖、或虽悬挂某外国旗帜或拒绝展示旗帜而事实上与军舰同属同一国籍的嫌疑时，可登临该船。在存在前述嫌疑情形时，军舰可驶近该船以查核该船悬挂其旗帜的权利。为此，军舰可派一艘由军官指挥的小船到该嫌疑船舶。如检验船舶文件后仍有嫌疑，军舰可进一步在船上实施检查。此条规定了海军为执法目的，其军舰在公海上对嫌疑的外国非公务船舶享有接近权和登临检查权。

（4）第 23(4)条规定："紧追权只可由军舰、军用飞机或为此目的而经授权的其他政府船舶或飞机行使。"该条明确了海军舰船和飞机享有作为执法措施的紧追权。

《公海公约》是较早关于海洋的国际公约，在海洋法的发展中具有重要的地位，其中许多原则及内容经多年的国际实践已经成为习惯法，并为后来的公约（如UNCLOS）所承继。因此，公约中关于军舰的内容为海军执法提供了国际法依据。

（二）UNCLOS 中涉及海军③执法的规定

UNCLOS 被誉为当代"海洋宪法"，在 1982 年 4 月 30 日经由第三次联合国海洋法会议通过，并于 1994 年 11 月 16 日正式生效。它被认为是联合国成立以

---

① 《维基百科："公海公约"》，载 http://zh.wikipedia.org/wiki/%E5%85%AC%E6%B5%B7%E5%85%AC%E7%B4%84，2012 年 11 月 13 日。

② 《百度百科："公海公约"》，载 http://baike.baidu.com/view/3831590.htm，2012 年 11 月 13 日。

③ UNCLOS 中并未明确出现"海军"一词，主要以军舰、军用飞机以及军官等指代海军。笔者考虑，可能是公约主张此类行为虽为海军的人员和设备实施，但它是代表船旗国实施国内行政或刑事法律的行为，而非执行军事行动。对其身份可视同政府执法官员，而非战争法中的战斗员。在执法中海军人员遵循的也是国内行政或刑事法律，而非规范军事行动的法律。本文所强调的海军参与执法，也是强调其行动的行政或刑事性质，而非国防性质。

来,国际社会成员所进行的有关国际法编纂与促进国际法发展的最大成就,是当代海洋活动秩序的新规范。其中涉及海军执法的条款如下:

(1) 第 29 条将军舰界定为"是指属于一国武装部队、具备辨别军舰国籍的外部标志、由该国政府正式委任并名列相应的现役名册或类似名册的军官指挥和配备有服从正规武装部队纪律的船员的船舶"。[①] 如此界定,主要是与其他用于非商业目的的政府船舶,如实施行政、刑事执法的政府船舶相区分。

(2) 第 107 条涉及军舰对海盗行为的执法。"由于发生海盗行为而进行的扣押,只可由军舰、军用飞机或其他有清楚标志可以识别的为政府服务并经授权扣押的船舶或飞机实施。"

(3) 第 110 条规定了军舰的登临与检查权。在公海上,除享有豁免权的船舶外,军舰可对从事海盗、贩奴、非法广播行为的船舶,以及无国籍或与军舰同一国籍却不展示旗帜的船舶实施登临,并且该规定也适用于军用飞机和其他政府船舶或飞机。对于前述可疑船舶,军舰可查核其悬挂其旗帜的权利,为此"军舰可派遣一艘由一名军官指挥的小艇到该嫌疑船舶。如果检验船舶文件后仍有嫌疑,军舰可进一步在该船上检查,但检查须尽量审慎进行"。

(4) 第 111(5) 条明确了军舰实施紧追的权力。"紧追权只可由军舰、军用飞机或其他有清楚标志可以识别的为政府服务并经授权紧追的船舶或飞机行使。"

(5) 第 224 条确认了军舰对海洋环境的保护和保全部分的执法权力。"本部分[②]规定的对外国船只的执行权力,只有官员或军舰、军用飞机或其他有清楚标志可以识别为政府服务并经授权的船舶或飞机才能行使。"

对于军舰、军机打击海盗、贩奴、非法广播以及保护海洋环境的权力,显然不属战争法的范畴,而是属于平时海上执法的内容。作为"海洋宪法"的 UNCLOS 明确规定各国军舰拥有此类海上执法的权力,说明国际法对于海军参与海上执法是认可的。

(三) 其他国际性法律文件中涉及军人参与执法的规定

1. 1979 年 12 月 17 日联合国大会通过的《执法人员行为守则》

该守则第 1 条评注明确了军人的执法人员身份,"①'执法人员'一词包括行使警察权力、特别是行使逮捕或拘禁权力的所有司法人员,无论是指派的还是选举的。②在警察权力由不论是否穿着制服的军事人员行使或由国家保安部队行使的国家里,执法人员的定义应视为包括这种机构的人员。"

[①] 本文中引用的 UNCLOS 译文,均引自:傅崐成:《海洋法相关公约及中英文索引》,厦门大学出版社 2005 年版。

[②] UNCLOS 第十二部分"海洋环境的保护和保全"。

2. 1990 年 9 月第八届联合国预防犯罪和罪犯待遇大会通过的《执法人员使用武力和火器的基本原则》

该原则的序言注释部分对军事人员参与执法再次予以确认,《执法人员使用武力和火器的基本原则》第 1 条的评注规定:"执法人员'包括行使警察权力特别是行使逮捕或拘押权力的所有法律官员,不管是任命的还是选举的。有些国家的警察权力同军方当局人员(不管是否穿制服)或由国家安全人员行使,在此情况下,执法人员的定义应包括这些部门的人员'。"

从前述国际公约及法律文件中,我们可看出,国际法对于海军是否拥有警察权力,即海军参与海上执法是持肯定或至少不予禁止的态度,并交由各国自行决定。此情形下,海军是否拥有海上执法的权力就要看各国的立法或实践了。

二、海军参与海上执法的实践

一般而言,各国国内法中对于海军执法问题未予限制,有些国家,如法国,甚至将海军置于海上执法主导的地位,但美国是个例外,其国内法中明确规定不允许军队在国内参与国内法的执行。然而,即便在美国,立法仍对海军的执法留有余地。随着时间的发展,各国海军参与海上执法已经逐步的常态化,如在打击海盗等领域。

(一) 各国海军参与海上执法的实践

1. 美国海军的海上执法

依据美国法律,军队是不可以参与民事执法行动的。此类条款主要被规定于美国法典第 18 章第 1385 节,其内容为"除非得到宪法或国会立法的明确授权,任何人调动陆军或空军的任何部分用于地方保安或执行法律,将被处以罚金或不高于两年的监禁,或两者并处"。本规定源于 1878 年《地方保安法》(Posse Comitatus Act)。然而,对于海军和海军陆战队该法并未明确予以拒绝使用。该法的最初目的是对联邦军队内战后在南方重建工作中角色予以限制,[1]实际上,在立法之前的多年里,军队一直都被用于各种国内事务,包括执法,只是在内战后南方重建过程中,由于过度的使用军队侵入民事事务,从而引发了严重的抗议,国会才立法限制军队在国内执法中的角色。然而,为谨慎起见,仅对于陆军予以限制,未涉及海军和民兵,[2]而因当时还没有空军所以未提及。

《地方保安法》自颁布实施后一百多年基本没有变动(除了加上了对空军的限

---

[1] Keig, Lowell Adams. A Proposal for Direct Use of the United States Military in Drug Enforcement Operations Abroad[J]. Texas International Law Journal, 1988(23): 291-316.

[2] Abel, Christopher A. Not Fit for Sea Duty: the Posse Comitatus Act, the United States Navy, and Federal Law Enforcement at Sea[J]. William & Mary Law Review, 1990(31): 445-489.

制),海军一直未被列入限制之列。此外,由于法律不具有域外效力,一般认为该法不适用于美国领土之外。因此,即便该法适用于海军,也不应适用于海军在领土之外的海域,如公海,采取执法活动。可见,海军在美国参与海上执法并不存在法律上的障碍。然而,奇怪的是,一直到20世纪60年代中期,海军都自我限制地拒绝参与执法活动。之后海军政策开始松动,在个别案例中开始介入执法活动,①如美国诉沃尔顿一案中,②海军派遣了直升机协助调查。

自20世纪六七十年代以来,毒品走私日益猖獗,美国禁毒机构对此早已力不从心。"当前(美国)禁毒机构的防卫和报复能力,已不能与新成立的拥有强大实力的国外贩毒集团相抗衡,他们经常获得国外叛军的支持。"③此种情形一直持续至80年代,国会意识到国内日益增加的毒品走私问题的严重威胁,"国会把贩毒集团比喻为入侵的军队,他们拥有将军和士兵,如同西班牙的无敌舰队一样,穿越美国不设防的海岸线以及不受监控的美国领空。"④同时,拥有大量人力和先进武器装备的美国军队却受制于法律,不能予以援助。为改变此种状况,1981年国会对《地方保安法》进行了修订。

1981年《地方保安法》授权美国军队在禁毒战争中可协助地方官员执法,而且在此后其他法律的修订中,也授权军事人员可协助执行海关、移民以及反恐等相关法律。⑤ 然而,新法对于军队提供的协助范围给予了限制,要求军队仅可提供情报、装备、设施、培训以及为执法官员提供专家建议。在军事人员使用限制方面规定,除非法律授权,不允许军事人员实施拦截、搜查、逮捕或其他相似的行动,仅可从事侦查、监视以及通信设备操作或维护。在调用军事装备和人员时,必须存在相关执法部门提出的协助请求,而提出请求者至少是内阁级首长。⑥ 在新法中,授权国防部制定进一步的实施细则。作为回应,国防部于1982年3月发布指令,对向联邦执法机构提供军事装备和人员以协助执法做了详细的规定。至此,军事机构,包括陆军、海军、空军及海军陆战队,参与执法逐步实现了合法化,当然其中还保留了相当的限制。

由于海上执法任务的多样化以及管辖海域的扩大,使得执法机构对于海军协

---

① Abel, Christopher A. Not Fit for Sea Duty: the Posse Comitatus Act, the United States Navy, and Federal Law Enforcement at Sea[J]. William & Mary Law Review,1990(31): 445 – 489.

② United States v. Walden, 490 F. 2d 372,373(4th Cir), Cert. denied, 416U. S. 983(1974).

③ Keig, Lowell Adams. A Proposal for Direct Use of the United States Military in Drug Enforcement Operations Abroad[J]. Texas International Law Journal, 1988(23): 291 – 316.

④ Keig, Lowell Adams. A Proposal for Direct Use of the United States Military in Drug Enforcement Operations Abroad[J]. Texas International Law Journal,1988(23): 291 – 316.

⑤ See 21U. S. C. § § 801 – 904(1982).

⑥ Hilton, Robert E. Recent Developments Relating to the Posse Comitatus Act[J]. Army Law, 1983:1 – 7.

助执法的需求越来越大。在 1981《地方保安法》制定不久，执法机构即和海军发展了联合执法模式，即少量美国海岸警卫队（U.S Coast Guard；USCG）成员搭乘海军舰只，在公海执行巡逻任务。如在巡逻期间发现可疑船舶，即可命令停船并登临检查，乃至逮捕违法人员。虽有案例指控海军行为违反法律，即不得由军队实施拦截，但法院以海军不在约束之列为由对此不予制裁。① 因此，海军与执法机构联合执法的情况逐渐常态化，但其范围主要还是美国领土以外水域，即不含领海和内水的水域。

随着海上执法任务的增多，海军协助执法机构的工作已经从禁毒逐步扩展至拦截非法移民等法律的实施，并且使用海军船只用于可疑船只的侦测、跟踪以及拦截已经成为海上执法的重要组成部分。更为重要的是，海军深入执法活动的程度如此之深，以至于很难将海军的工作与 USCG 职责内的执法活动予以区分。同时，也没有强有力的理由禁止海军从"协助执法"扩展至"直接"在公海实施执法活动。② 因此，海军在公海执法的角色很自然地就从"协助"转变为"直接"。

目前的情况更令人吃惊，在某些海域，USCG 的工作已经从"主导"执法变成了"协助"海军执法。如最近在亚丁湾，多国实施的联合打击索马里海盗的行动中，USCG"协助"抓捕海盗，"我们的任务是帮助扩大和培训美国海军检查、登临、搜索和抓捕小组"，一位 USCG 官员如是说。③ 目前，虽然美国国内对于军队参与执法还有所顾虑，但在违法状况日益严重，特别是海上执法机构面临严重压力处于捉襟见肘的窘境下，运用海军参与海上执法是不得已的选择，而且由于海上权益的扩大以及更加被重视，随着时间的推移，海军参与海上执法将逐步的合法化、常态化。

2. 法国海军的执法④

作为海洋大国和海上强国的法国，包括其海外领土，拥有 1100 万平方公里的专属经济区，是继美国之后世界上拥有第二大海洋面积的国家。与美国不同，法国对于海军执法极为重视，其海军不仅获得了法律的授权，而且是执法中的重要力量，其海上执法的领导制度也极为特殊。

(1) 法国海上执法体制——海区长官制

法国海上执法领导制度是海区长官制，它是法国很有特色的海上执法负责人

---

① See United States v. Roberts, 779 F. 2d 565(9th Cir.), cert. denied, 107 S. Ct. 142(1986).

② Abel, Christopher A. Not Fit for Sea Duty: the Posse Comitatus Act, the United States Navy, and Federal Law Enforcement at Sea[J]. William & Mary Law Review, 1990(31)：445 - 489.

③ 《Coast Guard, Navy Apprehend Priates》. 载 http://www.piersystem.com/go/doc/786/254015/&printerfriendly=1, 2011 年 2 月 23 日。

④ 本节参考国家海洋局课题《世界主要国家海上执法制度及实践》研究报告中王玉婷，刘晶，索亚琼，石艳艳合著《法国海上执法制度》一文，特表致谢。

制度。海区长官是地区海军的最高指挥官,但其同时又是地方各涉海政府机构的协调人。该制度始建于 1800 年,海区长官除了统领管辖区内的海军,而且依据法令还具有了海上警察权。他直接对总理和海洋国务秘书[①]负责,是政府授权的海上执法者,是辖区内海上防务及海上执法的最高领导人,负责协调辖区内所有的涉海政府机构。根据 2004 号法令,海区长官职责主要包括:

①确保国家的主权和海上利益不受妨碍;
②负责国家和国际法规在法国所辖水域内的执行;
③负责人员和货物的安全;
④负责海上环境的保护;
⑤协调打击各种非法活动,确保公共秩序得到维持。

由于海区长官本身又是海军上将,是辖区内的海军负责人,因此如果执法活动升级,他可以同时协调公海和沿海的各单位执法,甚至在必要时候动用海军武装力量。由于海区长官同时统领海军,而海军亦是海上执法重要力量之一,这便使海区长官在进行执法活动时更加得心应手。

法国本土内的三个海区分别是芒什和北海海区、大西洋海区以及地中海海区,各海区长官分别负责该三个地方区域的海上执法活动。而海外领地政府代表则在地区海军指挥官的配合下负责海外领地的海上执法活动。

(2) 法国海军的执法职能

法国海军是最主要的海上执法机关,负责水路测量、航海情报、防止海洋污染等公务的执行,其具有担任海上执法活动及警察活动的执行机关地位。[②] 所有的海军编队都有责任被用于参与国家的海上行动,包括其配备的军舰和飞机。考虑到海上行动的重要性以及在世界范围内长期配置的海军力量的规模,法国海军是国家在公海上进行执法的主要机构。而在近海水域,除保卫法国近海、近岸水域的安全外,海军还承担国家交付的各种海上执法和公众服务任务。

海军涉及的海上执法任务相当多样,几乎包括了所有的执法事项:打击海盗、应对恐怖袭击、禁毒、制止海上偷渡、污染防治、港口安全、保障监视设施和通信网络(信号灯)以确保密切关注到近岸活动等。

①打击海盗、恐怖主义及维护港口安全。自 2003 年起,法国国防部通过海军、海关、海洋事务部门以及宪兵队的合作,将"海事护卫"(Sauvegarde Maritime)这一概念实施为一套包括监察督导、海岸密集防卫、延长时间跨度等措施在内的体系,以达到及时防止及应对海上威胁发生的目的。

---

① 海洋国务秘书处是法国中央政府统一管理、协调海洋工作的职能部门,直接向总理报告工作,参加政府内阁会议,海洋国外秘书是其负责人。
② [日]桥本博.海上警察的法概念的比较法的研讨——海上保安国际纷争事例的研究(第 1 号).海上保安协会,2000.

港口及其设施的安全对于海事交通的总体安全是极其必要的。在国防部和海洋国务秘书的统一负责下,密切加强海军等所有相关力量的合作,不断提高为防止和应对恐怖主义、海盗、大规模杀伤性武器的威胁及保护本国海洋区域安全而发展多种防御设施及手段。

②海洋环境保护。法国当局制定大量的法律规章来加强国家打击海上非法排污行为的力度,相关专门立法的出台使得海关和海军获得了协同采取措施来监管海上活动的职权。由于海区长官负责海洋环境的保护,包括海洋环境保护和污染应急反应及治理,为此海区长官需要建立各种预警设施,包括常设两架海军直升机对遇难船只和人员进行施救,减轻环境污染。此外,海区长官可以调动海军调查队(Navy Investigation Teams)随时空降在那些可能对航行和环境构成威胁的遇险船舶甲板上。这种专业的救助队伍可以对当时的情况和对环境的威胁进行评估,修复损害,进行灭火及船舶驾驶援助。当污染发生时,海区长官应动用一切可支配海上和空中的设施来保护海岸免受污染,此时,海区长官所管辖下的海军则成为实施的主要力量,其主要负责对各种油污、化学和放射性海洋污染做出应急措施。为此,海军配置有一定的污染防止设备(这些油污清理剂和其他的一些措施都存放在瑟堡、敦刻尔克)。

③打击海上偷渡。打击海上偷渡活动已经成为国家海上行动的优先职责之一。这种犯罪活动在非洲到欧洲的海岸一带尤其频繁,由于黑手党的介入以及偷渡船舶恶劣的条件,偷渡所酿成的惨案比比皆是。海关与海军相互配合共同打击海上偷渡。在2005年,海军管理部门重点加强了马约特岛(Mayotte)至科摩罗(Comores)一带的监测设施,并在2005年下半年和2006年上半年兴建了2处雷达设施。而在瓜德罗普岛(Guadeloupe)地区,面对日益猖獗的海上偷渡活动,执法机关通过提高监测力度和协调合作能力,整个执法体系得到了切实的加强。在区域合作层面,欧盟也不断发展各国在打击海上偷渡活动上合作机制。随着"海洋安保"理论的兴起,海军资源在此类国家海洋行动中的作用得到了极大的提升。

④航行信息保障。海军海洋水文服务中心(The Service Hydrographique et Oceanographique de la Marine,简称SHOM)通过向船只传送航行所需的航海信息从而实现航行安全的保障工作。

此外,海军还在禁毒领域积极配合海关,取缔海上贩毒活动,并可在海区长官的指挥下,将对贩毒活动的打击扩展至公海。在发生影响海上公共秩序事件时,海区长官有义务调动一切力量进行干预,必要时可以动用武力,以捍卫海上交通自由和海事措施的实施。因此,此次平息英法两国渔船"扇贝之战"的行动,即是法国海军依据其职责,在其直接执法参与下制止了双方的冲突。

3. 其他国家的海军执法

在英国、澳大利亚以及加拿大,海军参与海上执法拥有法律授权。虽然不像法国运用海军那么普遍,但海军在执法中也拥有相当大的权力,不仅海军人员可以实施登临、搜查活动,甚至必要时还可对违法者采取逮捕的措施。如加拿大在其《沿海渔业保护法》(Coastal Fisheries Protection Act)、《北太平洋大比目鱼公约法》(the Northern Pacific Halibut Fisheries Convention Act)、《北太平洋渔业公约法》(the North Pacific Fisheries Convention Act)、《西北大西洋渔业公约法》(the North West Atlantic Fisheries Convention Act)(加拿大为执行上述公约而进行的国内立法)等明确规定,海军现役人员可被指派作为渔业"保护官员"(Protection Officers)实施执法活动,海军舰船也可被指令实施执法。在《沿海渔业保护法》(第 5 节第 6(1)和 6(2)条)中,授权渔业"保护官员"可对外国可疑渔船实施登临,并在合理怀疑该船已经违反了该法之时,在没有逮捕证的情况下,可对该船实施扣押和人员的逮捕措施。①

据统计,约有 38 个国家建立了海岸警卫机构,另有 12 个或更多国家的海岸警卫任务由海军承担。②

三、海军参与海上执法所面临障碍及解决

(一) 海军参与海上执法所面临的障碍

除美国外,极少有国家立法限制军队,包括海军参与国内法律的实施,也即是说,海军参与执法一般不存在国内法障碍。然而,现实中许多国家海军执法仍受到多方面的制约。这些约束主要来自政治的、传统的各种考虑。

"军舰被用于针对外国船舶实施国内法可能会出现大量的问题。一般而言,相比于类似的民事执法部门所拥有船只采取的行动,军舰的活动更趋向于对外交政策产生影响。"③"与海军相比,海上行政执法力量强力色彩不明显,不易引起权益主张各方的过敏反应。当权益冲突发生时,有一定的回旋空间,有利于避免事态扩大和争端的和平解决。"④两段文字从正反两方面表达了对海军参与海上执法的顾虑,即易引发国际争端甚至武力冲突。毕竟,海军作为国家的武装力量,其

---

① Shearer, Ivan. The Development of International Law with Respect to the Law Enforcement Roles of Navies and Coast Guard in Peacetime[A]. Horace B. Robertson(edited). International Law Studies 1998 The Law of Naval Operations[C]. Newport: Naval War College Press, 1998: 448.

② Shearer, Ivan. The Development of International Law with Respect to the Law Enforcement Roles of Navies and Coast Guard in Peacetime[A]. Horace B. Robertson(edited). International Law Studies 1998 The Law of Naval Operations[C]. Newport: Naval War College Press, 1998: 453.

③ Fenrick, W. J. Legal Limits on the Use of Force by Canadian Warships Engaged in Law Enforcement[J]. The Canadian Yearbook of International Law, 1980(18): 113-145.

④ 宋增华. 海权的发展趋势及中国海权发展战略构想——兼论海上行政执法力量兴起对中国海权发展的影响[EB/OL]. http://www.bjkw.gov.cn/n1143/n1240/n1465/n242664/n242712/8303319.html. 2012 年 12 月 25 日.

主要任务是防止外敌入侵,保障本国领土和海洋安全。其活动具有明显的政治和外交意义,即便是在履行国内法或国际公约所赋予的义务,因其所固有的特征,也很容易引起外国政府的怀疑。① 在国际常设仲裁院受理的圭亚那诉苏里南一案中,②裁决确认苏里南海军驱逐圭亚那石油平台的行为是国际关系中的武力威胁,而非海上执法活动。笔者以为,苏里南海军的特殊身份对于裁决的认定不无关系。而且,在该事件中,双方险些造成武装冲突。③ 因此,政治和外交上的顾虑,是海军参与海上执法的重要障碍之一。

"至少在普通法国家里,海军官员对于人员逮捕的权力不会比一个普通公民更大,任何附加的权力都需要法律的授权。鉴于此,至少在普通法国家里,存在一种顾虑,即传统上人们不愿意使用武装力量用于针对公民的执法活动。"④ "拥护军队(在执法中)充任更为直接的角色是会有麻烦的,因为目前这种迫切的需求将会威胁美国传统的基本原则。"⑤ 基本原则就是军队不得介入地方事务,军人不得干政。西方式的民主对于公民的自由极为关注,人们总是担心国家对于其基本权利的干预,而军队作为重要的国家机器,其一举一动都会受到关注。基于此,学者们提醒,为了当前的困难,即执法力量不足,而屈服于强大的军事资源诱惑,可能会导致以后对重要个人自由的突出威胁。⑥ 一旦军事权力突破了宪法和法律的障碍,有可能今后会不断的蔓延,以至于威胁到人民的自由和权利。这也情有可原,毕竟我们现实的世界中,有那么多国家是军人政权或军队主导着政治方向,并

---

① 2011年3月发生于中菲争议海区的"礼乐滩勘探"事件,正说明了这点。在争议海区内,我国两艘海军船只驱逐了被认为是在我海域内实施石油勘探的船只,该船为菲律宾所雇佣。随后,菲律宾派遣军机予以对抗。为避免冲突升级,我军舰主动离开该海域。参见:《菲律宾船在南沙礼乐滩探油 被中国2艘巡逻舰驱逐》。载 http://news.ifeng.com/mil/1/detail_2011_03/25/5360273_0.shtml, 2013年3月2日。

② Guyana/Suriname Award(2008), www.pca-cpa.org. 案情如下:2000年6月3日在苏里南与圭亚那争议海域,苏里南海军驱逐了一加拿大石油公司的钻井平台,但该公司的钻探已经获得圭亚那的许可。此后苏圭两国为此引发争执,圭亚那曾一度提议要用海军为该石油公司护卫。经双方外交努力,两国将该争端提交仲裁。圭亚那请求仲裁庭宣告,苏里南违反联合国宪章,在国际关系中以武力威胁圭亚那的领土完整。苏里南则主张,其行为并未构成武力威胁,而是以合理的执法措施在争议海域阻止了未经授权的钻探活动。最终,仲裁庭裁定苏里南的行为不属于执法活动,而是军事威胁行动。其行为已经构成了威胁使用武力,违反了《联合国海洋法公约》、《联合国宪章》以及一般国际法。参见:Kwast, Patricia Jimenez. Maritime Law Enforcement and the Use of Force: Reflections on the Categorization of Forcible Action at Sea in the Light of the Guyana/Suriname Award[J], Journal of Conflict and Security Law, 2008(13).

③ 事件发生后,圭亚那曾提议使用海军予以护航,被勘探公司明智地予以婉拒。

④ Shearer, Ivan. The Development of International Law with Respect to the Law Enforcement Roles of Navies and Coast Guard in Peacetime[A]. Horace B. Robertson(edited). International Law Studies 1998 The Law of Naval Operations[C]. Newport: Naval War College Press,1998: 448.

⑤ Coffey, John P. The Navy's Role in Interdicting Narcotics Traffic: War on Drugs or Ambush on the Constitution?[J]. The Georgetown Law Journal, 1986—1987(75): 1947-1966.

⑥ Coffey, John P. The Navy's Role in Interdicting Narcotics Traffic: War on Drugs or Ambush on the Constitution?[J]. The Georgetown Law Journal, 1986—1987(75): 1947-1966.

且这些国家中人民的自由和权利受到了威胁。因此,基于传统的维护公民自由的角度考虑,也是海军参与执法的另一障碍。

海军自身的一些问题也可能影响他的执法。由于海军人员的训练主要在于作战,而不是为了执法,可能其行动不符合执法的要求,如执法中经常存在的概念"可能的原因""合理的怀疑""依据程序"等与军事规则中的要求是不同的。用于对抗军事入侵的海军指挥和控制网络,可能不易与刑事诉讼程序兼容。[①] 对于海军装备和设施,由于是被设计用于作战,其是否便于执法也是有疑问的。此外,还有人担心,如果过多的海军资源被用于执法,可能将严重影响其最重要的职责——军事准备,危及国防安全。

(二) 关于海军参与海上执法障碍的讨论

国际实践表明,海上执法机构普遍被认为是准军事机构,如 USCG 被称为美国"第五军事力量",日本海上保安厅被认为是"第二海军"。这些机构依据法律,在战时都划归海军或其他军种指挥,承担作战或支援任务。这说明海上执法机构与海军有着重要的内在联系,有许多共通之处。既然在战时这些机构可隶属于海军协助作战,那么在和平时期在执法机构力有不逮之时,海军予以协助也是很自然的事。

关于政治和外交上的顾虑,虽然海军参与海上执法可能引起猜疑,但决定争端性质是军事活动或执法行为,并不取决于是军事人员还是行政人员进行执法,而是依据执行的法律和采取的手段,即依据国内(国际)行政或刑事立法(公约)还是战争规则,采取的措施是否符合国际法,如国际法院审理的西班牙诉加拿大渔业管辖权一案中,[②]虽然是加拿大海军舰船对西班牙渔船实施了开火并逮捕,但无论是西班牙还是国际法院都认为此为执法事件,而非针对西班牙的军事活动,只是西班牙认为加拿大的执法没有管辖权而已。此外,为打击索马里海盗,由多

[①] Coffey, John P. The Navy's Role in Interdicting Narcotics Traffic: War on Drugs or Ambush on the Constitution? [J]. The Georgetown Law Journal, 1986—1987(75): 1947-1966.

[②] See Fisheries Jurisdiction Case (Spain v. Canada), Judgment of International Court of Justice, 4 December, 1998. 案情如下:1995 年 3 月 9 日,在离加拿大海岸 245 海里水域,一艘加拿大巡逻舰向西班牙籍渔船"Estai"号开火,随即拦截和登临了该船,并扣留该船及逮捕其船长。随后,该船被带到加拿大的圣约翰港接受处罚。加拿大指控该船在西北大西洋渔业组织管理区域进行非法捕捞。西班牙政府在该船被登临当日即发表声明,指责加的行为违反国际法,在 200 海里外执行渔业法。西政府于 3 月 28 日就其与加的上述争端提交国际法院,请求裁决。西政府请求法院宣告:加的法律不能对抗西班牙,因该法对公海域的外国船只行使管辖权;加政府应以赔偿金的形式给西造成的损失进行赔偿;加的行为违反国际法的原则和标准。加拿大主张其曾在加入相关公约时提出了保留,该保留已经排除了国际法院对该类案件的管辖权。最终,国际法院于 1998 年 12 月裁定本案属于加拿大声明保留范围,法院对该争端没有管辖权。然而,在国际法院最终裁决前,加政府已经停止了对西渔船和船长的指控,并退还了收取的保证金和保释金。之后还修改了相关法律,在本案争议海域内,加拿大相关法律不再适用于西班牙渔船。参见:李良林:《论任择条款的保留与国际法院的任意强制管辖权》,载《武大国际法评论》2006 年第 2 卷。

国海军组成的联合护航舰队,在亚丁湾及索马里海域对海盗实施了抓捕,此类行动被认为是国际联合执法行动,而非对索马里的军事干预。

关于担心海军涉及民事执法可能会引发军队过度干涉国民自由问题,笔者以为这种担心有些谨小慎微了。实际上,海军参加的执法多为领海以外,甚至于在公海进行,而且更多的涉及外国船舶。"虽然多种法律授权海军官员在海上执法时可以实施逮捕活动,但除非必要,特别是针对本国国民,海军官员不愿采取此类行动。"①"为执法目的,海军指挥官一般会采取非常有限的方式动用武力。而在政府中的其他部门同僚则不同,虽然他们没有相似的控制武力使用的经验,但却会有更少的限制。"②可见,海军在执法时还是采取相当谨慎的态度,而且海军所执法的海域一般距离陆地较远(因普通机构的执法力量足以在近海执法),相对于陆地执法而言,对于国民自由和权利的干预要小的多。此外,海军执法所涉及的法律是有限的,一般限于打击海盗、禁毒和非法移民等,不会广泛的涉及民众的自由。

关于海军的培训问题。海军的训练确实为了作战,但关于武器,特别是轻武器的使用一般对平时执法和作战的区分似乎不明显,这些训练应该可以相互贯通。而且,海军人员的训练还有其长处,在海上执法时如遇到武装抵抗,海军人员对武力处置的训练和经验便可发挥作用。因此,在支援与保护等方面,海军对于其他执法机构很有帮助。关于执法程序,特别是海上登临检查和紧追的程序,最初就是从海军军事规则,如战时封锁、逮捕敌国船舶等演化而来,海军人员应该不陌生。即便两者程序有不同,海军人员也只需稍加培训即可,至少应比新招募人员的培训更为迅速和节省费用。此外,关于海军执法可能影响军事准备问题,也无须多虑。海军资源真正用于海上执法的仅是少数,毕竟海上行政执法部门才是海上执法的主体,承担了大部分工作,海军的作用仅是支持和协助,因此相比于其庞大的资源来讲无碍大局,也不会对海军的主要工作——国防产生太大影响。相反,由于海军参与海上执法,恰恰可以训练海军人员处置海上突发事件的能力,以及操作设备的技能,从而增强海军军事准备的能力。

(三) 推动海军参与海上执法

1. 我国海军参与海上执法的必要性

目前我国主张的海域管辖面积 353.7 万平方公里,③许多管辖海域远离陆地,

---

① Shearer, Ivan. The Development of International Law with Respect to the Law Enforcement Roles of Navies and Coast Guard in Peacetime[A]. Horace B. Robertson(edited). International Law Studies 1998 The Law of Naval Operations[C]. Newport: Naval War College Press, 1998: 448.

② Fenrick, W. J. Legal Limits on the Use of Force by Canadian Warships Engaged in Law Enforcement[J]. The Canadian Yearbook of International Law, 1980(18): 113 – 145.

③ 安应民.南海安全战略与强化海洋行政管理[M].北京:中国经济出版社,2012:1.转引自米菲:《我国海上执法管理体制改革创新研究》(硕士论文),华南理工大学 2012 年.

特别是在南海,最南端的曾母暗沙距离海南省约1 800公里(970海里)。[①] 遥远的距离及复杂的海况对于执法巡航是严峻的考验,因为它对于执法船舶的续航力及抗风浪能力都有特殊的要求。此外,广阔的海域需要一定数量的执法船舶,才能实现足以维护权益、威慑违法的海上巡逻。而在这些方面,我国的现状还不能满足执法要求。在我国现有的巡逻舰艇装备中,小型的巡逻舰船居多数,千吨级以上的较少,其续航力以及装备不能适应远海巡逻的要求。而且船舶数量也较少,未能达到每千平方公里配备一艘船的水平,与其他发达国家相比差距甚大。[②]

作为地理上的不利国,我国与周边多个国家存在海域管辖权主张的重叠,并且由于域外大国的介入以及历史上的原因,使得我国周边海域形势更为复杂,海上执法形势更为严峻。除了执法力量不足的困境外,还面临某些国家优势海上执法装备甚至海上军事力量的威胁。

而前述方面,我国海军舰船无论在数量、质量以及人员培训方面,都拥有当前海上执法机构无法比拟的优势,特别是应对海上突发事件,如对于海上犯罪分子甚至其他国家船舶武装袭击的处置等。

因此,积极利用海军在装备及人员上的质量和数量优势,为海上执法机构提供技术、设施以及人员上的支持,是解决当前海上执法力量不足,应对周边海域复杂形势,充分维护我国海洋权益的重要途径。

2. 当前我国宪法和法律关于军队参与执法的相关规定

(1)《宪法》。我国武装力量的任务是"巩固国防,抵抗侵略,保卫祖国,保卫人民的和平劳动,参加国家建设事业,努力为人民服务"。[③] 这些任务中,除了国防、抵抗侵略和保卫祖国外,其余的均可以理解为包含执行行政和刑事等法律。因为打击海盗、海上护渔明显的是保卫人民的和平劳动,海洋环境保护及海上航行安全等的执法也是促进国家建设事业,而海上救捞则体现了为人民服务,这些行动内容都可通过参与海上执法得以体现,故从宪法角度,武装力量可以参与执法。

(2)《国防法》。我国武装力量"由中国人民解放军现役部队和预备役部队、中国人民武装警察部队、民兵组成","中国人民解放军现役部队是国家的常备军,主要担负防卫作战任务,必要时可以依照法律规定协助维护社会秩序"。[④] 我国武装力量的任务是"巩固国防,抵抗侵略,保卫祖国,保卫人民的和平劳动,参加国

---

① 《互动百科"曾母暗沙"》,载 http://www.baike.com/wiki/%E6%9B%BE%E6%AF%8D%E6%9A%97%E6%B2%99,2014年12月09日。

② 《中国海洋执法船不及日本一半 5年建30艘执法船》,载 http://news.sohu.com/20101012/n275551699.shtml,2014年12月10日。

③ 《中华人民共和国宪法》第29条。

④ 《中华人民共和国国防法》第22条。

家建设事业,全心全意为人民服务"。①

《国防法》是对宪法内容的细化,明确了军队在我国武装力量组成中居于首要位置。同时,该法还再次重申了宪法所规定的军队任务,应包含执法的内容,并进一步明确,必要时可依照法律规定协助维护社会秩序,当然也应包括执行相关法律活动。

(3)《领海及毗连区法》。该法规定:"中华人民共和国有关主管机关有充分理由认为外国船舶违反中华人民共和国法律、法规时,可以对该外国船舶行使紧追权……本条规定的紧追权由中华人民共和国军用船舶、军用航空器或者中华人民共和国政府授权的执行政府公务的船舶、航空器行使。"②该法明确了军事装备可用于执法目的,并将之置于首要选择地位。

(4)《专属经济区和大陆架法》。该法中并未直接涉及海军或军事装备的海上执法,但依据其规定,对违反我国法律、法规的行为,可对之采取紧追措施。采取该措施时,可依据国际法和我国其他法律、法规实施。③ 作为国际法重要组成部分的 UNCLOS 明确规定,军用船舶及航空器可以用于海上执法目的。故我国海军船舶及航空器可用于海上紧追等执法。

(5)其他法律。在我国《环境保护法》和《海洋环境保护法》中,均将军队环境保护部门作为环境保护的管理机构之一。④ 明确其"负责军事船舶污染海洋环境的监督管理及污染事故的调查处理"。并规定,包括军队环境保护部门的拥有海洋环境监管权部门可进行海上联合执法,在巡航监视中如发现海上污染事故或有违法行为的,应予以制止并调查取证,并有权采取有效措施,防止污染扩大,并报告有关主管部门处理。⑤ 此条授予了军事环保机构可参与海上环保执法,对非军事船舶采取执法措施。

3. 法律应明确授权海军可参与海上执法,以及参与的范围和程序

加拿大《沿海渔业保护法》明确规定,海军现役人员可被指派作为渔业"保护官员"实施执法活动。另外,《北太平洋大比目鱼公约法》《北太平洋渔业公约法》(加拿大为执行上述公约而进行的国内立法)等,均授权海军人员作为渔业"保护官员"进行执法。⑥ 虽然在前述我国立法中也意涵了军队可参与执法,但关于授权的规范还不够明确,而在刑事类和行政类执法中,需对执法机构进行明确授权

---

① 《中华人民共和国国防法》第 17 条。
② 《中华人民共和国领海及毗连区法》第 14 条。
③ 《中华人民共和国专属经济区和大陆架法》第 12、13 条
④ 《中华人民共和国环境保护法》第 10 条,《中华人民共和国海洋环境法》第 5 条。
⑤ 《中华人民共和国海洋环境法》第 19 条。
⑥ Fenrick W. J. Legal Limits on the Use of Force by Canadian Warships Engaged in Law Enforcement[J]. The Canadian Yearbook of International Law, 1980(18): 113-145.

实施。因此我国海军参与海上执法可参考此类立法及《领海及毗连区法》的规定，明确为执法目的可动用军用船舶、航空器以及军事人员，提供情报并对违法船舶实施监视、紧追，以及在特别授权情况下的登临、检查、强制驱离或扣留船舶和逮捕违法人员。

在执法范围方面，基于其军事敏感性，在参与海上执法中，海军主要的角色应该是支援和协助海上行政执法机构，而非越俎代庖的主导海上执法工作。依据《美国法典》第10篇第371～378节，明确规定了可向执法机构提供的军事设备、设施等，对于军事人员可以采取的行动也予以规范，如仅可参与侦测、监视和通信联络目的协助操作设备，不可直接参与登临、逮捕等活动。在前文所提及的我海军与海监、渔政的联合维权执法演习中，海军的角色主要是空中监视、救援落水及受伤人员、灭火和拖曳受损船舶等执法辅助支援工作。因此，海军参与海上执法的范围，应主要限于监视、提供情报，对于船舶和人员的救助等协助措施，仅在特殊情况下可参与紧追、登临、检查及逮捕等措施。同时，鉴于我国远海的海上行政执法力量较弱，可考虑采取在领海及内水海军较少参与执法，而在专属经济区及外大陆架甚至公海，海军更多参与，并更灵活适用执法措施，如登临、检查甚至逮捕等。

在程序方面，基于其支援和协助的角色，海军参与海上执法应具有被动性，即海军的参与一般不是主动、自发的，而是由相关海上行政执法机构提出请求，才得以启动。因此，在立法中应明确程序，由哪些机构可提出请求，向哪些军事主管机构提出，在何种情况下可提出请求。同时，基于特殊情况，可预设场景概括授权，如在紧急情况下发现海上违法犯罪时，军用船舶、航空器对行政执法机构的通报并及时采取适当执法措施。程序应规定在何种场景下以及海军可采取哪些措施。

4. 加强海军人员执法培训以及与海上执法机构的协调与配合

为适应海上执法要求，对海军特定人员加强执法培训。可规定军用舰艇上特定职务的军官，分批集中培训，使其取得海上执法的专长。因海军本身也是一个国际军种，其舰上的军官无论在军事培训还是履行职务阶段，均应熟知国际海洋法及其他海洋法规，因此在海上执法赔偿及执法角色的转换上，应更为容易。[①]

为有效进行军事准备以及平时执法需要，从各国的实践上看，海军与海上执法力量要达成有效协同配合，必须经过长期的磨合与训练。如USCG自成立以来，参加包括一战、二战、海湾战争在内的多次大规模军事行动，与海军并肩作战。日本海上保安厅先后与海上自卫队实施了数十次大规模联合演练，仅2002年，双方的联合训练就达到30余次，协同配合能力得到明显提高。韩国海军与海警则

[①] 邓克雄.海军协助海域执法功能之研究[D].基隆：台湾海洋大学硕士论文，2007：145.

在长期的联合巡逻与警戒行动中形成了较强的协同配合能力。① 因此,我国也应将海军与海上执法机构的联合执法演习常态化、制度化,乃至共同开展日常的共同巡逻与执法活动。

海洋维权与执法——由南海仲裁案引发的思考

王 珊

2016年7月12日17时左右,海牙常设仲裁庭公布了南海仲裁案的裁决结果。正如国际舆论此前不断渲染的情况,仲裁庭支持菲方大部分诉求,面对仲裁庭如此裁决,中国应以强硬姿态回应,除严正申明自身"不接受""不执行"的立场外,还应重视海洋维权与执法研究的紧迫性。近些年来,理论界主要针对海洋的执法体制、手段而忽略对于立法的研究,而海洋立法对于健全我国海权管理体制起到引导和保障作用,海洋执法工作也需要法律法规的支持。同时海洋执法体制存在改革问题滞后,中国海警还在整合之中,尚未建立完善的法律、装备、教育培训、合作交流等体系和机制,健全成熟的海洋执法体制,强力推进实施改革,是实现国家高效的管理海洋、顺应国际海洋形势发展的客观需要。对于海峡两岸,南海问题既是挑战又是机遇,其直接考验着两岸同胞的智慧,尤其是两岸政策的定位和抉择。共同维护包括南海问题的海洋权益是海峡两岸同胞的共同心声和必然选择。

一、中国海洋立法的必要性

我国是海洋大国,海洋面积达300多万平方公里,存在国际争端的海洋面积可达100多万平方公里。现在海洋安全环境也十分严峻,近几年邻国与我国海洋争端频频发生,比如钓鱼岛事件、南海争端、黄岩岛事件,周边国家都不断地通过立法与结盟来巩固本国的海洋权益,甚至有些国家的目的在于非法侵占我国的海域。显然外交与军事是稳定海洋安全局势的重要手段,然而海洋利益的扩展,只有外交和军事已不能彻底根除国际环境下的隐患,还需出台相关的法律政策并使之法律化,配合国家的发展战略,更好地维护我国的海洋权益。

(一)我国现行海洋法律制度发展的瓶颈

从立法角度来看,我国在单项海洋法律法规的制定方面发展是比较迅速的,例如交通、海洋环境方面,但缺乏综合性基础性的海洋基本法律;立法目的也呈现出多元化的特点,不仅保护海岛、海域生态问题,还保护资源的开发和经济发展问

---

① 中国酝酿建"第二海军"执法舰应配火炮[EB/OL]. http://bbs.tiexue.net/post_4662880_1.html,2011年3月28日。

题,因此极大削弱了保护专项权益的目的。

1. 现行宪法的缺陷

宪法是一国的根本大法,规定着国家各项基本制度和根本任务,且具有最高的法律权威和效力。海洋即是人类生存的基本空间,也是国际政治舞台的斗争的焦点,越来越多的国家都在关注海洋价值和战略意义,维护海洋权益已成为很多国家的重要方针,而我国宪法对海洋并未提及。由于缺少根本法律的支持和保障,致使我国海洋法律发展滞后,所以海洋入宪迫在眉睫。

2. 海洋基本法的缺失

21世纪后,很多国家都通过制定海洋基本法争取国际中的海洋战略地位,我国的海洋事业也在蒸蒸日上,但我国海洋法律起步较晚且频出问题,由于种种原因,我国尚未出台一部系统的海洋基本法。这使得后续的海洋管理制度发展不健全,执法工作得不到有效的保障。其次我国单行法律诸多,由于缺少一套系统的海洋法,很多条款出现了相互重叠互相矛盾的现实问题,法律之间很难衔接,这一局面使得我国的海洋综合管理落后于其他国家,海洋发展处于不利且被动的位置。

(二) 国外主要国家的海洋立法现状

如今世界主要国家相继出台了一系列海洋基本法,相关法律法规可分为基本海洋法规、专项基本法规、区域性海洋法和地方性海洋法规四大类。我国海洋立法起步较晚且多为专项海洋法规。

1. 美国《海洋法案》

作为世界海洋大国,美国对于海洋的综合管理也名列世界前茅。至今美国都未签署《联合国海洋法公约》(以下简称《公约》),但早在20世界60年代美国就对海洋治理提出了很多国家政策。随着海洋战略地位的提升,美国也加快了对海洋立法的进度,由此制定了一套系统的海洋基本法——《海洋法案》,并创立了海洋政策委员会机构,从而巩固了美国在海洋战略发展的优先地位。

2. 加拿大《海洋法》

拥有世界海岸线最长的加拿大是一个三面环绕海洋的国家,对于海洋的开发管理,加拿大最先重视的是其渔业的发展,进而在1868年颁布了《渔业法》,《沿海渔业保护法》等相继问世。《公约》的制定赋予了各国对于海洋管理的权利,海洋维权也愈发受到重视,根据《公约》的规定,加拿大制定了本国的海洋基本法《海洋法》,成为第一个拥有一套系统完整的海洋法大国,为后续的国内法的发展奠定了良好的基础。

3. 日本《海洋基本法》

日本自签订《公约》以后,相继出台了一系列符合本国国情的海洋政策,在海洋法律法规发展的同时不断的进行探索与创新,又在《公约》的框架下,对多部海洋法规进行了完善。2007年日本《海洋基本法》问世,进而日本也走向了海洋发展国家的前列,为海洋的发展与执法提供了有力保障。[①]

4. 英国

2009年英国颁布了《海洋基本法》。虽然颁布时间跟加拿大、日本等国家相比而言较为落后,但是在内容上却为国际海洋法注入了新鲜的血液。英国自2005年开始制定新的海洋法,至2009年完成了涵盖海洋管理、海洋规划、海洋使用许可证的审批与管理、海洋自然保护、近海渔业与海洋渔业管理、海岸休闲娱乐、海洋管理人员等内容综合性的《海洋基本法》。这一法律的颁布与实施对内促进了英国政府对海洋的高效管理与维护,保护了英国海洋资源,同时维护了英国民众所拥有的享受海洋与海岸的权利;对外增加了英国维护其本国海洋权益的能力,其不仅加强了英国的海洋执法能力,还"拓宽"了英国在北欧的专属经济区及大陆架区域。

(三) 我国海洋维权法律法规体系的重塑

1. 健全完善海洋法律体系

自《公约》实施以来,很多国家都制定了符合本国的海洋发展法律法规。为寻求在海洋发展中获得更大的权益,海洋发达国家更是出台自己国家的海洋基本法。目前我国的海洋立法主要是单项海洋法规,需要在现存的法律体系基础上结合我国发展的国情,完善和健全海洋法律法规,制定出一套系统完整的基本法做保障。

2. 突出重点,解决现实需求

海洋立法涉及方方面面,主要包括环境保护、资源开发、防恐治安、海域划界等内容,这几类主要是在刑事和行政领域内管辖的,所以立法时也需要从这两大主要领域着手。一部法律的制定是为了解决现实存在的普遍困难,从而达到一个稳定的标准,所以海洋立法也不可能做到面面俱到,抓到重点,秉承优先保护[②],力求实效的原则,梳理实践中的主要问题,解决突出性困难。

3. 程序规范的制定

在我国以前的立法中,制定出来的内容需要具有普遍性,大部分内容应包括总则、职责范围和管辖、执法规范、执法措施、执法保障、执法规范、法律责任、附则。但实体法的确定也要伴随着程序法的发展,而我国颁布的很多海洋部门法并

[①] 任玲.沿海国家海上执法体制研究及对我国海上执法体制建设的启示[J].海洋开发与管理,2015(6): 75 - 80.

[②] 陈雪.我国海上行政执法体制研究[D].大连:大连海事大学硕士学位论文,2012.

没有随之配套的法规和实施细则,为后续的执法工作带来困难与不便。理顺海洋各部门和分支机构之间的关系,协调相关的法律、法规的关系,建立与市场经济发展和海洋资源开发相适应海洋综合管理体制,更好地维护我国的海洋权利。

二、中国海上安全战略发展的必要性

近些年来,我国海洋管理和开发面临着严峻形势,随着我国海洋强国战略的实施,综合实力的提升,周边邻国逐渐建立和强化海洋军事、政治的合作机制,愈发严重威胁着我国的海洋安全。另外海上安全事件、跨国犯罪、海盗、海上灾害等非传统安全问题也影响着我国经济发展以及国家安全。显然外交和军事是化解问题的关键手段,未来我国和周边国家的海洋权益争端不可避免,要想维护应有的权益,还需要强大的海上维权综合执法力量,建设出一只装备精良,战斗力强的海警队伍。

(一) 当前我国海洋执法队伍建设面临的问题

2013 年国家海洋局及中国海监、公安部边防海警、农业部中国渔政、海关总署海上缉私警察根据国务院机构改革和职能转变方案进行重组,分别属于国家海洋局、农业部、交通部、公安部和海关总署。经过一年多的实践,证明中国海洋管理和执法力量整合具有极其重要的意义和深远的影响。但整合后也面临着一些新问题,需要进一步全面深化改革来解决。[①]

1. 缺乏系统的顶层设计,尚未完成整合

国家海洋局已经整合三年之久,这次改革是以人大决定的形式整合原有的四支海上执法队伍,也规定了新组建的中国海警局基本的职能、机构编制,但缺少系统而具体的顶层设计和实施方案。迄今为止,由于各种原因,国家海洋局仍然没有实现真正的整合,机构、编制、人员、经费调整合并迟迟没有到位,人员成分也繁杂,包括现役军人、警察、公务员、合同制员工四类人并存,各种考核、管理体制无法做到统一,不利于队伍战斗力的形成,影响了海上执法办案的效率。体制改革不够彻底,未能整合现在海岸警卫职能。

2. 涉海各部门之间关系不协调

国家海洋局和海警局分别代表了决策和执法的两类机关,政治权与执法权应当分立,而且中国海警局又不是一个新设的部门。这说明两大部门并非属于同一主体,但又合二为一,所以一个主体既做决策又指导执法,很容易出现很多问题。此次整合并非统一整合而是部分整合,其整合前的部门仍按照之前的方案履行各

---

① 李景光.国外海洋管理与执法体制[M].北京:海洋出版社,2014.

自的职能。① 因此多部门分散管理的现状仍未得到解决,这就涉及执法部门与整合后的主题执法权之间的冲突困境。未能整合其他涉海部门,还需通过各机构间的相互配合、协调来化解现实存在的问题。国家海洋局下属的北海、东海、南海三大海域的统一规划和管理方面还缺少区域性的海洋协调机构。

3. 执法队伍专门法的缺失

世界主要海洋发达国家在通过制定海上执法体制的同时也加快发展海上执法力量队伍的建设。中国海警虽然已经组建,但是现实的维权执法所依据的法律体系还存在诸多问题,并无明确的法律所支持。组成中国海警局的原公安海警、中国海监等四支执法队伍或执法主体地位不明确或职能重叠。此次整合式改革在先,但海警的法律性质还需法律法规的定位,因此相关涉海执法专门法的制定也迫在眉睫。

(二) 世界主要国家海洋执法队伍的建立

世界海洋维权执法模式大致分为集中统一模式、相对集中模式、联合分散模式、海岸警卫队模式和海军承担海岸警卫模式五大类,各种模式优势各异,以下介绍几个代表性国家。

1. 美国海岸警卫队

在海洋管理与执法体制中,在国际上知名度最高的是美国的海洋执法队伍——美国海岸警卫队。美国海岸警卫队实行总部与地方分权管理的模式,国土安全部管理,其法律地位、执法依据以及法律责任由《海岸警卫法》确定,最高长官为海岸警卫队司令,统一管理海岸警卫队总部各项事务,同时通过战区司令指挥各地部队;其次是海岸警卫队第一副司令,负责协助司令工作;再次为2名副司令和2名战区司令,分别负责总部各部门的日常运营和各地部队的指挥。海岸警卫队组织架构主要包括总部和战区。

2. 日本海上保安厅

日本海上保安厅承担全部海上执法工作。出于政治原因,日本主要由海上保安厅而不是海上自卫队维护其海洋权益。《海上保安厅法》《海上保安厅组织细则》明确了海上保安厅的隶属关系、机构设置、性质与任务,赋予其统一的海上执法主体资格,并赋予警察机关的搜查、逮捕、起诉及执行与任务相关法律的职权,为其处置海上违法行为提供了有力的保障。海上保安厅是日本为维持海上安全及治安而设置的行政机关,隶属于日本政府国土交通省,主要以海难救助、交通安全、防灾及环境、保全治安为任务,但实际上是海洋权益保全。海上保安厅与其他国家的沿岸警备队、国境警备队等准军事组织的职务相当,职员数约1.2万人,大

_____

① 李培志. 现代海岸警卫制度的形成、发展及其启示[J]. 江西社会科学,2016(6):179-184.

部分是海上保安官。海上保安厅拥有一支质量极其可观的水面舰艇与航空巡逻机兵力,截至 2010 年,海上保安厅拥有巡视船艇约 200 艘,海事巡视飞机 70 多架,此外亦设有卫星监察所巡视海域。在全球海岸防卫队中仅次于美国海岸警卫队,超过邻近东亚国家海岸防卫兵力的总和,整体实力甚至高出许多小国海军,是日本不折不扣的"第二海军"。

3. 韩国海警

韩国海警目前隶属于韩国海洋事务和渔业部,其主要任务及目标可分为六点:(1)建成一支东北亚地区第一流的海洋安全机构;(2)巡海护渔;(3)搜索救援;(4)保护海洋环境;(5)海洋交通安全管理;(6)防堵海上不法活动。韩国对海警队伍的建设极为重视,不仅有专门的海洋警察培训学校,其工作人员还包括有大量的特种部队退役人员,此外,韩国海警的执法装备也远远超过其他国家。因此韩国海警具有准军事性质,其次韩国的造船业也比较先进发达,且装备良好,堪称韩国的"第二海军"。

(二)我国海洋维权执法体系的重塑

1. 深化体制改革,建议完整的海岸警卫队

《联合国海洋法公约》生效后,明确赋予沿海国管辖海域的范围及其权益。为有效履行海洋监管职能,各国或组建独立的海岸警卫队,或整合原有机构,将维权执法,服务等沿海国政府应履行的各类职能赋予海岸警卫部门。一般来说,沿海国政府的海岸警卫职能主要包括五个方面,分别为国防、海上治安、海洋监管、海上安全和国际交流与合作。中国海警的整合是一个繁杂的工作,需要考察现实和未来国家对其需求的发展,所以海警的整合过程中应立足于当前海洋执法机构与队伍重组的现状,进一步深化体制改革,制定出一套系统完整的改革方针,尽快完成顶层设计,建立起一支完整的海洋执法队伍。

2. 制定《海警法》

在海洋权益争夺日益激烈的今天,各国不仅不断地通过制定海洋基本立法来为海洋管理提供基本准则,同时各发达国家还出台专门法对本国执法队伍进行定性保障。目前我国有关海警执法的法律法规制定较多,但几乎都是涵盖于其他的法条中,并没有一套针对海警的专门性法律,使海警在执法工作中有明确的法律依据,进而保护海警人员的合法权益。所以我国应有必要借鉴国外先进的经验结合本国的现实问题和需求,尽早制定出一套专门性海警法律来明确海警的性质、智能、组织机构和执法权限等,对中国海警的执法活动进行系统全面的规范。

3. 完善海上执法管理工作,增强海上维权执法力度

中国海警重组以后当属于综合性海上行政执法机构,在工作中需要按照一定的程序、原则、规范进行执法,对于登临紧追的实施细则也要制定程序性规范,且

需要明确海上武力使用规则从而完善海上执法的管理工作。海警执法队伍人员的多域性使得业务素质水平参差不齐,发达海洋国家对于执法人员素质的要求都是很高,都需要能够全面的履行海上执法队伍,优质海警学校培训是高素质执法人员的首要需求。"海上执法武力的使用时中国海上执法力量整合后必须予以明确和解决的问题,尤其是关于武力使用的适用条件、原则和武力使用的渐进层级"。① 因此需要对我国海警的武器装备水平进行提升,进而加强我国海上维权执法力度。

三、海峡两岸共同维护中国的海洋权益

对于南海问题海峡两岸共同维护中国的海洋权益,既是一种基于政治互信之上的共同常识,也是抵御外部势力的历史契机。这样做,不仅符合两岸的共同利益,更符合两岸所有民众维护南海和平稳定的共同诉求。

(一)两岸南海政策具有一定的相似性

1. 坚持主权立场

《中华人民共和国领海及毗连区法》第 2 条第 2 款规定东沙群岛、西沙群岛、中沙群岛、南沙群岛是属于中华人民共和国的陆地领土。1994 年台湾《南海政策纲领》中的立场是,主张中国在南海历史性水域内拥有"主权"。

2. 和平解决争端

1984 年 10 月 22 日在中央顾问委员会第三次全体会议上,邓小平同志在谈及南沙群岛问题时曾说:"我们中国人是主张和平的,希望用和平方式解决争端。"台湾《南海政策纲领》将"和平处理南海争端"作为南海政策的目标之一。

3. 搁置争议,共同开发

同样是在 1984 年的中央顾问委员会第三次全体会议上,邓小平同志指出:"南沙群岛,历来世界地图是划到中国的,属中国,现在除台湾占了一个岛以外,菲律宾占了几个岛,越南占了几个岛,马来西亚占了几个岛,将来怎么办?一个办法是我们用武力统统把这些岛收回来;一个办法是把主权问题搁置起来,共同开发,这就可以消除多年来积累下来的问题。"台湾当局"外交部"则在 1992 年 5 月正式表示要"以国际共同开发方式,充分运用南海资源,至于主权问题,则可避而不谈"。

(二)海洋权益是两岸共同权益

在维护海洋权益方面海峡两岸有着共同的利益和立场。在共同开发方面,大

---

① 赵伟东.关于中国海警海上执法武力使用相关问题的思考[J].中国海洋法学评论,2014(1):59-93.

陆方面主张"把主权问题搁置起来,共同开发,消除多年来积累下来的问题"。台湾方面表示要"以国际共同开发方式,充分运用南海资源,至于主权问题,则可避而不谈"。在一个中国的前提下,海洋权益也同属于中国。两岸在坚持主权立场、和平解决争端、搁置争议共同开发方面认识基本相同[①],在这样的大前提条件下,两岸应加强合作共同维护国家的权益。

(三)搁置争议,共同维权

越是面临这样一个有可能出现领土、领海分裂危险的时候,越是应该携手抵御外来干涉,保全中华民族共同的领土主权和海洋权益。揆诸历史,无论是当年郑成功收复台湾,还是后来的抗日战争,乃至20世纪50年代的炮打金门,无论有多少分歧,两岸人民都能够做到以大局为重,一致对外,共同捍卫主权。而无论台湾地区领导人如何更迭,这一共同利益不会变,实现这一共同利益的路径也不可能变。此前,前台湾陆委会特任副主委张显耀针对南海问题接受香港中评社访问时亦表示,有效建立、恢复起两岸间的沟通管道,是蔡当局的当务之急。共识并非不存在,而政治互信也有着良好的基础。只要海峡两岸能够携起手来,共同应对南海危局,就能够大大降低仲裁闹剧可能带来的不确定性,而使有关各方重新回到通过谈判解决争议的轨道上来。

南海仲裁结束后,中国不接受任何任何基于该仲裁判决的主张和行动,对内中国还需不断地深化研究海洋基本法和专门法律的制定和优化,做到更好地保障我国海洋权益,保障海洋执法队伍的权益,保障我国公民的合法权益。南海对于海峡两岸有着共同的海洋利益和战略发展地位,两岸人民应一致对外,搁置争议,保全中国民族共同的领土主权和海洋权益。

我国海上执法武力措施使用研究

曲亚因

近年来,各国在海上执法过程中对他国船舶和船员使用武力措施的案例屡见不鲜,我国船舶和船员遭到武力攻击的事件也在不断升级。从2013年我国海警局组建以来,就一直承担着海上维权执法的重要任务,并且在国际法规定的范围内,必要时可以合理地使用武力。但是《联合国海洋法公约》(以下简称《公约》)等相关国际公约对于武力措施的使用问题多为原则性的规定,我国法律亦没有关于我国海警海上执法使用武力措施的明确规定,使得海上执法中武力使用未能得到有效规制。

---

① 蒋利龙.美国"重返亚太"战略及其对两岸关系的影响[J].哈尔滨学院学报,2013(11):34-38.

一、由几起武力执法事件引发的思考

2003年9月23日,中国渔船"桂北渔63055"号和"桂北渔82018"号在北部湾传统渔场正常作业的过程中,被一艘越南武装炮舰追赶,该炮舰武装人员对两渔船进行喊话后,由于渔船船主确认渔船处于中国海域,因此没予理睬继续前行,随后,越南炮舰对两艘渔船进行射击,渔船"桂北渔63055"号被抓扣。

2012年7月16日,中国渔船"鲁荣渔80-117号"误闯入俄罗斯专属经济区捕鱼,俄罗斯巡逻舰在要求该船停船检查时,该船并未停止,而是快速的逃离现场。俄罗斯巡逻舰开炮示警后,该船继续驶离,随后俄舰向渔船开炮,渔船仍未停船,最后俄舰船头撞上渔船。在渔船停止前进后发现,其中1名船员落水失踪。

2016年3月14日,中国渔船"鲁烟远渔010号"在阿根廷渔场作业时,阿根廷海军执法队认为其涉嫌非法捕捞,要求其停船时却不听命令驶向公海,于是阿根廷海军执法队追赶该船数小时,后阿方开枪射击,导致船体进水并逐渐沉没。阿方称,其在使用武力前,已经发出讯号警告,由于该渔船又试图冲撞其执法船,遂开火射击。

2016年9月29日,韩国海警试图登上了一艘韩国声称越界捕鱼的中国渔船检查,其间投放了三枚震撼弹,使得中国渔船着火,三名中国船员死亡。10月7日,韩国海警又有一艘海警的快艇在黄海执行所谓驱逐中国渔船的任务的时候,中国渔船被追尾撞沉。11月1日,韩国海警用M60机关枪疯狂地扫射了中国渔船600~700发子弹,这是韩国第一次用大型武器炮击中国渔船,同时韩国的护卫舰、导弹舰围捕了两艘中国渔船。11月12日,事件再度升级,韩国海警对中国渔船先是鸣笛,再发出了广播的警告,发射了强力的水柱,最后机关枪狂扫95发子弹。

在越南武装渔船袭击事件中,越方武装人员在对中国渔船喊话后能否直接使用武力射击?俄罗斯巡逻舰开炮示警后,能否直接对渔船船体开炮?阿根廷执法船在发出警告后,对中国渔船紧追并射击是否合法?韩国执法船屡次对中国渔船的暴力执法又是否违反了国际法的规定?关于武力使用的规定在国际法上已经存在,包括《联合国海洋法公约》、联合国《执法人员行为守则》等国际法律文件均有诸多规定,可是海上执法中武力使用未能得到有效规制,各国在执法过程中,对于武力的使用往往超出了必要的限度,各国的衡量标准也各不相同。

我们可以看出,从越南武装渔船袭击事件,到"鲁荣渔80-117号"被撞、"鲁烟远渔010号"被击沉,再到韩国执法暴力多次对中国强烈的挑衅,不合理使用武力措施的暴力执法已经严重侵犯了中国渔民的人身安全和合法权益。中国的海警部队在海上维权执法中具有行政执法权和刑事执法权,在保护中国渔船和渔民不受别国非法武力侵害时,必要时可以使用武力措施,这是为国际法所允许的。

那么究竟如何使用武力,使用武力措施应该达到什么样的条件和限度,面对外国对我国的暴力执法我国应当如何应对等,我国都没有明确的法律规定。尽管如此,我国海警在海上执法过程中使用武力措施仍然应当同时符合国际法和国内法的相关规定。

二、海上执法使用武力措施的界定

(一)我国关于武力使用的规定

古语已有对"武力"一词的解释,在《旧唐书·魏征传》中将"武力"解释为制衡暴力和停止暴力的一种力量和实力。西方国家认为,"武力"是指武装力量或者军事力量,东欧国家则认为,"武力"是包括军事力量在内的一切强制和暴力手段。我国法律并没有对"武力"一词的明确定义,但是相关的法律法规却有对"武力"使用的相关规定。例如,我国 2009 年颁布实施的《中华人民共和国人民武装警察法》第十条规定:"遇有拒捕、暴乱、越狱、抢夺枪支或者其他暴力行为的紧急情况,公安机关的人民警察依照国家有关规定可以使用武器。"第十一条规定:"为制止严重违法犯罪活动的需要,公安机关的人民警察依照国家有关规定可以使用警械。"2012 年修正的《中华人民共和国人民警察法》第十条规定:"遇有拒捕、暴乱、越狱、抢夺枪支或者其他暴力行为的紧急情况,公安机关的人民警察依照国家有关规定可以使用武器。"1996 年颁布实施的《中华人民共和国人民警察使用警械和武器条例》也详细规定了武器和警械的使用规范。也有一些其他的关于武力使用的规定散见于相关的法律规范中。按照我国《国务院机构改革和职能转变方案》的规定,新组建的海警局接受公安部的指导,实施海上维权执法。我国目前尚没有制定海警执法的相关法律规范,因此中国海警海上维权执法使用武力可以参考我国关于"武力"使用的相关规定。

(二)国际法关于武力使用的规定

国际法上关于武力使用的规定主要体现在《联合国宪章》第 2 条第 4 款"禁止使用武力"和《联合国海洋法公约》中,具体现在 1979 年联合国决议《执法人员行为守则》和 1990 年联合国《执法人员使用武力和火器的基本原则》中,并且在其他的国际条约和国际法律文件中也有相关的法律规定,例如 1995 年《洄游鱼类种群协定》规定使用武力应当符合比例性原则,1988 年《关于制止海上航行安全非法行为公约》及其 2005 年议定书重申了武力使用的条件和武力使用的程度。

在国际司法实践中,著名的"孤独号案""红十字军号案"以及"塞加号案"足以说明,海上执法使用武力措施已经成为国际习惯,并且合理地使用武力措施即使用武力措施遵循比例原则经过各国的司法实践已经得到国际社会的承认。各国在海上执法使用武力的过程中,应当考虑武力的使用是否与执法目的一致,是否与执法目标违法的法律和犯罪程度相当,是否与即将造成的损害程度相称,如果超过了必要的限度,则违反了国际法。

(三)海上执法武力使用与国际法上武力使用的区别

武力使用在理论上被分为国际关系中的武力使用和执法中的武力使用,前者被认为是国与国之间的动用武力,即战争或武装冲突,属于《联合国宪章》以及国际人道法等国际法的适用范围。后者则属于国内执法包括海上执法的范围,受到国内法律,如宪法、行政法等的规制。国际上很多学者认为,海上执法使用武力就是国际关系中的使用武力,因为武力的使用并没有违反《联合国宪章》规定侵犯他国的领土完整和政治独立,同样的沿海国使用武力对待外国船舶只要不是出于侵犯他国领土的目的,就不是非法的。

虽然海上执法武力措施和国际法上的武力都是一种强制行为和武力行为,但是它们在本质上是不同的。第一,性质不同。海上执法武力措施是一种警察执法武力,目的在于维护海上安全和法律秩序;国际法上的武力是一种军事武力,目的在于解决国家纠纷、自卫等免受外来的侵略与干扰。第二,权力来源不同。海上执法武力的使用来源于国内法,是国内法赋予的国家管辖权;国际法上的武力使用则是来源于国际法,是国际法所赋予的国家自卫权。第三,适用法律不同。海上执法武力措施适用于国内法,主要受宪法、行政法等国内法的调整;国际法上的武力使用则主要受国际条约等国际法的调整。第四,法律责任不同。海上执法武力措施的使用不合法或者不合理可能会导致执法国对目标船舶船旗国或者船员的法律责任并进行赔偿;国际法上的军事武力的非法使用可能导致对被侵害国的国际责任。因此,海上执法的武力使用与国际法上的武力使用在本质上是不同的。

三、海上执法武力措施使用的条件和限制

《联合国宪章》《联合国海洋法公约》《执法人员行为守则》等国际公约和国际法律文件以及我国的国内法都对武力使用的条件和限制做出了相关的规定。

(一)海上执法武力措施使用的条件

1. 武力措施使用的主体

海上执法使用武力措施是一种暴力手段,是一种强制措施,涉及执法对象的生命安全,也涉及国际人权法和国际人道法的基本内容。作为海上执法的主体,其采取武力措施执法必须具有执法资格并且符合法律的规定。国家海洋局重组以后,中国海警局作为中国海上维权执法的主要力量,依法履行原边防海警、海监、渔政、海关的职责,依法履行我国警察的相应职责,其执法主体的资格是我国法律所赋予的。

2. 武力措施使用的原因

根据《联合国海洋法公约》的规定,沿海国采取强制措施必须具有"合理并且充分的理由和根据,有明显的证据证明外国船舶有违法的嫌疑",当确认外国船舶有违法行为时,使用武力措施并不是先决手段,而是最后手段。在国际实践中,各国武力执法大致有以下几种情况:一是外国船舶存在违法行为,二是本国的海上人命和财产安全受到威胁,三是外国违法船舶逃逸。

3. 武力措施使用的条件

关于海上执法武力措施的使用条件,在相关国际公约中已经有相关规定,即武力措施的使用必须符合特定的情形和必要的限度,并且在一般情况下应避免使用武力。我国《人民警察法》等国内法也对使用"武器"和"警械"的条件作了相关规定。我国法律规定的"武器"和"警械"和国际法上通用的"致命性武器"和"非致命性武器"相对应,但是满足我国海警海上执法使用武力措施的需要。各国启动武力措施的条件主要包括主动执法和被动执法。主动执法是在执法过程中使用包括武力措施在内的强制手段对违法对象施以必要的武力压制以排除执法障碍。被动执法是执法人员采取武力措施以避免不法攻击对自身生命安全的侵害来达到消除危险的目的。我国海警在执法过程中如果遇到违法船舶或者我国船舶遭到外国执法船的非法执法,在必要的情况下可以采取武力措施保障我国公民的生命和财产安全,维护我国的海洋权益。

(二)海上执法武力措施使用的限制

1. 武力措施使用的原则

国际上著名的案例"孤独号案""塞加号案"以及"埃斯泰号"渔业管辖权案等国际司法实践确立了武力措施使用的基本原则,即比例原则。比例原则是指海上执法使用武力措施必须合法、合理并且必要。合法合理执法是海上执法使用武力措施的前提,执法主体除了需要经过法律的明确授权,还必须在法律规定的职权范围内执法,执法内容和执法形式必须符合法律的规定,武器的选择与使用都必须符合法律的规定。必要则是指如果对违法船舶采取了一切可用手段后,如果不采取武力措施就不足以制止和消除危险和妨碍,才可以采取武力措施。

2. 武力措施使用的程序

国际著名海洋法案例"塞加号案"判决中确立了海上执法武力措施使用的程序,即警告、警示性射击和武力打击。海上执法人员在表明身份后,首先应当向违法船舶发出视觉和听觉的警示性信号,如果违法船舶不停止行驶,可以对其进行口头警告,要求其立即停止行为。如果警告后违法船舶仍不停止违法行为或者停船,则进行警告性射击,此种警告性射击必须先空弹警示再实弹警示,实弹警示不能瞄准目标进行射击,也不能瞄准船体的致命部位进行射击,射击应当仅起警告的作用。当用尽了足够的警示的非武力手段仍不能制止违法行为时,海上执法人员可以采取武力打击,此种武力打击的目的不是为了伤害人命或者使船舶沉没,因此武力的使用应当控制强度和攻击部位。

3. 武力措施使用的限度

比例原则是国际法上普遍使用的原则,采取武力措施的手段必须与达成的后果或者要实现的权益相称,不能超过必要的限度。任何时候、任何手段的武力措施都应本着最小伤害的原则,本着保护人命和尊重人权的本意,能使用非致命性武器,就不使用致命性武器,能使用低层级的武器,就不使用高层级的武器。生命价值应当作为海上执法使用武力措施首先要考虑的问题,使用武力措施的目的在于制止违法行为。如果违法船舶已经丧失反抗能力或者不反抗,武力措施应当停止而不能超过必要的限度,造成不必要的损害,避免使用武力措施造成的损害后果超过其要保护的合法权益。

四、我国海上执法使用武力措施存在的问题与对策

(一)我国海上执法使用武力措施存在的问题

1. 海上维权执法采取武力措施的条件有待明确

我国立法并没有对海上执法采取武力措施的情形加以规定,那么在实际执法过程中,如何认定船舶和船员的违法行为则要参考我国的相关国内法和国际条约。比如,如何认定违法行为,在什么情况下可以采取自卫行为,什么情况属于执法权受阻以及何种犯罪行为属于可以进行武力打击都有待进一步明确。

2. 海上维权执法采取武力措施的程序有待明确

国际海洋法法庭对于拦截船舶使用武力的程序作了总结,我国立法并没有规定,中国海警在执法中可以参考借鉴国际通行的做法。但是,对于警告的种类和层级、射击的种类和方法以及武力打击的种类和方法、在什么情况下可以越级使用武力等都没有明确的规定。因此,有必要明确使用武力措施的程序。

3. 海上维权执法采取武力措施的界限有待明确

判断中国海警采取武力措施是否合法往往取决于其执法的目的,而武力措施是否超过了必要的限度在实际中很难区分,这通常也成为其他国家认为中国海警不正确执法的说辞。那么,如何判断执法效果和违法行为是否相称,采取武力措施是否必要,武力措施是否超过了必要的限度,如何判断所造成的损害是否超过了要保护的不仅需要立法上的明确,更需要结合实际情况加以分析。

4. 海上执法武力使用的层级有待明确

我国立法中只规定了警械和武器的种类及使用情形,并且此规定是针对陆地警察的。海上执法具有特殊性,我国立法并不能完全适用于海上执法,因此,如何

使用武力以及使用武力的层级等问题往往需要现场的执法指挥官临时作出决定。这就有必要对海上执法的武力措施的使用层级进行明确和规范。

(二) 我国海上维权执法使用武力措施的对策和建议

中国海警的海上执法权来源于海上管辖权,而海上管辖权则主要来源于国内法。国内法主要包括我国《领海及毗连区法》《专属经济区和大陆架法》《人民警察法》《人民武装警察法》《人民警察使用警械和武器条例》(1996)以及《公安机关海上执法工作规定》(2007)等相关规定。辅之以国际法,主要包括《联合国宪章》《公海公约》《联合国海洋法公约》《执法人员行为守则》等相关国际条约和国际法律文件。

针对我国海警在海上执法过程中采取武力措施存在的问题,现提出如下建议:

1. 采取武力措施应当符合下列三种情形之一

(1) 行使自卫权。只有当嫌疑船舶和船员对执法船舶和执法人员造成真实和即将发生的危险时,才能使用武力。

(2) 行使执法权受阻。包括可疑船只拒不停船或加速摆脱拦截与紧追或不向指示的方向航行或多次联络毫无反应等情形。

(3) 打击海上犯罪。包括我国管辖海域的犯罪行为和公海以及其他国家管辖海域的国际犯罪行为。

2. 采取武力措施必须符合国际法上的程序要求

(1) 使用武力的警告。执法人员在执行有效射击之前,至少要发出三次信号,即停驶信号、警告性射击和实弹射击警告,对船体实施武力打击之前,必须用尽足够的警示等其他非武力性手段。

(2) 进行警示性射击。包括鸣枪示警和鸣炮示警,鸣枪示警可以发空炮弹或者信号弹,鸣炮示警可以向其前方掠过船首方向炮击或者进行无损害性的对空鸣炮。

(3) 对船体进行武力打击。尽量瞄准船舶的非致命部位,避免故意击沉船舶。

3. 采取武力措施应当受到必要的限制

(1) 中国海警采取武力措施的目的在于执行我国国内法,这决定了中国海警采取武力措施的合法性。

(2) 合理且必要,即依法授权、依法执法、程序合法、内容合法、形式合法,对象合法,绝对必要才使用武力。

(3) 最小伤害,即不超出必要的限度,尽量减少人员伤亡和财产损失。

4. 区分致命性武力和非致命性武力的使用层级

具体使用致命性武力(武器)还是非致命性武力(警械),原则上应当按照我国《人民警察使用警械和武器条例》执行。但是我国海上执法存在特殊性,再加上海洋局的重组将原来各执法部门进行整合,因此,应当区分武力使用的渐进层级、在特殊情况下可以直接使用致命性武器的情形以及明确最终进行武力打击的授权部门。

五、结语

在海上维权执法领域采取武力措施的条件、程序以及武力打击程度以及武力使用的层级等方面,我国均缺少具体明确的法律规定,这不利于我国在海上维权执法过程中行使管辖权或者遇到反抗等紧急情形时武力措施的实施。我国应当在武力措施使用条件、程序、限制和层级等方面明确立法,使武力措施的运用拥有合法依据,同时将武力措施限定在明确的法律框架之下。

海上行政执法程序完善对策

朱 晖 郭晓杰

一、海上行政执法程序界定

(一)海上行政执法程序内涵及其分类

各国学者对行政程序的含义理解都不尽相同,其中《布莱克法律词典》中认为:行政程序是由行政机关所做出的方法和步骤,它不同于诉诸法院的司法程序。[①] 我国对行政程序的定义为:行政程序是指行政主体实施行政行为的时间和空间的方式,即行政主体在实施行政行为时必须遵循的步骤、方法、顺序以及时限的总称。[②] 类比行政程序的定义,通常意义而言,海上行政执法程序可以理解为行政执法主体在海上管理领域实施相关执法行为时应该遵循的步骤、方式、顺序以及时限的总称。

理论上,根据执法主体采取的不同的具体执法行为类型对海上行政执法程序进行分类,海上行政执法程序分为海上行政许可程序、海上行政检查程序、海上行政强制措施程序及海上行政处罚程序等。

实践中,根据海上行政执法范畴的不同而在具体的执法任务及执法活动上有所区别,不同的具体执法任务和执法活动对应着不同的具体执法程序。如因海上

---

① 姜明安.行政法与行政诉讼法[M].北京:北京大学出版社,2007:36.
② 胡建淼.行政法学[M].北京:法律出版社,2003:26.

交通安全、海域管理及海洋生态环境保护三类范畴的不同,海上行政执法可以具体划分为海上环境管理、海上巡航、海上人命救助及紧追与登临等几类执法活动。与海上行政执法相对应的海上行政执法程序依次为海上环境管理程序、海上巡航程序、海上人命救助程序及紧追与登临程序等。

(二)海上行政执法程序与其他行政执法程序的区别

海上行政执法程序作为行政程序的一种特别程序,既要遵守一般行政程序,又在执法主体、实施范围及具体规定上与其他行政执法程序存在一定的差别。

1. 行政执法主体不同

行政执法主体是具有行政执法资格的国家行政机关。由于海上行政执法的涉海性及执法范围的特定性,海上行政执法程序的执法主体是管理海洋事务的行政机关,例如海警局、海事局等;而其他行政执法程序的执法主体往往不具有海上行政执法主体涉海性的特点,如税务局、工商管理局、旅游局等。

2. 执法范围不同

在执法范围上,海上行政执法程序的范围主要包括海洋环境管理、海事巡航及海上人命救助等与海洋权益保护、海上交通安全保障及海洋环境防污等海洋管理事务相关的执法行为,特点是执法范围广,执法难度大;而其他行政程序可能仅涉及某个特定的领域,执法范围相对单一,难度也较低。[1]

3. 操作规则和要求不同

在具体操作规则上,海上行政执法程序在实践中涉外案件较多,如对外国违法船舶的登临或紧追,海上行政执法程序也因其自身的涉外性而在规定和操作上较为严格和细致;其他行政程序针对的主要是对国民的行为所做出的行政行为,涉外性较小,因此在具体规定上也不是非常严格,程序规定事项较多,对具体实施过程的要求也相对宽松。

(三)海上行政执法程序的重要性

一项行政执法行为要想被认定为合法就必须在程序的操作步骤、方式、顺序、时效等方面都符合程序规则,否则就是程序违法的行政执法行为。海上行政执法程序作为行政执法程序中海上管理活动的实施程序同样需要符合上述程序规则,规范合法的海上行政执法程序对海洋战略的实现和海洋生态管理体制的健康发展更是起着举足轻重的作用:

1. 监督海上行政执法行为,避免执法权滥用

在海上行政执法过程中,海上行政执法机关通常为了地方和自身利益或者为

---

[1] 程路.论行政程序[J].赤峰学院学报(汉文哲学社会科学版),2008(12):126-128.

了维护行政决定不可抗拒的法律效力,保障行政权力畅通无阻地行使,往往会忽视行政相对人的合法权益,滥用自由裁量权,实施不合理的行政行为。因此海上行政执法程序应从步骤、方式、顺序、时效四个方面对行政机关的职能进行明确、规范行政机关的行政行为。明确行政主体违规操作或滥用权力要承担的法律责任,避免行政权滥用。

2. 保障行政相对人的合法权益

海上执法程序中有很多保障行政相对人权益的规定,行政相对人在程序方面是权利的享有者,享有告知、听证等权利,可以有效地参与到海上行政执法行为的实施过程中来,保证行政相对人的实体权益不被非法剥夺、实体性义务不被非法增加。程序的有效实施,在一定程度上维护了行政相对人的自我决定权,防止其自身在海上行政执法过程中遭受不利损害。[①]

3. 提高海上行政执法效率

海上执法行为标准要公开、明确,形成规范的执法体系,有助于执法主体快速、正确认定事实,提高海上行政执法的效率;减少执法错误,降低执法程序的错误成本。合理实施海上行政执法程序也可以减少行政相对人提起行政诉讼的概率,保证海上行政执法行为结果的稳定性,促进海上执法目标的实现。

二、我国海上行政执法程序的立法问题

程序是相对于实体而言的,实体的正义需要以程序的正义为前提,失去了程序的正义,实体的正义也就没有意义了。此外,程序正义也有其独立的价值。海上执法的实体正义的前提是海上行政程序正义。要想实现海上行政执法程序正义需要从立法抓起。目前我国海上行政执法程序立法方面存在的主要问题是海洋行政程序法规定缺失。

(一) 我国海上行政执法程序的立法现状

我国海上行政执法程序的立法现状是法律规定体系庞杂,内容分散,宪法层级,法律、行政法规、地方性法规、国际条约甚至政策性文件均有关于海上行政执法程序的规定,但是大部分规定的比较笼统,不利于海上行政执法程序的实施。

宪法性质的立法有:《中华人民共和国领海及毗连区法》(1992)、《中华人民共和国专属经济区和大陆架法》(1998)等;法律有《中华人民共和国海洋环境保护法》(2016)、《中华人民共和国海上交通安全法》(2016)、《中华人民共和国海域使用管理法》(2001)及《中华人民共和国渔业法》(2013)等;行政法规有《中华人民共和国海洋倾废管理条例》(1985)、《中华人民共和国海上交通事故调查处理条例》

[①] 罗豪才,王锡锌.行政程序法与现代法治国家[J].行政法论丛,2000,3(1).

(1990)等;地方性法规、自治条例、单行条例,如交通部制定的《中华人民共和国海上海事行政处罚规定》(2003);国际条约有《联合国海洋法公约》(1982)和《1974年国际海上人命安全公约》;政策性文件有《中国海洋政策》白皮书、《中国海洋21议程》等。

(二)我国海上行政执法程序存在的立法问题

在现行的海洋行政法律体系中,绝大部分的海洋法规都是对海上执法活动的实体性规范,关于执法程序方面的具体规定非常模糊且相对较少,且尚未出台关于海洋行政执法程序的专门规范。依法行政的核心与实质主要表现为正当程序,所以海上执法程序在立法上的完善对于行政执法主体而言更具有紧迫性和现实性,对执法活动更具有规范性和保障性。[①] 2013年中国海警局的成立完成了执法队伍的整合,统一了海上执法主体,但相关的法律法规、配套制度还未来得及整合,仍散见于之前各执法主体的单行法规,不具有普遍适用性,统一执法面临着立法缺失带来的执法难问题。具体体现在:

1. 分散立法,权属不清

目前有关海洋执法程序的法律法规多是由各涉海部门单独制定的,例如,《海洋行政处罚实施办法》是由国土资源部出台的,由国家海洋局负责监督执行;《海上交通事故调查处理条例》由交通部发布,港务监督机构作为实施机关;《海洋石油勘探开发环境保护管理条例》由国家海洋局发布实施;《海上海事处罚规定》由交通部发布,由海事管理机构负责实施等。这些海洋单项法规主要从本部门利益出发,没有考虑到其他管理部门的需要和职责划分,忽视了海洋管理的综合性。这样的分散立法不仅不利于我国海洋综合执法活动的实施,还常常造成管理权限和范围的交叉和重复,或职责分工不明,管与不管界限不清,给海上执法工作带来一定的困难。

2. 立法缺失,法规不健全

我国目前尚未制定统一的海上行政执法程序规范,在执法程序中要依据不同的部门法,这些部门法有交叉、重叠,当然也有"边缘问题",存在立法空白。因此,执法程序中存在一个问题有多重规定的问题,也存在诸多法律空白,比如对违法行为实施行政处理决定的程序,对违法渔获物、扣押船只的处分程序,海洋生态受到损害的追偿和补偿机制等。

海上行政执法程序立法的不健全直接影响了海上执法行为的有效性,打击执法行为的威慑力度以及执法的效果;海上行政程序规范不明确会造成执法主体的

[①] 秦磊.我国海洋区域管理中的行政机构职能协调问题及其治理策略[J].太平洋学报,2016,24(4):81-88.

自由裁量权过大,导致行政主体的行政权力滥用的风险加大;海上行政执法程序立法的不健全还会造成执法人员在执法的过程中无法律依据的尴尬处境,影响海上行政执法程序的公正性,出现累诉、海上行政执法程序效率低下等问题。

三、海上行政执法程序问题

(一) 特殊程序规定模糊

海上行政执法区别于陆上行政执法,其执法对象和执法环境均具有特殊性。但这些特殊执法行为的适用程序往往散见于各部门单行法中,缺乏统一性且规定比较模糊。

1. 登临程序问题

登临权[①]是海上行政执法和海洋维权时的一项非常重要的权利,沿海国有权在国家管辖海域和公海上对涉嫌违反沿海国法律法规或其他国际法行为的船舶进行检查。《联合国海洋法公约》详细规定了可以行使登临权的情形,但我国法律法规中关于登临权的规定较少,对登临主体、对象、程序、理由、武器和警械的使用、责任等都没有明确规定,因此在实务上难以操作,影响了海上执法活动和国家海洋权益的维护。

2. 紧追程序问题

紧追权[②]是国际法为保护沿海国的权益,赋予各沿海国在公海上的一项特殊权利。[③] 当外国船舶违反本国法律和规章时,对该外国船舶进行紧追的权利。虽然在《中华人民共和国领海及毗连区法》中对紧追权的适用条件做出了相应的规定,但紧追权的具体执行程序规定仍然较为笼统,缺乏规范的操作标准,比如只规定了"紧追权由中华人民共和国军用船舶、军用航空器或者中华人民共和国政府授权的执行政府公务的船舶、航空器行使"[④],并没有具体规定哪些执法部门具有紧追权,对于紧追的具体操作程序也没有明确的规定。

3. 扣押船舶程序问题

船舶是海上运输和作业的重要交通工具,同时也是海洋执法的主要对象。目前在实践中,船舶被扣押有两种情况:一是在执法过程中发现违法船舶,对其进行扣押;二是在海事诉讼过程中实施的证据保全措施,法院可依据申请人的请求实

---

① 依据《联合国海洋法公约》第110条规定,登临权,是指军舰或军用飞机在一定条件下在公海登临享有完全豁免权以外的船舶的权利。其他经正式授权并有清楚标志可识别的为政府服务的船舶或飞机也有登临权。

② 紧追权,是指当外国船舶违反沿海国国内法律并从该沿海国管辖范围内海域驶向公海时,沿海国船舶进行追逐的权利。

③ 刘继勇.论海上紧追权及其行使[J].未来与发展,2010(10):62-65.

④ 《中华人民共和国领海及毗连区法》第14条规定。

施扣押船舶的行为。其中,对第二种类型的扣押船舶,在《海事诉讼特别程序法》中有详细的规定。但关于第一种类型的扣押强制行为,现有的法律法规没有作出具体规定,存在程序上的空白。

4. 与相关部门交接程序问题

新成立的中国海警局是将原渔政、海关、海监和公安边防进行整合后的综合执法力量,但其在行使海上执法权时,仍然存在与其他相关部门进行配合的情况。由于我国海警局成立时间较短,相应的法律法规还不完善,对于执法的后续处理规范没有明确的规定,如何与其他相关部门进行交接,如何进行司法移交,均没有具体的规定。

(二) 海上行政执法人员存在的问题

1. 海上执法人员的权属问题

2013年3月通过的国务院机构改革和职能转变方案(以下简称"转变方案"),将原国家海洋局及其中国海监、公安部边防海警、海关总署海上缉私警察及农业部中国渔政进行了整合,重组国家海洋局,由国土资源部管理。国家海洋局以中国海警局名义开展海上维权执法,并接受公安部业务指导。① 可见,中国海警局是国家海洋局的下属局,归国家海洋局管理,即归国土资源部领导。此外,公安部又对中国海警局进行业务指导,即公安部也对中国海警局有指导关系。同年7月《国家海洋局主要职责内设机构和人员编制规定》(以下简称《规定》)公布。

但是无论是转变方案还是《规定》都没有对中国海警局的职责进行详细规定,也没有对国土资源部和公安部对于中国海警局的指导权限进行划分,这会导致中国海警局在海上行政执法过程中出现"双指导"问题。

2. 海上执法人员的执法效率和能力问题

2013年我国将海监、渔政、海关等多个海上行政执法部门整合为统一为国家海洋局,并规定由中国海警局对外进行海上维权执法。但是至今已经三年多的时间,中国海警局组织体系还是没有组建完毕,其名称依然为"××省海警总队(筹备组)",原有的四支执法队伍在一所定程度上还存在着"和而不统"的现象。② 这样会影响海上行政执法的执法效率。

统一执法部门之前,海监、渔政等部门在海上执法时只需要负责其分内的执法活动即可,但是如今中国海警局要承担起原来由海监、渔政、海事等多个部门的海上执法职责,工作量大、管理范畴广,难度也加大不少。因此,执法人员的执法

---

① 详见《第十二届全国人民代表大会第一次会议关于国务院机构改革和职能转变方案的决定》,国务院机构改革和职能转变方案,是根据党的十八大和十八届二中全会精神,深化国务院机构改革和职能转变的方案。

② 王金堂. 中国海警发展战略构想[J]. 公安海警学院学报,2015(2):49.

能力不足也是一个亟待解决的问题。

四、完善我国海上行政执法程序的对策

从理论角度上看,海上行政执法程序作为行政执法程序的特别程序,首先应遵循一般行政法的基本原则和规定,同时还应兼顾海上执法的特殊性。正如上文提到的,我国 2013 年 3 月将分散在海监、渔政、海关、公安边防等多个部门海洋执法权进行整合而重新组建中国海洋局,隶属于国土资源部,主要职责是拟定海洋发展规划,实施海上维权执法,监督管理海域使用、海洋环境保护等。国家海洋局以中国海警局名义开展海上维权执法,接受公安部业务指导。[①]

但是从 2013 年统一由中国海警局在海上执法至今并没有出台相应的程序规定指导中国海警局进行海上行政执法活动。针对海上行政执法程序在理论与实践中的问题,提出以下具体建议:

(一)建立海上行政执法协调机制

海上行政执法组织规模越大,任务越专门化,则越可能出现机构职能协调问题。要想完善海上行政执法程序问题,就必须要建立海上行政执法协调机制。

建立海上行政执法协调机制,首先应由各海上行政执法部门各自理顺其所属部门及部门内各机构的职责,明确可能与其他部门产生机构协调问题的细节,然后建立执法队伍之间的协调机制。

其次,加强各部门之间的沟通交流,通过联合执法和相关的协作机制,逐步整合执法队伍,集中执法力量,避免浪费执法资源,形成高效、统一的综合执法模式。

最后,整合分散于各个部门法和地方性法规中的海上行政执法程序的规定,制定一部完善、统一的海上综合执法程序法,在总体上对海上行政执法工作的程序事项进行统一规划和安排。规定每个特别程序的具体内容,使海上行政执法程序中的特别程序及一般规定都能够协调统一。通过法制化的方式规范海上行政执法工作,明确执法工作的一般程序和特别程序规则,使得海上行政执法工作有法可依,提高海上行政执法效率。

(二)完善海上行政执法的一般程序规定

海上行政执法的一般程序规定对海上行政执法一般行为的步骤、方式作出规范化的规定,其根本目的是规范海上行政执法的一般行为,使海上行政执法具体行为在行为形式上做到合法合理。

---

① 详见《第十二届全国人民代表大会第一次会议关于国务院机构改革和职能转变方案的决定》,国务院机构改革和职能转变方案,是根据党的十八大和十八届二中全会精神,深化国务院机构改革和职能转变的方案。

1. 强化海上行政许可监督与补救程序

制定对海上行政许可监督制约的程序规定,用规章及规定的方式明确海上行政许可行为监督的操作规程,建立定期评估制度的程序机制;成立海上执法监督工作组,采取录音录像等方式监督执法程序,实行执法责任制度,通过暗访、检查、举报和投诉等渠道及时纠正执法行为;深化政务公开制度,完善相应的程序规定;加快补救制度的制定与实施程序;补充完善海上行政检查程序的实施细节。

2. 设立行政处罚自由裁量的控制程序

在海上行政执法中建立行政处罚自由裁量的控制程序可以有效防止海上行政执法主体滥用执法权,遏制执法主体在执法实践中的主观随意性。因此,海上行政执法机构可以在内部建立监督程序,并以规章或规范的形式将自由裁量权的具体标准予以明确和法定化,也便于执法人员操作。

(三) 建立海上行政执法程序违法责任机制和内部监督机制

1. 建立海上行政执法机构程序违法责任机制

海上行政执法程序违法责任机制就是指海上行政执法人员在海上行政执法过程中故意或者未尽到注意义务,造成海上行政执法程序违法的后果,造成该后果的执法人员要对自己的执法行为负责的机制。

建立海上行政执法机构程序违法责任机制可以从以下几个方面着手:在立法中增加海上行政执法程序违法法律后果的相关规定;增加追究违法执法人员的行政责任规定;建立海上行政执法中的程序行为违法责任标准;根据程序违法情节的严重程度、对行政决定的影响程度以及是否为强制性程序的标准进行分类和具体分析,追究相应的法律责任。

2. 建立海上行政执法机构内部监督机制

顾名思义,行政执法监督就是对行政执法行为的监督,广义上是指各类监督主体依法对国家行政机关及其公务员及有权行政主体的行政行为实行监察、督导,包括权力机关的监督、行政机关的监督、司法机关的监督、社会组织的监督、舆论的监督以及人民群众的监督等;狭义上仅指行政机关对一定范围内的行政执法机关和行政执法人员的行政执法活动依法进行评判、监控、督促和制约,是行政机关内部对行政执法行为的监督。[①] 因此,狭义上的行政执法监督就是行政执法内部监督。海上行政执法机构内部监督机制即指海上行政执法机关对海上行政执法人员的行政执法行为依法进行批判、监控、督促和制约的机制。

执法机构可建立内部监督机制对违反法定程序的执法工作人员进行监督、制约,通过赋予违法工作人员一定的补正时间及部门内部鼓励、奖惩等方式,在海上

---

① 殷啸虎.关于设立行政督察室以加强执法内部监督的思考与构想.政法论丛,2011(2):93-98.

行政执法部门内部形成监督管理机制。

(四) 完善我国海上行政执法特别程序规定

海上行政执法特别程序是指特殊于陆地的执法程序,即仅适用于海上的执法程序。因此,海上行政特别程序的规定不足,无法借鉴陆地行政执法程序的规定,只能借鉴别国的规定或者独创。完善我国海上行政执法特别程序规定可以从以下几个方面着手:

1. 完善海洋环境管理程序

执行海洋环境保护管理制度的相关程序包括环境信息公开制度[①]、环境影响评价制度[②]、海洋工程环境保护设施监管制度、海洋开发行为的环境监测监视制度等,应该明确上述制度的程序性事项,增强海洋环境管理制度的规范性,保障相关制度机制顺利运行。

2. 完善海上巡航程序

应该进一步规制巡航程序中具体事项,增加对安全保障程序等促进巡航工作有效实施的程序性事项的规定。针对目前海上巡航中存在的调查举证、现场监督等执法程序混乱及执法难度大等程序缺陷,执法部门应尽快研究相关可行性方案加以确定和实施。同时,增加对外籍船舶的责任追究程序,明确在外籍船舶损害我国权益后的处罚及扣船等强制执行方面的程序,对具体扣船等处罚程序采用一个统一的立法标准,加大处罚力度。

3. 完善海上搜救程序

简化救助反应程序,提高救助效率,应用必要的辅助决策软件系统,完善应急处置机制,可考虑借鉴英国海上搜救系统中的 MCA 及 MRCC 辅助决策软件,使搜救决策更加层次化、客观化和正当化。

4. 完善紧追与登临程序

完善紧追与登临程序首先要明确紧追权、登临权的执法主体,理顺各执法主体权限,建立各主体之间的协调、合作机制,统一规划程序性事项。同时,将武力使用权及实施程序法定化,赋予执法船舶使用武力的权利,执法船舶可以在必要时采取强制措施。另外,赋予执法人员在实施登临后的行政强制权也是十分必要的。在登临程序实施后,在有证据证明被登临船舶的违法行为实际侵害了我国权益时,对违法船舶进行扣押及对违法船舶的船长或负责人进行拘留或逮捕。[③]

---

① 环境信息公开,是指依据和尊重公众知情权,政府和企业以及其他社会行为主体向公众通报和公开各自的环境行为以利于公众参与和监督。

② 环境影响评价制度,指在某地区进行可能影响环境的工程建设,在规划或其他活动之前,对其活动可能造成的周围地区环境影响进行调查、预测和评价,并提出防治环境污染和破坏的对策以及制定相应方案。

③ 李响. 国际法视野下的中国海事行政执法问题研究[D]. 大连:大连海事大学博士论文,2012.

（五）提升执法主体执法能力

1. 明确执法主体的职责

相关部门要及时督促中国海警局完成整合任务，实现真正的统一执法，而非"形统而神不统"的尴尬局面。此外，国务院要尽快出台相应规章制度，明确国土资源部与公安部对中国海警局的领导权限，并尽快明确中国海警局的执法范围和职责。

2. 提高执法主体的执法效率

再完善的海上行政执法程序也需要执法主体来实施，因此在制定完善的海上行政执法程序的前提下，还应当培养海上行政执法主体的程序意识，可以对海上行政执法主体进行定期培训，模拟演练海上行政执法的各种情形，让海上行政执法主体形成按照程序进行执法的意识，提高执法效率。另外，熟悉海上行政执法程序的操作流程，降低执法错误率，也可以有效提高海上行政执法效率。

五、结论

实践证明，行政执法机关不仅要依法定职权行政执法，还要依法定程序行政执法。没有程序的民主，就没有实质民主；没有程序的公正，就没有实质公正和结果公正。因此完善我国海上行政执法程序立法，建立海上行政执法程序法体系，推进依法行政，对维护国家海洋权益、加大海上行政执法力度及加强海洋环境保护有着举足轻重的作用。

涉海犯罪罪名与我国《刑法》罪名的衔接与适用

陈美斌

作为一个发展中的沿海大国，中国逐渐认识到向海洋发展的可行性与重要性。国家"十二五"规划纲要所提出的"大力发展海洋经济"和国务院《国家海洋事业发展规划纲要》的实施，标志着我国已经把发展海洋事业作为本世纪的国家发展战略。完善海洋法律制度是我国向海发展战略的关键一环。本文以海上刑事犯罪为出发点，试图结合现行有效的国内涉海法律、法规、规范性文件及我国缔结或者参加的涉海国际条约，将梳理出的涉海犯罪罪名与我国刑法所规定的罪名相衔接，以期能够改善司法实践中二者难以对接、适用的问题。

本文所涵盖的国内涉海法律、法规、规范性文件包括：1982年《中华人民共和国海洋环境保护法》、1983年《中华人民共和国海上交通安全法》、1998年《中华人民共和国专属经济区和大陆架法》、2001年《中华人民共和国渔业法》、2002年《中华人民共和国海域使用管理法》、2009年《中华人民共和国海岛保护法》以及2007

年最高人民法院、最高人民检察院、公安部《关于办理海上发生的违法犯罪案件有关问题的通知》（公通字〔2007〕60号）。

本文所涵盖的我国缔结或者参加的国际涉海条约包括：1888年《保护海底电缆公约》、1907年《陆战法规与惯例公约》、1937年《尼翁协定》及其《尼翁补充协定》、1958年《日内瓦公海公约》、1982年《联合国海洋法公约》、1988年国际海事组织的《制止危及海上航行安全非法行为的公约》（又称《罗马公约》）和《制止危及大陆架固定平台安全非法行为议定书》、2000年《联合国打击跨国有组织犯罪公约》。

经过对前述法律、法规、国际条约的梳理，笔者整理出如下涉海罪名：破坏海底管道和电缆罪、暴力危及船舶航行安全罪、海盗罪、海上恐怖主义犯罪、海上非法广播罪、航行事故罪、暴力危及大陆架固定平台安全罪、海上走私罪、海上贩卖奴隶罪、海上贩毒罪、海上战争罪。

以上罪名可以分为三类，能够直接与我国刑法相衔接的、难以与我国刑法相衔接而需要建立新的罪名的和由国际法调整更为适宜的犯罪。

一、能够直接与我国刑法相衔接的犯罪

（一）破坏海底管道和电缆犯罪

1888年《保护海底电缆公约》和1982年《联合国海洋法公约》对该犯罪行为的阐述大致如下：每个国家均应制定必要的法律和规章，规定悬挂该国旗帜的船舶或受其管辖的人故意或因重大疏忽而破坏或损害公海海底电缆，致使电报或电话通信停顿或受阻的行为，以及类似的破坏或损害海底管道或高压电缆的行为，均为应予处罚的罪行。此项规定也应适用于故意或可能造成这种破坏或损害的行为。但对于仅为了保全自己的生命或船舶的正当目的而行事的人，在采取避免破坏或损害的一切必要预防措施后，仍然发生的任何破坏或损害，此项规定不应适用。

该犯罪涉及两个行为：其一是破坏海底管道，其二是破坏海底电缆。根据我国《铺设海底电缆管道管理规定实施办法》的规定，海底电缆、管道的铺设由中华人民共和国国家海洋局及其所属分局以及沿海省、自治区、直辖市人民政府海洋管理机构（以下简称地方海洋管理机构）负责审批、监督，其所有权属于铺设者。因此，破坏海底管道的行为所侵犯的是财产权，可以用《中华人民共和国刑法》（以下简称我国《刑法》）第275条的故意毁坏财物罪予以规制。

海底电缆分海底通信电缆和海底电力电缆。海底通信电缆主要用于通讯业务，传输电话和互联网信号；海底电力电缆主要用于水下传输大功率电能，与地下电力电缆的作用等同。笔者认为，不论是破坏海底通信电缆还是破坏海底电力电缆，其都会危害不特定多数人的利益、扰乱公众生活的平稳与安宁。因此，对于破

坏海底通信电缆的行为可以用我国《刑法》第124条破坏公用电信设施罪予以规制;对于破坏海底电力电缆的行为可以与我国《刑法》第118条的破坏电力设备罪相衔接。

(二)海上恐怖主义犯罪

此犯罪行为可以与我国《刑法》第120条的组织、领导、参加恐怖组织罪及其第二款的资助恐怖活动罪相衔接。

(三)海上非法广播犯罪

1982年《联合国海洋法公约》对该犯罪行为的阐述大致如下:所有国家应进行合作,以制止从公海从事未经许可的广播。"未经许可的广播"是指船舶或设施违反国际规章在公海上播送旨在使公众收听或收看的无线电传音或电视广播,但遇难呼号的播送除外。

该犯罪行为中的广播是指无线电广播,即以无线电波为传输广播节目载体的广播方式。根据2016年11月11日修订的《中华人民共和国无线电管理条例》,无线电频谱资源属于国家所有,任何单位或者个人不得擅自使用无线电频率。笔者认为,海上非法广播的行为扰乱了无线电波的有序播放,此犯罪行为可以依据我国《刑法》第288条的扰乱无线电通讯管理秩序罪来评价。

(四)危及大陆架固定平台安全犯罪

1988年国际海事组织的《制止危及大陆架固定平台安全非法行为议定书》对该犯罪行为的阐述大致如下:

任何人如非法并故意从事下列活动,则构成犯罪:

(1)以武力或武力威胁或任何其他恐吓形式夺取或控制固定平台;或

(2)对固定平台上的人员施用暴力,而该行为有可能危及固定平台的安全;或

(3)毁坏固定平台或对固定平台造成可能危及其安全的损坏;或

(4)以任何手段将可能毁坏固定平台或危及其安全的装置或物质放置或使之放置于固定平台上;或

(5)因从事(1)项至(4)项所述的任何罪行或从事该类罪行未遂而伤害或杀害任何人。

固定平台是指固定在海上为油、气开采服务的长久性结构物。固定平台安装就位后就不再搬动。固定平台的搭建主体是油气开采企业,在我国主要是中国石油天然气集团公司、中国石油化工集团公司等国有企业。通过前述罪状所列举的多个行为可见其禁止的是毁坏固定平台的行为,其所保护的法益是国家财产。因此,笔者认为将危及大陆架固定平台安全的行为评价为我国《刑法》第275条的故

意毁坏财物罪是恰当的。

（五）海盗犯罪

1958年《日内瓦公海公约》和1982年《联合国海洋法公约》对该犯罪行为的阐述大致如下：

下列行为中的任何行为构成海盗行为：

（1）私人船舶或私人航空器的船员或机组成员或乘客为私人目的，对下列对象所实施的任何非法的暴力或扣留行为，或任何掠夺行为：

①在公海上对另一船舶或航空器，或对另一船舶或航空器上的人员或财物；

②在任何国家管辖范围以外的地方对船舶、航空器、人员或财物。

（2）明知船舶或航空器成为海盗船舶或航空器的事实，而自愿参与其活动的任何行为。

（3）教唆或故意便利本条第一款和第二款所述行为的任何行为。

此犯罪行为与前述几种犯罪行为有所不同，海盗行为包含了许多我国《刑法》规制的犯罪行为，如：劫持船只、故意杀人、过失致人死亡行为、故意伤害行为、过失致人重伤行为、非法拘禁、绑架、抢劫、盗窃、抢夺等犯罪行为。因此，对于海盗行为，应当根据具体案情中的具体行为与我国《刑法》中规制的行为相对应，然后采取数罪并罚的方法对海盗犯罪予以规制。

（六）海上走私犯罪

海上走私行为完全能够被我国《刑法》所涵盖。我国《刑法》分则第三章破坏社会主义市场经济秩序罪中第二节走私罪按照走私的不同对象，分别对武器、弹药、核材料、假币、文物、珍贵动物、珍贵动物制品、国家禁止进出口的货物、物品，淫秽物品、废物、普通货物、物品共计10项予以规制。海上走私行为与我国《刑法》所规制的走私行为没有本质区别，后者能够完全包含前者，前者只是走私的途径稍有特殊——通过海上运输以达到走私牟利目的，前者是后者的一种特殊形式。

因此，对于海上走私行为根据我国《刑法》按照普通走私犯罪进行规制即可。

（七）海上贩毒犯罪

海上贩毒行为，完全能够用我国《刑法》分则第六章妨害社会管理秩序罪中的第七节的走私毒品罪来评价。"走私毒品是指非法运输、携带、邮寄毒品进出国（边）境的行为。行为方式主要是输入毒品与输出毒品，此外对在领海、内海运输、收购、贩卖国家禁止进出口的毒品，以及直接向走私毒品的犯罪人购买毒品的，应视为走私毒品。"

因此，对于海上贩毒行为直接以我国《刑法》第347条的走私毒品罪进行规制即可。

此处不得不提的一点是,海上涉毒犯罪并非只有海上贩卖毒品这一种,还有许多种类,如:制造毒品,非法持有毒品,包庇毒品犯罪分子,窝藏、转移、隐瞒毒品、毒赃,非法生产制毒物品,走私制毒物品,非法买卖、运输、携带、持有毒品原植物种子、幼苗,引诱、教唆、欺骗他人吸毒,强迫他人吸毒,容留他人吸毒,非法提供麻醉药品、精神药品等。对于上述诸多种类的海上涉毒犯罪,可以适用我国《刑法》分则第六章第七节所规定的罪名。

二、需要建立新的罪名的犯罪

(一) 暴力危及船舶航行安全罪

该罪名来源于1988年国际海事组织的《制止危及海上航行安全非法行为的公约》,其具体阐述如下:

(1) 任何人如非法并故意从事下列活动,则构成犯罪:

①以武力或武力威胁或任何其他恐吓形式夺取或控制船舶;或

②对船上人员施用暴力,而该行为有可能危及船舶航行安全;或

③毁坏船舶或对船舶或其货物造成有可能危及船舶航行安全的损坏;或

④以任何手段把某种装置或物质放置或使之放置于船上,而该装置或物质有可能毁坏船舶或对船舶或其货物造成损坏而危及或有可能危及船舶航行安全;或

⑤毁坏或严重损坏海上导航设施或严重干扰其运行,而此种行为有可能危及船舶的航行安全;或

⑥传递其明知是虚假的情报,从而危及船舶的航行安全;或

⑦因从事①至⑥项所述的任何罪行或从事该类罪行未遂而伤害或杀害任何人。

(2) 任何人如从事下列活动,亦构成犯罪:

①从事第1款所述的任何罪行未遂;或

②唆使任何人从事第1款所述的任何罪行或是从事该罪行者的同谋;或

③无论国内法对威胁是否规定了条件,以从事第1款②项、③项和④项所述的任何罪行相威胁,旨在迫使某自然人或法人从事或不从事任何行为,而该威胁有可能危及船舶的航行安全。

根据上述犯罪的构成要件,本罪的实施行为有三种:其一是实施暴力,其二是放置危险物,其三是传递其明知是虚假的情报。对于前者,暴力的承受对象主要有四个:船上人员、船舶本身、船内货物以及船的导航设施。对于船舶本身和船的导航设施可以直接套用我国《刑法》第116条的破坏交通工具罪。但是,对船上人员实施暴力而危及船舶航行安全的,或者通过毁坏船内货物以至危及船舶航行安全的行为,则难以用我国《刑法》予以规制。我国《刑法》中的故意杀人罪、故意伤

害罪和故意毁坏财物罪等虽能够评价以上两种行为,但是其保护的法益是公民人身权利、财产权利,而暴力危及船舶航行安全行为所侵犯的法益应当是公共安全,即不特定多数人的生命、健康和重大公私财物安全,对人员施暴、毁坏货物的行为不过是危及船舶航行安全的手段。至于放置危险物、传递明知是虚假的情报以达到危及船舶航行安全的目的的行为,更是难以套用我国《刑法》予以规制。

针对上述问题,笔者建议在我国刑法罪名中增设"暴力危及航行安全罪"。由于该犯罪行为与我国《刑法》第 123 条规定的暴力危及飞行安全罪极为相似,故可以将其作为《刑法》第 123 条第二款。

(二)海上贩卖奴隶罪

海上贩卖奴隶的行为与我国《刑法》所规制的拐卖妇女、儿童的行为确有重合部分,但拐卖妇女、儿童罪并不能完全涵盖海上贩卖奴隶的行为,主要原因是:其一,被贩卖的奴隶可能是男性;其二,贩卖奴隶的目的与拐卖妇女、儿童的目的不尽相同。因此,我国《刑法》有必要为海上贩卖奴隶行为建立一个新的罪名——海上贩卖奴隶罪。该罪所侵犯的是人身权利、民主权利的法益,因此,应当将海上贩卖奴隶罪置于《刑法》第四章侵犯公民人身权利、民主权利罪中,可以作为第 240 条拐卖妇女、儿童罪的第二款。

(三)航行事故犯罪

1958 年《日内瓦公海公约》对该犯罪行为的阐述大致如下:船舶在公海上发生碰撞或任何其他航行事故,涉及船长或任何其他为船舶服务的人员的刑事或纪律责任时,对此类人员的任何刑事诉讼或纪律处罚程序,只能向船旗国或此种人员所属国的司法行政当局提出。

根据上述罪状,航行事故与交通肇事罪相似。从广义上说,交通大致可以分为陆运、海运和空运,航行事故就是发生在海上的交通事故。我国《刑法》第 133 条所规定的交通肇事罪是指违反交通运输管理法规而发生交通事故的行为,其中交通运输管理法规中的"交通"采取的是狭义概念,仅指公路、水路,并不适用于海上交通事故。因此,建议增设"航行事故罪"作为我国《刑法》分则第二章危害公共安全罪第 133 条第二款。

三、由国际法调整更为适宜的犯罪

由于海上战争罪的主体至少是两个国家或者地区,因此,用一国的刑法来进行评价、规制是不恰当的。对于海上战争,应当归于国际法及涉战国共同缔结、参加的国际公约规制。

两岸海上协同执法合作机制研究

马明飞　王倩颖

海洋是国家领土的重要组成部分，海上执法是维护国家海洋权益的重要措施。国务院总理李克强在 2016 年《政府工作报告》中提出："制定国家海洋战略，保护海洋生态环境，拓展蓝色经济空间，建设海洋强国。"在建设海洋强国的国家战略目标要求下，我国国家海洋战略呼之欲出。而国家海洋强国的建设离不开台湾地区的参与，需要两岸深化开展海上执法合作，共同维护我国海洋权益和国家主权。《"十三五"规划纲要》提出推进两岸关系和平发展和祖国统一进程，两岸海上执法合作也是推进两岸关系发展和祖国统一的重要一环。从 2009 年至今，两岸海上执法机构已经在厦门—金门海域、连江—马祖海域开展了多次有关海上违法行为处理和犯罪打击开展海上协同执法合作活动，并且两岸海上执法力量已经在连江—马祖海域和厦门—金门海域建立了年度海上维权执法合作机制。两岸海上协同执法合作日益频繁，推进海峡两岸海上协同执法常态化合作机制势在必行。

一、两岸海上协同执法的现状

海上执法是海上执法机构根据相关法律、法规在一国管辖海域实施的，以维护国家海洋权益为目的的海上行政执法和海上刑事执法活动的总称。《说文解字》解释为："协，众之同和也。同，合会也。""协同"在《汉语字典》里的意思为："(1) 各方面相互配合；(2) 协助。"根据协同之义，又因两岸海上执法合作的主体不同于一般理论中海上执法合作主体，即不同于国家之间的合作，本文采用"协同"来表述两岸海上执法合作，即两岸海上协同执法。可将其含义概括为：两岸海上执法机构为了维护我国海洋权益，保护两岸人民利益，在海洋环境保护与资源开发、海上犯罪防范和打击、海上搜救、海洋文化保护等领域间进行的大陆地区与台湾地区之间的海上执法协作。

从 2009 年到 2015 年，两岸海上执法机构在厦门—金门海域、连江—马祖海域开展多次海上协同执法合作，并且两岸海上执法力量已经在连江—马祖海域和厦门—金门海域建立了年度海上维权执法合作机制。

(一) 两岸海上协同执法的主体

大陆地区海上协同执法主体：大陆地区海监(海监福建省总队、海监福州市支队)、福州市海洋与渔业执法支队、福州海事局。

台湾地区海上协同执法主体：海巡署，金门、马祖海巡队。

目前两岸海上协同执法的主体如图 2-1 所示：

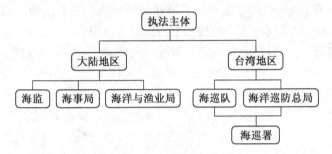

图 2-1　两岸海上协同执法主体

（二）合作海域

厦门—金门海域、连江—马祖海域。

（三）协同执法的对象

两岸海上协同执法的对象，即涉及的案件为：非法采砂、非法倾废、非法捕捞、走私毒品、非法越界、非法用海、渔业违法作业。涉案类型所占比例如图 2-2 所示。

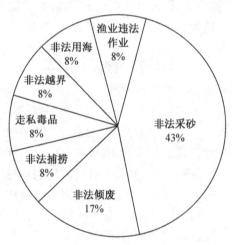

图 2-2　两岸海上协同执法涉案类型

二、两岸海上协同执法的必要性与可行性分析

（一）必要性分析

1. "21 世纪海上丝绸之路"背景下的必要性分析

2015 年 3 月，国家发展改革委、外交部、商务部联合发布的《推动共建丝绸之

路经济带和21世纪海上丝绸之路的愿景与行动》(以下简称《愿景与行动》),对"21世纪海上丝绸之路"的范围进行了描述和界定——从大陆地区沿海港口过南海到印度洋,延伸至欧洲;从大陆地区沿海港口过南海到南太平洋。

《愿景与行动》也提出:"发挥海外侨胞以及香港、澳门特别行政区独特优势作用,积极参与和助力'一带一路'建设。为台湾地区参与'一带一路'建设作出妥善安排。"台湾岛位于大陆地区沿海中部,是整个海疆的"软腹部"和"心脏地带",有"东南之锁钥"之称。作为我国通往南太平洋的门户,"海上丝绸之路"绕不开台湾地区。而且台湾岛是我国南北海上交通线上的咽喉地带,台湾地区及其周边海域是我国通往马来群岛、印度洋、中东、欧洲的必经之地。台湾地区也是我国东南沿海港口与东南亚的重要连接点,对于发挥海上丝绸之路中我国与周边国家的互通互联、合作共赢具有重要作用,是沟通我国东南沿海地区至太平洋的枢纽。习近平在2015年"习马会"致辞中讲到:我们欢迎台湾地区同胞积极参与"一带一路"建设。"21世纪海上丝绸之路"建设和发展需要台湾地区的积极参与,需要海峡两岸携手合作,需要两岸同胞共同努力。两岸需要海上协同执法合作,共同维护涉及的我国海洋权益与安全,为"一路"的建设与发展保驾护航。

2. 南海争端背景下的必要性分析

自20世纪90年代以来,我国对南海问题的基本政策为"搁置争议、共同开发";台湾地区自马英九执政以来,其南海政策是"主权在我、搁置争议、和平互惠、共同开发"。

可见,两岸对南海争端有共同的主张与立场——"搁置争议、共同开发"。而且两岸在南海有共同的利益。南海海域辽阔,蕴藏着丰富资源,是我国四大海域中最大、最深、自然资源最为丰富的海区。南海的渔业资源丰富,自古以来就是海峡两岸共同的作业场所。中沙、西沙群岛近海有良好的中上层浴场,长久以来一直是广东、福建、海南和台湾地区渔民活动、捕捞和借以生存的重要场所。两岸在南海相似的政策与立场,两岸人民在南海中有共同的利益等决定了两岸有必要进一步加强两岸在南海中资源开发与利用的深度合作,抵御周边国家对南海资源的掠夺,维护我国能源安全与合法权益,并通过两岸海上执法合作在法律上保护两岸在南海的共同利益,为两岸在南海资源的开发上保驾护航。

3. 海上非传统安全背景下的必要性分析

非传统安全(Non-traditional Security,简称NTS)是在国际社会中相对于"传统安全"而言发展出来的新的有关安全的观念。海上安全包括海上传统安全,也包括海上非传统安全,比如海上经济安全、海上能源安全、海上生态安全等。作为占地球总面积79%的蓝色土地,海洋对于国家主权、国际交往具有举足轻重的地位。有学者认为海上非传统安全威胁是指除因海上领土、领海、海洋权益纠纷引发的国家间武装冲突、战争等传统威胁外的对国家海上安全和海上利益构成的现实和潜在的威胁。海峡两岸共同面临的海上非传统安全主要体现在海盗活动、海洋捕捞、海洋污染与环境保护、海洋能源争夺等活动中。海上非传统安全犯罪所具有的犯罪行为和犯罪结果的跨国性、复杂性和主体流动大等特点导致其危害性更大,侦查难度大。还有日益严重的海洋环境污染、海上走私活动的猖獗等海上非传统安全问题均对海峡两岸政治、经济、社会各方面造成威胁与影响,为了应对海上非传统安全问题与威胁,两岸应携手进行海上执法协作,形成抵御海上非传统安全威胁的尖兵,维护两岸政治、经济、社会安全与稳定。

(二) 可行性分析

1. 政治基础

(1) 两岸政治互信增强

"九二共识"和"一中架构"是两岸对两岸关系的认识,也是两岸进行各项事务合作的政治基础。《十三五规划纲要》指出:坚持"九二共识"和一个中国原则,坚决反对"台独"。在坚持原则立场基础上,以互利共赢方式深化两岸经济合作,扩大两岸合作领域,增进两岸同胞福祉,巩固和推进两岸关系和平发展。从 2005 年连战的"破冰之旅"到 2008 年第一次"胡吴会",从 2013 年 2 月的"习连会"到 2013 年 6 月的"习吴会",从 2015 年 5 月习近平会见新任国民党主席朱立伦到 2015 年 11 月"习马会",马英九提出巩固"九二共识"、维持和平现状和两岸共同合作、致力振兴中华等五点主张。两岸政治互信逐渐增强,为两岸海上协同执法奠定了坚实的政治基础,也为两岸海上协同执法常态化机制构建提供了政治保障。

(2) 两岸海洋战略、海洋政策相似

在十六大提出"实施海洋开发战略"后,国务院在 2004 年《政府工作报告》中提出"应重视海洋资源开发与保护"的政策,在 2009 年《政府工作报告》中提出我国应"加快合理开发利用海洋"的政策。2012 年 11 月,党的十八大报告中提出,提高海洋资源开发能力,发展海洋经济,保护海洋生态环境,坚决维护国家海洋权益,建设海洋强国。从党的十六大提出的"实施海洋开发"战略到十七大提出的"发展海洋事业"战略到十八大的"海洋强国"战略,大陆地区海洋发展已被提到更高层次、更深地位的战略上。

2004 年 10 月,台湾地区"行政院海洋事务推动委员会"在第 2 次委员会议上完成"国家海洋政策纲领",纲领的最终目标是将台湾地区建成"健康的海洋环境、安全的海洋活动与繁荣的海洋产业"。这是台湾地区比较全面的海洋政策,也被视为台湾地区的海洋政策基本文件。2008 年 2 月,马英九在参选台湾地区领导人的过程中提出他的海洋政策,认为台湾地区应以"蓝色革命、海洋兴国"为政策目标,发展"海洋战略",跳出"重陆轻海"的思维,走出岛链的地缘定位和锁国思想,勇敢面对海洋。这与大陆地区海洋强国战略和海洋政策不谋而合,两岸不仅在海洋政策的价值认知上基本相同,也对"重陆轻海"的思维进行极大突破,并且双方的海洋政策都坚持可持续发展和维护"国家"海洋权益。相似的海洋战略和政策主张为两岸海上协同执法奠定了政治基础。

2. 法律基础

首先,两岸海洋立法相似。关于海洋基本法方面,两岸均采取分散立法的方式,且两岸立法均涉及海洋权益维护、海洋环境保护、海上交通、渔业管理等方面。其次,两岸在海上执法方面的法律政策相似。大陆地区提出要"完善海洋综合管理体制,加强海上综合执法",台湾地区提出"应该有相关部门来统筹海洋事务,提高海上执法能力,强化海洋环境保护、犯罪预防、海上搜救"等。

其次,两岸签署了多项协议。自1993年至2015年,海峡两岸通过大陆地区的海协会和台湾地区海基会共签署了27项协议,达成2项共同意见和多项共识,范围涵盖两岸交通运输、经济合作、社会合作等多个领域,对两岸和平发展起到了重要推动作用。比如2008年11月4日,海协会和海基会在台北签署了《海峡两岸海运协议》在海难救助方面约定双方积极推动海上搜救、打捞机构的合作,建立搜救联系合作机制,共同保障海上航行和人身、财产、环境安全。2009年4月26日,第三次陈江会谈签署《海峡两岸共同打击犯罪及司法互助协议》(以下简称《司法互助协议》),双方同意在民事、刑事领域相互提供共同打击犯罪、送达文书、调查取证、认可及执行民事裁判与仲裁裁决等方面的协助,并且着重打击劫持航空器、船舶及涉恐怖活动等海上犯罪。该协议是继1990年两岸红十字会签订的《海峡两岸红十字会组织在金门商谈达成有关海上遣返协议》(即《金门协议》)(准刑事司法协助性质的协议)后关于两岸司法互助方面具有里程碑意义的协议。虽存在一些问题,但实施效果显著。这两项协议均涉及两岸海上协同执法的合作领域,对两岸海上协同执法常态化机制的构建具有积极意义。而且两岸间签署的协议的制定与实施也对两岸海上协同执法相关协议的制定具有借鉴意义。

三、两岸海上协同执法面临的问题分析

(一)两岸缺乏协同执法的法律依据

虽然《司法互助协议》由两岸官方授权机构签署,且协议内容均已由两岸相关机构以各自的法律程序予以确认,具备一定法律效力,但究其本质,同两岸间所签署的其他协议一样,仍不具有法律的性质。两岸协议的实施需要两岸签署的协议产生法律效力,并得到两岸的贯彻、落实。而欲使两岸协议产生法律效力,则需要两岸对协议的接受(因两岸分属不同的法域),使之成为国内法或者纳入国内法。关于对两岸协议的接受程序,台湾地区有明确的法律规定,台湾地区《两岸人民关系条例》第4-2条、第5条、第95条规定了台湾地区对两岸协议的审议和接受程序。而大陆地区并没有法律对两岸协议的接受方式和程序进行规定,在实践中既

存在应该直接纳入为法律的情形,也存在应该转化为法律的情形。这就导致两岸协议在大陆地区法律效力的转换方面形成阻力,不利于海上执法相关的协议在大陆地区的生效和落实。

而且在海上执法方面海峡两岸尚无法律性质的协议、约定,缺乏海上协同执法的法律依据,致使两岸海上执法机构、执法程序、执法效果、相对人救济等方面的非法律化,进而必然导致两岸海上协同执法的效果大打折扣,也不利于两岸海上协同执法常态化机制的构建。此外,大陆地区方面没有统一、综合性的海上执法法律体系,而台湾地区制定了《海岸巡防法》,作为台湾地区海巡署海上执法的法律依据。此外,台湾地区还制定了《行政院海岸巡防署组织法》《行政院海岸巡防署总局组织条例》《行政院海岸巡防署海洋巡防总局组织条例》《行政院海岸巡防署海洋巡防总局各地区巡防局组织通则》,与《海岸巡防法》共同组成五法草案。大陆地区与台湾地区各自海上执法法律依据方面的不平衡也会对两岸海上协同执法法律机制的构建和统一的海上协同执法法律协议的制定带来困难。

(二)两岸海上执法区域存在冲突

根据《国家海洋局主要职责内设机构和人员编制规定》,海警局的海上执法区域为我国管辖海域,即我国领海、毗连区、专属经济区、大陆架。台湾地区海巡署的海上执法范围区域为:(1)海岸巡防总局——海岸和海岸管制区;(2)海洋巡防总局——领海、邻接区、专属经济海域、限制和禁止水域。根据台湾地区《领海及邻接区法》《专属经济海域及大陆架礁层法》及1999年台湾地区"第一批领海基线"公告和2009年台湾地区修正领海基线公告可基本得知:台湾地区海巡署的海上执法区域范围大概为台湾地区200海里以内的海域。由于自20世纪90年代以来台湾地区和日本的海域划界争议和渔业冲突不断,2003年台湾地区当局公布"第一批专属经济海域暂定执法线"作为台湾地区内部的海上执法范围线。而且由"暂定执法线"可以看出,台湾地区海上执法范围的北部界限、东部界限和南部界限大致都是台湾岛200海里的界限,且钓鱼岛列岛也被包括在内。

根据大陆地区《领海及毗连区法》第2条、第3条的规定,台湾地区及其包括钓鱼岛在内的附属各岛屿、澎湖列岛、东沙群岛、西沙群岛、中沙群岛、南沙群岛均属于我国领土,我国领海的宽度为从领海基线量起的12海里,那么,海警局就有权在台湾岛及其附属岛屿、钓鱼岛、澎湖列岛等领海范围内开展海上执法活动。而且根据《中华人民共和国专属经济区和大陆架法》第2条的规定,我国专属经济区为我国领海以外并邻接领海的从测算领海宽度的基线起延至200海里的区域。由此规定可知,台湾岛为我国领海范围,属于海警局海上执法海域范围。而且海警局的海上执法区域与海巡署存在重叠,且海警局海上执法范围更广。大陆地区和台湾地区各自法律的不同导致两岸关于"领海""专属经济区"等在区域划分上存在冲突,必然引起两岸海上执法机构海警局、海巡署各自执法海域的冲突。比如两岸海上执法的重叠区域——台湾海峡。台湾地区《领海及邻接区法》第 6 条规定:"中华民国领海与相邻或相向国家间之领海重叠时,以等距中线为其分界线。但有协议者,从其协议。"大陆地区方面无类似规定,两岸间也无相关协议,则无法确定各自所谓的"领海"范围。又如根据台湾地区 2009 年修正的领海基线公告,金门、马祖不被包含在领海基线内,而台湾地区实质上却对金门、马祖具有管辖权。而两岸各自执法海域的冲突也给两岸海上协同执法海域范围的确定带来困难,导致目前海峡两岸海上协同执法区域存在困境。

(三)两岸海上协同执法领域少

目前为止,两岸海上执法合作领域相对较少。近年来,两岸海上执法机构海上协同执法包括联合查获共非法采砂船、非法捕捞渔船,共同打击违法开采海砂、违法倾倒废物等海上违法行为,海上联合缉毒行动,协同执法查缉等,海上协同执法领域仅涉及海洋环境保护、海上犯罪打击领域,尚无海洋灾害救护、海上搜救、海难救助、海上防恐、海洋水下文化遗产等领域上的协作执法,两岸海上协作执法所涉及的领域较少,合作范围有限。

两岸海上协同执法合作方式比较单一。两岸海上执法除了分别执法,在协作执法模式上尚没确定明确的合作方式,合作方式单一。2001 年"财富一号"事件,大陆地区海关缉私艇与台湾地区海巡署通过签订备忘录的方式,将大陆地区海关缉私艇查获的向大陆地区加驳走私柴油并边驳向彭佳屿海域行驶的台湾地区邮轮"财富一号"交由台湾地区海巡机构带离。除了签订备忘录,两岸还存在联合执法的合作方式。虽然两岸海上执法机构已在连马海域、厦金海域形成年度海上执法合作机制,但是没有明确合作方式,海上执法合作没有扩大到别的海域,不具有广泛意义。合作方式比较单一,没形成多元化、多种类的合作方式。

四、两岸海上协同执法常态化合作机制的构建

(一)合作原则

1. 平等原则

为了保证两岸海上协同执法对两岸发挥更好的效力,取信于两岸人民,也为了两岸海上协同执法取得更好的效果,构建常态化合作机制,海峡两岸在进行海上协同执法的过程中应遵守平等原则,包括:(1)海上执法机构平等。即大陆地区海警局与台湾地区海巡署在进行海上协同执法时处于平等的地位。(2)适用法律、协议方面平等。两岸海上执法机构及相关机构、组织均有权利选择适用的法律或者协议并且按照法律、协议规定履行义务、维护权益。(3)平等处理纠纷的权利。两岸在进行海上协同执法合作时,平等地享有以适当的身份处理相关纠纷的权利。

2. 诚实信用原则

诚实信用原则不仅是私法领域的核心性原则,在公法领域也具有重要地位。诚实信用原则,"虽然最先是在民法的债权法中得到肯定,但是到了后来已经不分公法与私法,不分实体法和程序法,而适用于不同的法律领域,并成为高层次的理念为人民所信奉和遵循。"①作为基础性的法律原则,诚实信用原则同样适用于海峡两岸海上协同执法,即两岸海上执法机构需要严格按照诚实信用的原则,善意地履行两岸间签署的有关协议、履行各自法律法规,依照协议、法律开展执法活动,不得随意变更行动,不得随意对合作内容做出扩大或缩小。两岸海上执法行政机关需按照诚实信用原则开展职权内的活动,不得随意做出不利于对方及其他行政相关人的变更,不得随意更改已做出的行为。

3. 互信互惠原则

海峡两岸应当在当前政治互信的基础上,遵循互信互惠的原则进行海上协同执法合作。两岸海上执法机构在进行海上执法协作工作中互相信任,友好沟通,共同发现问题、解决问题。从两岸人民的共同福祉出发,进行各项海上执法合作时把两岸人民的利益放在重要位置,使两岸海上协作执法惠及两岸民众,使协同执法的效果和利益最大化。

(二)合作依据

两岸开展协同执法活动,需要有法可依。可以下两方面完善两岸海上协同执法的法律依据。

首先,大陆地区方面应借鉴台湾地区的做法,制定关于两岸协议的专门性的法律法规等,在法律上对两岸间签署协议的承认、接受、履行等方面作出较明确的规定,促进两岸协议在大陆地区的生效,从而使之在两岸间具备法律效力,使两岸间已签署和以后签署的协议由民间化性质上升至法律性质层次,提升效力位阶。尤其随着台湾地区"两岸协议监督条例"的演进与发展,两岸协议在台湾地区方面的生效、监督程序上会有较大改变,为此大陆地区方面更应抓紧制定与之相对应的关于两岸协议审议、接受、生效等程序方面的专门的法律法规。

其次,两岸之间应探索构建专门的、综合性的针对两岸海上执法方面的协议。目前,两岸已签署的涉及两岸海上执法合作的协议主要有《司法互助协议》(涉及劫持航空器、船舶及恐怖活动等海上犯罪方面的合作)和 2013 年 2 月 1 日生效的《海峡两岸海关合作协议》(以下简称《海关合作协议》)。这两个协议仅涉及两岸海上犯罪、海上缉私领域的合作,且这些海上执法合作只是协议中的一小部分内

---

① 参见[日]中野贞一郎、松浦馨、铃木正裕编:《民事诉讼法》,有斐阁 1987 年补订第二版,第 30 页。[日]住吉博:《民事诉讼法读本应该》,法学书院 1973 年版,第 117 页。转引自:刘荣军.诚实信用原则在民事诉讼中的适用[J].法学研究,1998(4).

容,针对性不强;对于两岸间海上协同执法别的领域上的合作目前尚无协议,如海洋环境保护、海上搜救、海上防恐等,致使两岸间海上协同执法在其他领域尚无依据。两岸可通过海警局与海巡署签署协议的方式,签署两岸海上协同执法的协议,并经由两岸法律程序使之生效,成为两岸海上协同执法的法律依据。

(三) 合作海域

由于海峡两岸各自法律规定的不同导致两岸对于各自管辖海域存在冲突,给两岸海上执法带来问题。为解决这一困境,海峡两岸应划分各自管辖海域,确定各自的海上执法海域,并且确定两岸海上执法协作的海域。两岸可先通过海协会与海基会在协商一致的基础上签署关于两岸海上执法海域的协议,并在两岸生效,得以贯彻实施。也可通过两岸海上执法机构——海警局与台湾地区海巡署针对两岸目前已经进行过合作的厦金、连马、两马等海域为借鉴,逐渐探索在别的海域间的两岸协同执法合作。或者由国家海洋局与台湾地区海巡署关于两岸海上执法海域的划分、确定进行谈判、磋商,在协商一致的基础上制定切实可行的方案、规划,确定两岸海上执法合作海域。

同时,海峡两岸海上执法机构还应拓展海上执法合作区域。比如在专属经济区和大陆架的自然资源勘探开发的执法合作以及公海、国际海底区域等开发合作。为此,可以根据《联合国海洋法公约》和我国缔结、参加的国际公约、国际条约的规定,对外以中华人民共和国名义在我国管辖海域行使我国合法的海洋权益并进行海上执法活动,对内,两岸海上执法机构通过协商、签订合作协议的形式,以台湾地区协助大陆地区的方式在我国国际管辖海域开展海上执法合作,共同维护国家海洋权益。

(四) 合作领域

如前所述,两岸目前海上执法合作的领域较少,仅限于共同打击海上犯罪、查缉走私等领域,且涉及内容单一,仅开展过共同打击违法开采海砂、违法倾倒废物等海上违法行为,海上联合缉毒行动、协同执法查缉等海上协同执法活动。在此基础上,海峡两岸还应拓宽海上协同执法的领域,在海洋环境保护、海洋资源开发与保护、海上搜救、海上反恐、水下文化遗产保护等领域进行逐步的合作,扩大海上合作执法领域,逐渐形成两岸海上协同执法常态化机制。

1. 海洋环境保护

海洋环境保护不仅是国际海洋法律体系中一项重要的制度,亦是各国的共同义务。1972年,在斯德哥尔摩召开的联合国人类环境会议通过的《联合国人类环境会议宣言》第7项共同原则规定:"各国应该采取一切可能的步骤来防止海洋污染。"《联合国海洋法公约》第192条指出了各国有保护和保全海洋环境的一般义务。随着对海洋资源的开发利用,我国海洋生态环境问题逐渐凸显。目前我国海洋生态环境面临着海洋生物资源严重衰退、典型海洋生态系统遭到破坏、海洋生物多样性锐减和河口环境破坏、海岸自然度降低、临岸浴场严重破坏等问题。为了保护两岸海洋环境，两岸可学习海洋环境保护的国外多边、双边区域合作经验，签署海洋环境保护的协议、规定，如波恩协议、英法联合海事应变计划、加拿大、美国、墨西哥共同签署的《北美环境合作协定》等，并将其作为海上执法协作的依据。

2. 海洋资源开发与保护

(1) 海洋油气资源开发与保护

海洋油气勘探开发是两岸最早进行合作的领域。从1996年，大陆地区的中国海洋石油总公司（以下简称"中海油"）与台湾地区的台湾中油股份有限公司（以下简称"台湾中油"）合作在台湾海峡中线的珠江口台南盆地与潮汕凹陷区联合勘探，到2008年12月"中海油"与"台湾中油"公司签署四项协议。两岸油气资源勘探开发合作的区域增加，扩展至海外区域石油资源的勘探开发。有学者建议目前海峡两岸可借鉴两岸在台湾海峡油气勘探经验的基础上进行两岸在东海、南海油气资源的开发合作。东海、南海油气资源丰富，两岸在东海、南海进行油气资源的开发和保护不仅有利于缓解两岸资源紧张态势，还有助于保护我国的能源安全。海峡两岸应在油气勘探开发保护进行技术层面的深度支持与合作，坚持可持续发展的原则，做到开发与保护并重，同时遵守我国缔结、加入的相关国际条约、公约的规定，保护海洋资源与海洋环境。两岸还可以在当前合作的基础上，总结两岸合作效果同时借鉴国外相关经验，合理划分各自开发区域和合作开发区域，尽量与海上执法机构的管辖相对应，方便两岸海上执法机构对两岸勘探开发油气资源的有效管辖与协同执法。

(2) 海洋渔业资源开发与养护

海洋渔业资源作为重要的海洋生物资源，关乎两岸民生与国家海洋权益。《联合国海洋法公约》确立了产出控制式的生物资源养护的目标，建立了海洋渔业资源养护国际秩序的新框架，开启了生物资源由传统开发利用向现代养护管理的根本转变。在这种形势下，两岸更需联手合作以应对国际渔业新秩序，这也对两岸渔业资源合作提出了挑战。海峡两岸需转变过度捕捞的传统渔业捕捞模式和渔业管理类型，注重渔业资源养护，调整渔业开发区域与渔业产业结构，以适应新的海洋渔业资源国际秩序发展。两岸渔业海上执法合作是两岸渔业合作的基础和保障。两岸开展渔业海上执法合作首先需明确大陆地区方面海上渔业执法主体的划定与职责，进行大陆地区渔政部门和海警局的重整工作，并且从国家和地方层面全面进行渔业执法依据的立法更新工作，如辽宁省人大常委会2015年通过了《辽宁省渔业管理条例》。其次，在两岸渔业执法合作方式上，两岸可由两岸渔业执法机构根据目前两岸渔业执法现状，借鉴《中日渔业协定》《中韩渔业协定》《中越北部湾渔业执法合作协定》在共同渔区渔业联合执法操作上的规定及做法，通过签署渔业执法合作协议的方式对两岸海上渔业执法合作的主体、内容、方式、程序、区域、争端解决办法等予以书面确定,并且赋予其法律效力。

3. 海上犯罪的打击

随着两岸之间人员、经济交往增多,发生在两岸之间的毒品、走私、偷渡、海盗等犯罪活动也日益增多,并且随着科技的进步,两岸间的海上犯罪种类增多、难度加大,加上海上犯罪本身的流动性、范围广阔、暴利性和常业性等特点,对两岸海上执法部门海上犯罪的打击方面提出了更高的要求。目前两岸间的海上犯罪主要表现为两岸间因为贸易交往、渔事纠纷等引发的财产性犯罪、人身伤害等暴力犯罪;"偷渡"(非国际法之"偷渡",依大陆地区的法律其实质为偷渡);海上走私、毒品等非法交易犯罪和越区捕鱼、非法毒(炸、电)鱼等破坏渔业资源与秩序的一般性犯罪。随着《金门协议》及《司法互助协议》的签署与实施,两岸在打击犯罪合作上,已逐渐由个案合作到通案合作、司法互助的转变。尤其自 2009 年两岸签署《司法互助协议》以来,两岸在共同打击犯罪方面取得显著成果。截至 2014 年 1 月底,两岸警方联合侦破上万起电信诈骗案件,抓获犯罪嫌疑人 5 000 多名。台湾地区电信诈骗发案数下降近一半;毒品犯罪方面,两岸联手共缴获各类毒品超过 5.87 吨。两岸还联合行动打掉 3 个拐卖妇女团伙,解救妇女 9 名。除此之外,两岸警方还建立了多层次联系机制,双方在业务交流方面取得明显成效。从 2009 年 6 月 25 日《司法互助协议》生效至 2014 年 1 月 31 日,两岸在共同打击犯罪及司法互助等方面都有业务交流,大陆地区到台湾地区的业务交流达到了 122 次,台湾地区来大陆地区的业务交流访问达到了 158 次。海警局应在两岸打击海上犯罪合作的基础上,总结经验,探索两岸在海上犯罪打击方面合作的新机制。比如,探索建立海上犯罪的情报交流和信息共享机制,进行数据库合作,可以学习东盟自 2007 年启用的促使东盟各国警察部队之间实现安全信息共享的数据库系统、建立两岸间海上犯罪的有效反应机制。在两岸争议海域内的打击海上犯罪合作方面,两岸海上执法机构可秉着互信互惠、平等协商的原则,结合犯罪涉案人员的户籍、案件行为地、案件特点等因素予以综合考虑,开展海上犯罪打击的执法协作。

4. 海上搜救

我国是《1974 年国际海上人命安全公约》《1979 年国际海上搜寻救助公约》《1989 国际救助公约》《中美海上搜救协定》《中朝海上搜救协定》等有关海上搜救的国际条约、双边协定的缔约国。海上搜救具有复杂性和艰巨性的特点,单凭某个国家或者搜救单位来保障海上安全很难做到。而且由于海上搜救任务的突发性,很多时候需要与其他相邻国家或者搜救单位参与和配合,特别是在重大海难面前更需动员国际社会力量共同施救。大陆地区和台湾地区紧密相连,需要在海上搜救方面通力合作。

开展两岸海上搜救合作,首先需要明确各自海上搜救主体。大陆地区方面需要在海上救助方面区分、明确大陆地区海上搜救中心和救助打捞局的关系以及和海事管理机构的权属安排,对此可参考台湾地区的海上搜救体制。台湾地区方面的海上搜救力量为中华搜救协会,其性质为民间社团法人组织,非官方执法机构。根据《海岸巡防法》,海巡署是台湾地区海上救难的执行机关,负责执行海上救难、海洋灾害救护等法定事项。除了海巡署,台湾地区海难搜救力量还包括军队、民间海难搜救机构。且目前台湾地区形成了由中央灾害应变中心与"行政院"灾害防救委员会、"行政院"国家搜救协调中心、"交通部"海难救助委员会、海巡署、军队海难搜救单位以及商港灾害应变处理中心构成的从海上搜救体制。海峡两岸可在目前海上搜救联合演练的基础上探索建立一支两岸海上统一的搜救队伍或搜救小组,建立固定搜救合作站点。目前海上搜救国际合作模式已由较为单一的人命财产救助模式逐步拓展为集人命和财产救助、环境保护、清障打捞和救捞技术交流等方面的综合覆盖型合作模式。为此两岸间除了传统的应急搜救合作和情报交流外,还可仿照当前海上搜救的国际合作模式,开展多元化海上搜救合作工作。

5. 海上反恐

海上恐怖主义,目前并无清晰的内涵和外延的界定,我国法律体系中也没有针对海上恐怖主义的专门的规范。亚太合作安全理事会(CSCAP)对海上恐怖主义的解释是:"海上恐怖主义是在海事环境的范围内,所采取的恐怖主义行动或作为:对付船只或港口的固定平台,或是对付船上任何乘客或人员;或是对付沿岸的设备或居住地,包括旅客度假区、港口区及港口城市或港口乡镇。"近年来随着我国对外经济贸易和远洋运输业的发展,海上恐怖主义的威胁日益严重。台湾海峡作为纵贯我国东南沿海的海上交通要道,不仅是我国南北航运的咽喉,也是"海上丝绸之路"的重要通道,遭遇海上恐怖主义威胁的可能性较大,需要两岸携手合作打击海上恐怖主义。

我国组织实施国际海事条约的机构是交通运输部和海事局,但是严格意义上,交通运输部和其直属机构大陆地区海事局并非海上反恐的执法主体。海军也是大陆地区海上反恐的主体之一。台湾地区的海上反恐执法主体为海巡署。在面临重大海上恐怖袭击活动时,海军需加以支援。此外,为了应对海上恐怖主义的威胁,台湾地区还成立了海上反恐打击部队。两岸合作应明确两岸海上反恐机关的各自职责分配与合作分工,确定联络机制与具体执行方式。而且在两岸海上反恐合作中,主权等敏感问题是海峡两岸不可回避的问题。因为海上恐怖主义犯罪具有较强的国际性特征,涉及公海、船舶登记国、港口国等国际法问题。而这些问题又大多涉及一国主权的行使,极易成为两岸海上防恐合作尤其是在我国领土之外领域的合作上的障碍。这就需要两岸在海上防恐合作执法方面加强对话,通过友好沟通协同,建立互信机制,一个窗口对外,共同维护国家海洋权益与国家利益。

两岸海上反恐合作还可借鉴海上反恐区域合作的经验。我国加入的海上区域反恐国际条约主要是2003年对我国生效的《打击恐怖主义、分裂主义和极端主义上海公约》,我国还与这个公约的成员国签订了同主题的双边合作协定。2006年3月上海合作组各成员国在乌兹别克斯坦进行了首次执法部门联合反恐演习,同年8月我国和哈萨克斯坦在中哈两国举行联合反恐演习。为此,海峡两岸可借鉴我国与上海合作组织成员国的反恐经验,通过签署两岸专门反恐协议的形式将两岸反恐事项以及执法手段、程序等予以明确,并且适当组织、开展两岸海上反恐联合演习,提升两岸海上反恐合作能力,共同抵御海上恐怖主义对两岸的侵袭,维护两岸乃至世界和平。

6. 水下文化遗产保护

关于水下文化遗产保护的国际公约主要有《联合国海洋法公约》和《水下文化遗产保护公约》。《联合国海洋法公约》第149条规定:在"区域"内发现的一切考古和历史文物,应为全人类的利益予以保存或处置,但应特别顾及来源国,或文化上的发源国,或历史和考古上的来源国的优先权利。第303条第一款规定:"各国有义务保护在海洋发现的考古和历史性文物,并应为此目的进行合作。"我国虽尚未加入《水下文化遗产保护公约》,但根据《联合国海洋法公约》的要求,我国有水下文化遗产保护的义务,并且两岸在台湾海峡的水下文化遗产现状、各自法律规定上具有开展水下文化遗产保护海上执法合作的必要性与基础。

台湾海峡由于其便利的交通条件,可能蕴藏着较为丰富的海洋水下文化遗产。保护包括台湾海峡在内的我国管辖海域内的水下文化遗产是两岸共同的职责,关系到两岸人民福祉和中华民族利益。由于两岸水下考古事业都启动较晚、还处于不断摸索阶段,而且由于政治原因和技术限制,两岸尚不具备独立在台湾海峡开展水下遗产普查工作的能力,所以两岸迫切需要开展水下文化遗产保护的执法合作。在法律基础方面,我国大陆地区《文物保护法》和《水下文物保护管理条例》为水下文物规定了较为详细的法律机制。台湾地区相关立法可见于《文化资产保存法》《文化资产保存法实施细则》等。两岸可通过签订协议的方式可就遗产调查与勘探、人员培训与技术交流、遗产发掘、遗址与发掘品研究、打击非法发掘活动、查处非法发掘品、信息分享等问题进行合作,以使两岸携手保护水下文化遗产,共同发扬海洋文化。

(五)配套措施

1. 两岸海上执法人员的交流、培训

台湾地区海巡总局的教育训练主要由"台湾地区中央警察大学"水上警察系

及台湾警察专科学校水警科进行。台湾地区的海洋类大学开设有继续教育项目，定期办理各类航海、轮(电)机、海上搜救及海上执法培训班，对海巡署的在职人员进行培训，同时也积极派人到国外学习。台湾地区方面还有针对海上执法人员的实战实践技能方面的训练的台湾特勤队。

我国大陆地区目前对海警的培训主要是海警局组建前的公安部下辖的针对公安部边防海警的培训学校和基地。有公安海警学院（公安部直属现役制普通高校，主要为公安现役部队和海警队伍培养指挥管理和专业技术警官）、武警学院、原公安部海口、广州、威海海警培训基地等。海警局成立后为适应海上统一执法队伍的需要，应设立综合性的专门针对海上执法人员的培训、教育学校。可借鉴美国海岸警卫队学院（United State Coast Guard Academy）和日本的海上保安大学和海上保安学校。在课程设置上理论和实践兼顾，并且与现代科技相结合，提升海上执法人员综合技能的培养。

在两岸执法人员交流方面，两岸海上执法机构可组织开展定期人员互访和交流。比如大陆地区海警局和海事局与台湾地区海巡署、台湾地区特勤队等进行每年定期互访，由国家海洋局牵头与台湾地区海巡署联系，组织两岸海上执法人员进行交流。也可相互到两岸海上执法培训院校、基地进行定期交换学习，学习海上执法理论知识，参与海上执法实践训练，适时开展多区域、涉及各项内容的海峡两岸海上执法联合演练，以及海峡两岸与周边国家海上执法联合演练。

2. 海上执法装备的完善

装备是海上高效执法的前提和关键因素，决定了海上执法工作的质量和水平，对于两岸海上执法合作以及维护我国海洋权益等具有不容小觑的作用。大陆地区由于海警局组建时间不长，存在执法装备升级更新慢、执法装备落后的现象，为此，在进行海警局海上执法装备升级与更新的过程中可借鉴美国、日本的经验。美国海岸警卫队、日本海上保安厅的执法装备均位于世界前列，比如，美国海岸警卫队于20世纪90年代启动的"综合深水系统"。台湾地区海巡总局的执法装备也不够先进。两岸可依托我国国防军事技术力量，向大陆地区海军进行技术装备上的借鉴，重点加强对千吨以上级别执法船舰的整合管理，对原来公安部边防海警、海监、渔政、海关总署缉私警察的执法装备进行综合整合管理，统一武装标准，提升装备水平。并且根据海警局的不同职责，从海警局在不同执法海域的业务出发，向美国、日本的装备配置与装备体系学习。比如可全面采用"state-of-the-art"级的技术装备，制定统一的、与海军等部门兼容的装备方案，增加大中型船艇和飞机数量，确保其能有效承担海上搜救、海上反恐等海上执法活动与联合演练任务；建立海警局自动化指挥体系和海峡两岸通讯体系，方便海峡两岸海上合作执法的沟通与联络，在执法技术装备上为海峡两岸海上协同执法合作常态化机制的构建提供技术保障与支持。

五、结论

海峡两岸海上执法合作是我国制定海洋强国战略、维护我国海洋权益和主权的需要。在当下"21 世纪海上丝绸之路"、南海争端愈演愈烈及海上非传统安全对我国的挑战下,两岸更有必要进行海上执法协同合作,且两岸目前的协同执法实践也要求两岸构建起海上协同执法合作的常态化机制。但是目前两岸海上执法合作中存在的困境,需要两岸进行有效解决,比如大陆地区方面对海警局的海上执法行政主体地位的明确、对其执法法律依据的整合与完善等。两岸还需共同努力建立起两岸海上执法的法律依据,明确海上执法区域划分,建立多元化合作模式等。根据两岸海上机构各自的执法内容,逐步探索两岸执法合作的领域与合作内容。在国内外背景下,两岸应在平等、自愿、诚实信用、互信互惠原则的指导下,重视两岸在海洋环境保护、海上资源开发保护、海上搜救、海上犯罪打击、海上反恐、水下文化遗产保护等领域的海上协同执法合作,通过开展两岸海上综合性执法合作,构建两岸执法人员交流、培训机制以及提升执法装备等方面推进两岸海上协同执法合作的常态化机制。

我国海上刑事执法主体研究

曲亚囡　段　琼

在经济全球化的时代下,海洋安全和权益越来越受到人们的关注和重视。21 世纪,是一个"海洋世纪",各个国家都逐渐开始重视了海洋权益的维护,纷纷制定了各种相关的立法。在现代社会,海洋经济的快速增长与一国的经济繁荣息息相关,海洋安全的保障与一国的国家秩序同样密不可分。过去,我国过于注重陆地资源的开采,对于海洋资源的保护和秩序的管理并不是十分的重视。海洋管理的技术装备落后,国民的海洋意识薄弱,导致我国海洋事业发展的极为缓慢,严重影响了我国的国家主权的权威性和领土的完整性。随着社会的快速发展,经济全球化的到来,不仅带来了全球各个国家经济、政治联系的日益紧密,更重要的是让海洋主权的概念逐渐进入到了大众的视线。

一、海上刑事执法主体的历史变革

我国海上刑事犯罪案件具有复杂性、流动性和涉外性等特点,对我国海上刑事执法主体的要求较高。同时,我国海上刑事执法主体也是随着社会的进步而变化。我国的海上刑事执法主体大致分为以下四个阶段。

(一) 分散管理阶段

新中国成立初期,政治、经济发展尚不完善,国内的基础设施也不完备,立法也不齐全，人们对海洋维权的意识尚未形成，对于海洋建设和管理也不够重视。全国上下，从中央到地方采取的都是行业部门管理的政策。

建国初期，经济全球化尚未形成，跨国犯罪也并未引起足够的国家重视。此时的海上刑事执法主体是公安部，主要的工作内容包括治安管理和海上交通安全等。1953年经政务院批准，成立了中华人民共和国港务监督局，主要负责海上交通安全的管理工作。

（二）海军代管阶段

1964年到1978年，海军主要负责了我国海洋管理工作。这个阶段起源于1963年的专家上书，这29位专家建议政府加强海洋的调查监管工作。他们的意见被国务院采纳。1964年，国家海洋局正式成立。成立初期，由于部门不完善等原因，各项事务暂时由海军代管。至此，我国拥有了专门管理海洋相关工作的行政机关。

这个时期的海上刑事执法主要由海军进行管理，由于海军的军事管理较为严格，加之管理的理念和原则并不符合当时的海洋管理需求，导致扰乱了海上的刑事管理秩序，不利于我国海洋利益的维护和发展，甚至对当时的整个海洋事业发展起到了阻碍的作用。

（三）探索推进阶段

随着对外开放政策的实施，外贸活动逐渐繁荣起来，我国南部沿海城市出现了走私的现象，其中以福建、广东等地区为主要活动区域。违法犯罪活动也越来越严重，海上安全治理也成为继续关注的热点问题。1982年，由一部分海军抽调组成了一支海上的治安巡逻队，到了1988年，正式更名为海警。此时的海上巡逻、维护治安、维护国家的海上权益、治理我国海上的刑事犯罪案件主要都是有海警来负责的。

社会经济的快速发展，使走私等海上刑事犯罪活动再次掀起高潮。1999年海关总署走私犯罪侦查局成立，该行政机关的主要任务是打击沿海城市盛行的走私犯罪行为。

（四）综合管理阶段

2013年3月，为了设立一个综合性的管理海上各项事务的行政机关，结束"五龙闹海"的局面，国务院发布了《机构和职能转变方案》（以下简称《方案》）。该《方案》中合并了原海洋局、海监、渔政、海警、缉私警察的队伍，重新组成了国家海洋局。国家海洋局的主要任务是保护海洋动植物资源、制定我国海洋发展和利用计划、保护海洋环境、维护海上治安等。经过执法机构改革的国家海洋局要以中国海警局的名义从事执法活动，并需要接受我国公安部指导监督。我国国家海洋局的重组体现了我国对海洋权益的重视,海洋维权意识的逐步提升,完善了我国法律体系和整个海洋执法建设。

在海上刑事执法方面,将现国家海洋局及其海监、边防海警、中国渔政、海上缉私警察的队伍整合之后,成立了中国海警局。中国海警局的主要职责是维护海上的安全秩序,处理海上发生的突发事件,打击海上走私、贩毒等违法犯罪活动,维护我国的海洋权益。

虽然国务院的文件中明确了海上刑事案件的执法主体,但并不意味着我国海上刑事案件的执法主体只有中国海警局,还有一些其他的行政机关,也可以管理海上刑事犯罪案件,如沿海地区的陆上公安机关、交通港航公安机关和公安边防部队边防支队。

二、我国海上刑事执法主体设置的现状

我国海上执法机制长期的分散,严重阻碍了我国海洋权益的维护和发展。2013年,全国人大通过了《国务院机构改革和职能转变方案》。将原本五个海洋执法队伍,组合起来,成立了中国海洋局,以海警局的名义进行执法活动。原本五个海上执法队伍中的公安部边防警察和海上缉私警察,均具有海上刑事执法权。其中,边防警察的主要任务是做好出入境人员的检查与管理工作,维护海上治安秩序,打击沿海地区出现的违法犯罪活动。边防警察对于海上走私、贩毒等违法犯罪活动均享有一定的刑事管辖权。而海上缉私警察则主要负责对走私犯罪案件进行侦查,对走私罪犯进行逮捕、审讯等执法活动。另外,走私犯罪案件的立案调查、国际执法合作等一系列犯罪管理活动,也都由海上缉私警察来进行。

边防警察和缉私警察归入中国海警局管理之后,其负责的管理工作自然归属于中国海警局负责。目前,在中国海警局下属的部门设置中,已经专门设立了法制处、治安处、维权巡航处、刑侦处和缉私处等工作部门,来行使海上刑事执法权,接手边防警察和缉私警察的工作任务。维护治安秩序,保护国家海上权益和海上安全。

三、我国海上刑事执法主体存在的问题及原因分析

由于我国海上维权意识较为落后,海上权益保护机制并不十分完善。虽然进行了机构重组,但也是2013年才进行的,且机构重组之后面临着较多职能区分等问题,自我完善较为缓慢。目前,我国海上刑事执法主体还存在着诸多问题,主要有以下四个方面。

(一)立法不完善

在强调依法治国的现代社会,法律依据就是海上维权的基础,但我国海上维

权起步较晚,导致我国海洋的相关立法并不能很好地适应社会和实践的发展。首先,我国海上刑事的相关法律较为分散,目前尚未出台一部关于海上维权的综合性基本法。我国海上刑事执法活动主要依据有关国际公约及国内刑法等,这些内容分散存在于各个法条之间,没有形成一个完整的法律规范体系。其次是立法具有滞后性,我国海警局成立较晚,法律规范中,还没有明确的执法规范和执法方式等。这主要是因为我国海洋维权起步较晚,立法体系尚未成熟,对海洋刑事案件的研究也不成体系,导致对整个海洋刑事执法认识不够明确,不能及时地出台法律法规。最后是我国海洋法律法规不健全。海洋执法依据长期存在立法繁冗、规定的内容较为模糊的情况,对每个部门所享有的执法权规定的并不十分明确,职能交叉的现象依然存在。此外,海上执法的程序法规范严重缺乏,容易导致执法不规范,执法责任落实不到位。

(二) 执法机制较为分散

机构转型之后,将过去的五个执法部门进行了整合和重组。但在实践操作过程中,由于是新建立的执法部门,四个国家机关的执法工作还未能实现真正的统一,依然各自为政,采取过去传统的方式进行执法管理。于是,实践过程中,执法部门职能交叉的现象屡见不鲜,给海上刑事案件的监督治理带来了极大的不便,也阻碍了我国海洋权益的维护。大量的人力物力,却没有被较好地利用起来,反而造成了执法能力不强的局面,影响了我国海洋执法的水平。

(三) 执法人员的执法素质欠缺

中国海警局作为我国的海上刑事执法主体,其执法人员大多都来自于机构转型之前的分散的五个执法部门,原先各个部门进行的海上执法活动并不完全相同,职业技能和执法素质方面具有很大的差别,执法过程中各自有其主要负责的领域。重组之后,各个部门的执法人员难免出现职责不明确、人员素质参差不齐等状况。这就导致了在当前复杂多样的海洋治安管理和错综复杂的海上刑事案件的管理过程中,很难开展统一高效的执法活动。政法人员整体素质的欠缺,严重影响了我国海上刑事执法的效率和水准,不利于我国海上刑事执法工作活动的开展和运行。

(四) 执法装备急需改进

在执法机构转型之前,由于执法机构众多且分散,各个部门几乎都面临着经费紧缺的问题,执法装备和基础设施较为薄弱,且有较大一部分都是退役船只,严重影响了我国海洋执法的水平和效率,不能很好地适应现代化海上执法的需要。执法机构转型之后,虽然船只的总数看起来很可观,但海上执法机构的数量众多,均摊之后就少得可怜。根据相关数据统计,我国目前一共有2 328艘船艇,可但执法人员就有约 36 000 人。在这些船艇当中，小吨位的船只居多，难以胜任远距离、大规模的海上刑事执法任务。

四、完善我国海上刑事执法主体及其执法活动的建议

（一）完善海上刑事执法立法

海上刑事执法需要以法律法规为执法的基础。2013 年执法机构转型以来，我国明确了海上刑事执法的主体，可由于转型之后没有及时地制定完善的法律法规，在海上刑事执法实践中依然遇到了不少阻力和困难。基于这种现状，笔者认为目前最重要的是尽快召集专家讨论并出台相关的海洋基本法，对于海上各个方面的执法都作出详尽的规定，弥补立法的空白点，明确各个执法的主体并规定其执法的具体事项，做到有法可依。同时，不仅要注重实体法的出台，更要注重海上刑事执法程序法的并行。海上刑事执法具有其执法地域的特殊性，与陆地的刑事执法相比，难度较大，案件情况更为复杂。因此至少应给予海上刑事程序法以同样高度的重视。

（二）整合海上刑事执法机构

2013 年的海上执法机构改革之后，原先的五个海上执法机构依然各司其职，并没有真正统一起来，这就造成了我国海上执法效率低下的现象。目前，我们要尽快对海上执法机构进行整合，明确其各自的任务和各个执法机构之间的相互联系，使其在海上执法的过程中相互配合，紧密联系，提高海上刑事执法的效率。目前我国海上刑事执法主体是中国海警局，但同时中国海警局还拥有海上自卫权和海上行政执法权，这样一来难免造成权利的交叉重叠。明确中国海警局各个部门的各项职能是当务之急，只有明确了其各自拥有的执法权，分部门行使其自卫权、行政执法权和刑事执法权，才能更好地处理海上刑事犯罪案件，维护我国海上权益。

（三）提高刑事执法人员的综合素质

刑事执法人员的执法水平和综合素质直接影响着我国海上刑事的执法水平。目前我国海警局的刑事执法人员由多个执法机构的工作人员和考入海警局的公务员组成，没有经过专门的海上实务培训，对于海上刑事执法等专业知识较为欠缺。对此，我认为应当建立专门的海警培训学校，注重结合我国海洋维权的现状，加强对海洋知识的重视，对招收的工作人员进行上岗前的培训或者直接收取专门培训学校的毕业生。另外，我国其他海洋类院校也要建立好对人才培养的机制，对海洋执法实务等课程引起足够的重视，为我国海警局提供充足的、高质量的优秀储备人才。

(四) 改善海上执法装备

随着经济的逐步发展和科学技术的日益增强,海上执法的船舰日益向武装化和大型化靠拢。而我国目前的海上船只已经逐渐不能胜任海上刑事执法任务的需要。对于新成立的海警局,应当制定新的执法装备采购计划,着眼于当前的海上刑事执法的实际需要进行海上执法装备的采购。另外,还要建设专门的执法装备管理机构,主要负责装备的采购、维护、修理等后勤工作。

五、结语

海洋强国发展战略是新世纪各个大国的奋斗目标,也是我国谋求发展的宏伟目标。整合海上刑事执法队伍建设是建设海洋强国的首要条件和必由之路,我国要想真正从海洋大国成为海洋强国,就必须把深化海上刑事执法体制改革作为重中之重,才能更好地发展海洋经济,维护海洋权益和保障海上安全,才能助推我国实现海洋强国的目标,建设具有中国特色的海上执法体制,推动海洋强国战略的早日实现。

域外海上执法力量分析及对我国的启示

裴兆斌　田卫卫　庞　薇

一、主要沿海国家海洋工作概况

(一) 美国

美国是世界上最早提出海洋综合管理概念的国家之一,也是最先尝试建立统一的海洋管理职能部门的国家,其具有较为健全的海洋法规体系。美国还首先提出大海洋生态系统管理理论和基于生态系统的海洋综合管理原则,使海洋综合管理发展成为当今世界的一股强大潮流。

20世纪80年代以来,为了保持其海洋大国和强国地位,美国不断强化海洋工作。1983年,美国建立了200海里专属经济区。[①] 1998年,克林顿总统亲自出席海洋工作会议,并签署了《海洋宣言》。进入21世纪以来,美国加强海上工作,采取一系列促进海洋事业向纵深发展的重大举措。2000年,美国成立了"美国海洋政策委员会"[②],其任务是调查美国海洋工作概况,研究未来海洋工作发展趋

---

① 安芳.俄(苏)美在白令海地区海洋划界问题及其发展趋势[D].哈尔滨:黑龙江大学硕士学位论文,2014.

② 王晓霞,周怡圃,李宜良.《日本海洋基本法》系列研究——尽快制定我国海洋基本法是建设海洋强国的必由之路[J].海洋信息,2008(3):28-30.

势,为美国制定新的海洋政策提出对策建议。

美国的海洋管理体系,在国家层面有国家海洋委员会,政府机构中有主管海洋事务的专门机构——国家海洋与大气局,各州和地方有相应的海洋管理机制。[1]

(二)加拿大

《海洋法》的颁布,推动了加拿大一跃成为世界上首个制定海洋法的国家。《海洋法》为加拿大海洋综合管理提供了法律依据,其中最重要的是以法律形式确立了加拿大渔业与海洋部在实施海洋综合管理方面的领导地位。《海洋法》明确规定,加拿大渔业与海洋部是加拿大主管海洋与渔业事务的政府职能机构。

此外,加拿大还制定了一系列涉海法规,政策和战略,主要有:《加拿大海洋战略》(2002年)、《加拿大海洋行动计划》(2005年)、《海洋健康计划》(2007年)和《我们的海洋、我们的未来、联邦计划与活动》(2009年)。[2]

为了保护海洋环境和生态系统,加拿大建立了国家海洋保护区和海洋野生生物保护区制度,并于2012年建立了国家海洋保护区网络。2011年11月,加拿大渔业与水产养殖部长委员会原则上通过了由中央、省和地方共同起草的"加拿大海洋保护区国家框架"。该"框架"为海洋保护区网络的建立提供了战略指导。

(三)日本

由于日本先天自然资源的不足,其发展振兴在于海洋,日本积极推进海洋强国战略,逐步由岛国向海洋国家转变。为有效推进海洋强国战略,日本制定一系列相关法律法规,保障国家战略的实施。

近几年,日本在其十一个管区内,不断加强基础设施建设,海上保安厅的装备也不断更新强化,预警机制不断完善,确保其在发生险情时,迅速做出反应,及时处理险情[3],确保管区内海上航线安全。随着日本海上执法强度越来越大,使得日本海上保安厅的规模不断壮大,在海上治安管理中发挥的作用也日益重要。

(四)澳大利亚

澳大利亚历来重视海洋管理。从初步的海岸环境管理和渔业资源保护,到海岸综合管理和覆盖整个澳大利亚海域的海洋区域计划,均取得了明显的成就。随着人们在海岸带和海上活动日趋增加,再加上日益增多的海洋旅游者,澳大利亚的海岸带承受了巨大的压力。

澳大利亚是联邦制国家,联邦政府与各州政府的海洋区域管辖分工是:自领

---

[1] 赵伟.我国海洋管理体制改革研究[D].烟台:烟台大学硕士学位论文,2014.
[2] 郁鸿胜.发达国家海洋战略对中国海洋发展的借鉴[J].中国发展,2013,13(3):70-75.
[3] 扈金东.浅谈二井镇防汛工作中的几点做法[J].农民致富之友,2011(7):72.

海基线起向海3海里由沿海各州和领地管理,自海3海里以外至200海里专属经济区为联邦政府管辖水域。① 澳大利亚肩负涉海职能的部门较多,这些部门还制定了各自的法律与政策。除了依靠海洋政策协调海洋工作外,澳大利亚还设立了国家海洋部长理事会等高层协调机制。

二、沿海国家的海上执法体制

(一) 美国

美国的海洋执法体系由两大部分组成:一是美国海岸警卫队;二是担负相关海洋执法职能的其他政府部门。美国的海岸警卫队是主要的海上执法力量,其乃"海上管理部门集中—执法权集中"模式体制下的佼佼者。美国海岸警卫队与美国国家海洋和大气管理局、美国国家海洋委员会共同代表了美国海洋管理的执法、决策、议事三个层次。美国海岸警卫队不仅自身是美国唯一一支具有执法权独立的军种,主要职责就是维护美国的各项海上权益及巡航等;同时也维护美国在其他国际水域及其他涉及国家战略意义的重要海域的国家利益。

(二) 加拿大

加拿大的海警队在"海上管理部门分散—执法权分散"这种模式中脱颖而出。海岸警卫队是绝对的非军事机构,任命于渔业与海洋部,主管海上执法的各项工作。此外,加拿大皇家骑警和海军也承担部分海上执法任务。加拿大海岸警卫队为其他海上执法部门提供各项服务与支持,执法人员的人力资源支持等后勤服务,虽然加拿大海岸警卫队统管着加拿大海军之外的所有政府船只,但是加拿大海岸警卫队具体负责加拿大海上执法及维护北极主权权益等任务。

目前,围绕加拿大海岸警卫队的职能问题,加拿大各界正开展讨论,倾向性意见是强化加拿大海岸警卫队,使它成为比较全面的海洋执法队伍。2010年,加拿大国际理事会(The Canadian International Council)发表题为《开放的加拿大:网络时代的全球地位战略》的报告,建议"加拿大海岸警卫队全面负责加拿大(除军事安全以外)的海洋安全事务,在这方面,加拿大国际理事会与加拿大国际安全与防务常设委员会的意见一致,尤其是在北极安全问题方面"。因此,加拿大海岸警卫队今后有可能发展成为职能比较全面的海洋执法队伍。

(三) 日本

日本海上保安厅是"海上管理部门分散—执法权集中"这种管理模式的典型代表。日本改组后的海上执法部门主要由通商产业厅、文部科技省、农林水产厅、

---

① 任玲.沿海国家海上执法体制研究及对我国海上执法体制建设的启示[J].海洋开发与管理,2015,32(6):75-80.

环境省、海上保安厅和防卫厅这六个主要部门组成。由于受历史因素、政治体制的影响,日本海上保安厅承担日本全部的海上执法工作,维护日本的海洋权益不受侵犯。与其盟国美国一样,日本海上保安厅是日本的准军事机构,在日本的海上武装力量中占举足轻重的地位。

近几年,日本在其十一个管区内,不断加强基础设施建设,海上保安厅的装备也不断更新强化,预警机制不断完善,确保其在发生险情时,迅速做出反应,及时处理险情,确保管区内海上航线安全。随着日本海上执法强度越来越大,日本海上保安厅的规模不断壮大,在海上治安管理中发挥的作用也日益重要。

(四)澳大利亚

澳大利亚海岸线漫长,海域辽阔,海上执法任务繁重。但在过去,澳大利亚海上执法力量分散,涉及部门多,难以形成合力。进入 21 世纪后,澳大利亚政府对边境保护和海岸监视工作进行了全面审议,希望形成一个综合、完整的海上执法体制。2005 年 3 月,由澳大利亚海关与边境保卫局和澳大利亚国防部队联合组建边境保卫指挥部(Border Protection Command),负责协调澳大利亚海洋权益与执法工作。边境保卫指挥部原名为"联合海洋保卫指挥部",2006 年 10 月更名为"边境保卫指挥部"。

三、他国海上执法力量对我国的启示

我国目前的海上执法体制是以中国海警局为主[①]、中国海事局、交通搜救中心、救助打捞局、国家质检总局的通关业务司、环保部的海洋污染防治处为辅的相对集中的海上执法体制。

从"五龙治海"到"双龙戏珠",尽管整合后的中国海洋管理意义深远重大,却又面临许多新问题,而根深蒂固的旧矛盾因为在向新体制转换过程中受惯性影响将会是一场持久战。目前的改革方案只是建房子的边框,要想使房子更牢固不坍塌,还有许多工作要落实,重要的是,一次的整合不会一步到位,顽固的问题仍需要进一步通过深化改革来解决。笔者认为可以采取的具体措施如下:

(一)明确执法主体

经过 2013 年的整合,我国结束了"五龙治海"的局面,但是海洋经济发展、海洋权益维护、海洋环境保护等问题也对我国的海上执法能力和效率提出新的挑战。我国应明确国家海警局为中国海上执法的唯一主体的地位,创建一支精良的海上执法队伍,执行中国法律规定的所有海上执法权限。明确中国海警局采用现役部队编制,列入武警部队序列,在全国三大海区分设三个海警总部,实行中央垂

---

① 钱翠翠.论中国海警局海上执法权[D].大连:大连海事大学硕士学位论文,2014.

直管理体制。

(二) 提升执法装备水平

执法装备水平是执法的前提条件。日本海上保安厅完善的执法装备,保障其具备强大的海上执法能力。我国目前应当在装备发展方面实行分步走战略,首先应当整合各执法队伍的现有装备,进行适应海上执法的装备改造,充分发挥现有装备的效能;逐步建造大型先进执法舰船和执法飞机,提升海上执法装备水平,装备海上执法数字化设备,逐步实现海上执法的数字化水平,提升执法效率。同时所有装备的发展全部采用海军标准建造,配备轻量级海上武器,保证海警部队在一些重点海上冲突海域的执法斗争能力。

(三) 完善海洋立法体系

中国海警局成立于2013年,初步形成了一个综合统一的管理机构和海上执法部门。但由于没有一套系统完整的海洋法体系,为我国海上执法机构在具体执法时带来了很大的困难。基于这种情况,首先首先从体制入手,加快制定我国的《海洋基本法》,解决我国海洋管理和执法中存在权限重叠、缺失及衔接等问题,明确海上执法主体及法律责任,规避责权不明等问题,为我国的海洋权益维护和国际海洋维权合作提供法律依据。其次,在具体执法部门上,我国海警局进行海上执法时也应当制定《海警警卫队法》,将海警局的海上执法地位、权限、责任范围进行明文规定,切实做到海上执法有法可依。

四、结语

21世纪是海洋的世纪,欲将我国打造成海洋强国[1],海洋强国战略应运而生。从体制上入手整合海上执法力量,加强海上执法队伍建设,统一海上执法主体是建设海洋强国的首要条件和必由之路,我国欲实现从海洋大到海洋强国的跨越,必须做好深化海上执法体制改革,走出一条符合国情的海上执法之路,只有这样才能发展好我国的海洋产业、维护好海上治安、坚决维护好我国的海上权益。

由于现实执法环境的特殊性,日本、美国等的海上执法体制虽然有很多的优点,但我们不能简单地搞拿来主义,必须坚持实事求是的原则,根据现实情况创新改革执法体制、创新执法形式,以当前海上执法形势和安全形势为参考,快速反应、灵活机动、短时高效地促成我国海洋强国战略早日实现。

---

[1] 殷克东,卫梦星,张天宇. 我国海洋强国战略的现实与思考[J]. 海洋信息,2010,26(2):38-41.

现行海上渔事纠纷调解制度的完善

刘 洋[①] 裴兆斌

一、海上渔事纠纷调解制度概念界定

海海上渔事纠纷是指海上渔业船舶在生产、航行过程中因船只碰撞、网具纠缠、穿越养殖水域以及跨界交叉水域因捕鱼权争议等原因引发的渔事纠纷。

调解具体分为行政调解、司法调解、民间性调解。而行政调解是行政主体在争议双方当事人自愿的基础上，根据国家的政策、法律，在分清责任、明辨是非的基础上，主持双方进行协商、达成和解协议从而解决争议的活动。司法调解，也可称法院调解、诉讼调解，主要指在法院审理案件时，由法院主持，当事人平等协商，达成协议，从而解决纠纷的活动。民间性调解，亦可称之为社会性或社会化调解，指民间团体开展调解事项，是一种群众性活动。虽然现行海上渔事纠纷是在行政机关主导下进行的，但根本上，这只是起辅助作用，而且海洋与渔业主管部门具有更专业的角度和威信，却非行政权力。所以，允许"行政"与"调解"两者是相容和并立的。本文中提及的海上渔事纠纷调解很显然是属于这三大基本分类中的行政调解。

海上渔事纠纷调解制度，可以这样定义为：当发生因生产、航行中的渔事纠纷所引起的海上渔事纠纷事故时，海洋与渔业主管部门在纠纷双方当事人自愿的基础上，依据国家的政策、法律规范，对纠纷双方说服教育、规劝疏导，居中主持双方进行平等协商、达成和解协议从而解决纠纷的行政机制。

二、现行的海上渔事纠纷制度相关的法律法规

现行海事行政法律中，1990年3月3日交通部发布的《海上交通事故调查处理条例》主要针对的是水上交通事故和船舶污染事故引发纠纷的调解。2005年10月25日，中国农业部和公安部联合发布的《关于加强海上渔事纠纷和治安案件处理工作的通知》，积极探索协商解决的方法，明确各部门的责任及加强合作机制，但通知中并没有提出关于海上渔事纠纷调解的具体解决方法和程序。2006年2月24日，渔政渔港监督管理局发布的《关于加强海上渔事纠纷调处工作的通知》，通知中确立了海上渔事纠纷调处程序：海上纠纷接报—纠纷处置—调解（—仲裁—司法程序）—处理结果公告。但该规定对于调解程序缺乏具体规定，并欠缺细致的程序要求，需要进一步予以完善。2006年12月11日，江苏、上海、浙

[①] 刘洋（1991—），女，山东省潍坊市人，大连海洋大学法学院/海警学院2015级硕士研究生。

江、福建省(市)海洋与渔业局(水产办)发布的《关于加强东海区海上渔事纠纷调处工作的通知》决定成立东海区重大海上渔事纠纷调解机构,确定了具体的组织机构、工作原则、受理范围、调处程序。

三、现行海上渔事纠纷制度日显弊端

(一) 海上渔事纠纷调解欠缺法律方面的支持

首先,海上渔事纠纷调解协议欠缺相应的法律效力。《海上交通事故调查处理条例》第二十四条规定调解达成协议的,当事人各方应当自动履行。达成协议后当事人反悔的或逾期不履行协议的,视为调解不成。第二十五条规定凡向港务监督申请调解的民事纠纷,当事人中途不愿调解的,应当向港务监督递交撤销调解的书面申请,并通知对方当事人。而第二十七条进而规定不愿意调解或调解不成的,当事人可以向海事法院起诉或申请海事仲裁机构仲裁。这表明了调解协议并没有相应的法律强制力,调解双方随时拥有对调解协议的反悔权,一旦其中一方选择反悔,那么为调解而准备的证据也不能进行二次使用。其次,我国在海上渔事纠纷调解的相关立法的过程中出现了矛盾和断层。《海上交通安全法》中规定:海上交通事故引起的民事纠纷,可以由主管机关调解处理,可是最近一次《内河交通安全管理条例》的修改过程中并没有一项关于海上交通纠纷调解的规定。

(二) 调解缺乏明确的规范和程序,执行困难

首先,在海上渔事纠纷调解的程序上,对海上渔事纠纷调解方法、时限等方面欠缺详细规定,在一定程度上影响了海上渔事纠纷调解的公信力。查办时间越长,效率就会越低,当事人应有权利受到损害的可能性就会越大。加之,随着社会经济的不断进步和发展以及海洋资源的不断衰退,海上渔事纠纷案件呈逐年大幅度递增趋势(其中相当一部分是符合海上渔事纠纷调解条件的),但由于各种因素的影响,如海上执警力量缺乏、部门权力不明确等,致使海上渔事纠纷案件查办率不高。所以,如果能够通过海上渔事纠纷调解程序加以解决,则会在很大程度上有效缓解应对查办压力,提高纷争解决效率。其次,对证据的采集和保存也没有相应具体的规定,使得证据极易流失,渔事纠纷的事实不易认定。

(三) 调解队伍不成熟,缺少专业人员、技术的支撑

随着建设法治政府的不断深化和依法行政活动的逐步进行,对于队伍素质提出了更高的要求。但是海警部队办案人员在调解海上渔事纠纷上还存在诸多不足。首先海洋与渔业部门的编制比较少,工作人员通常在开展调解时将行政许可、行政执法、行政监督工作相互交叉。个别调解人员对不属于民事纠纷的治安案件或刑事案件进行治安调解,对当事人以调解代替处罚,对案件进行降格。其次,开展调解工作应该和渔民直接地去面对面,同时需要拥有比较高的调解水平

和业务技巧,因为法规、业务水平的良莠不一,对调解工作的开展带来比较大的困难。再次,调解机构在进行事故调查时,欠缺先进技术的支撑。往往在较为宽广的辖区,并没有设置网络追踪和监控技术,而且执勤点也很少。海警支队执法船艇分布点少、管辖的海域广阔,到达案件现场时通常需要1至2个小时,如果受船艇性能、天气和海况的影响甚至无法到达现场。

(四)调解制度宣传不到位,责任比例不对等

首先,宣传的太少和不够详细,加上这项工作的相关法规还不全面,相当多的基层民众还很缺乏对纠纷调解的认知,导致基础不稳,纠纷案件来源少。虽然海警的职能得到了一定的宣传,但因为海警辖区点多、线长、面广,没有固定的警务点,群众工作还比较薄弱,并不为渔民群众所熟知。其次,对于海上渔事纠纷事故的当事人,当事人赔偿,或者说得到赔偿在很大程度上需要海洋与渔业主管部门主持得出的调解协议,那么调解的过程中很可能受到关系或者人情等因素的影响,私下交易与强迫妥协会成为趋势,那么结果就是海上渔事纠纷调解所带来的作用就会受到很大的影响,也给海上渔事纠纷的廉洁政治建设加大了困难。

四、海上渔事纠纷调解制度优化路径

(一)法律依据层面的完善

1. 加强海上渔事纠纷调处的立法工作

要建立一个完善的、规范的海上渔事纠纷调解制度,要求立法者加强自身修养,投入大量细致的工作准备。我国现有的海上渔事纠纷调解法律法规,没有章法可以遵循,在执行制度时没有办法实施。其中最重要的原因应该是立法者对于要调解的纠纷或者所要进行的工作没有更深层次的理解和感悟,这种"纸上谈兵"所作出的制度自然难以切合实际,操作性差是不可避免的。作为立法者应该在书写制度前进行深入的了解和分析,在进行调解时,不能为了促成调解而迎合当事各方,必须在查明原因、判明责任的前提下进行调解,为建立可操作、易施行的海上渔事纠纷制度铺垫好前期工作。另外,在对海上渔事纠纷制度进行立法时,要考虑到各个海域地方保护主义对事件处理所加大的难度,以树立机制的权威性、可行性。

2. 立法明确海上渔事纠纷调解的法律效力

应该加强行政调解协议的法律效力。如果双方当事人为了很好地解决纠纷,在意思表示真实的基础上自愿达成调解协议,那么可以考虑将调解协议归属于民事法律行为。所以在行政机关所做的调解下,当事人之间达成调解协议的过程若符合《民法通则》第55条的规定的民事法律行为,那么每一次所达成的调解协议,双方当事人均不可以私下改变和撤销,并且协议的改变与确认无效或撤销仅仅只

有当事人双方均同意或者说只允许法院确定。要使海事行政调解制度得到更为广泛的认可和适用,应该从法律规范上对调解协议的法律效力进行强化,甚至可以明确规定司法机关的要求,法院通过对每次调解协议的检验,认为协议可行,可以根据协议得出判断,那么就没有必要对那些之前已经结束调解的案件进行再次审理(除了调解过程中有着不合法的程序),以不承认当事人的反悔权,来加大调解部门的公信力。

(二)程序设置层面的完善

1. 完善现场调解的程序,明确行政调解时限

海上渔事纠纷调解必须把握合理期限,及时有效地解决纠纷。可参照《行政处罚程序》或《海上行政处罚程序》中规定的办理期限的规定,设置在三个月内。海洋、渔业法律、法规另有规定的,按照规定处理。《渔业水域污染事故调查处理程序规定》(农业部第十三号)规定:主管机构应在收到申请书十日内将申请书副本送达被申请人。被申请人在收到申请书副本之日起十五日内提交答辩书和有关证据。被申请人不按期或不提出答辩书的,视为拒绝调解处理,主管机构应告知申请人向人民法院起诉。并且统一海上渔事纠纷调解赔偿标准。根据公安部《道路交通事故赔偿标准》的做法,制定《海上渔业损害赔偿标准》,当出现造成人身伤害的案件,当事人需做出赔偿时,基层调解人员能够做到依法进行,有据可查。

2. 建立和完善海上渔事纠纷的系统

虽然海洋捕捞纠纷调查程序以及行政强制明确了海事行政机构和海事调查人员的法律义务,但奖惩制度作为必要的激励手段也是非常重要的。目前,海上渔事纠纷调解的低标准与海事行政机构和调查人员的较大劳动贡献不成正比。对于2001年中国《水上交通事故调查处理指南》,对海事行政调解部分规定调解费:(1)调解成功,提供总金额的6%;(2)调解不成功,提供总收入的3%;(3)由于损失转移支付解决方案的电信费用、差旅费用,根据实际情况收费。该项收费遵循如此规定,就是说水上交通事故纠纷调解费不能超过调解损失金额的一半。所以在海上渔事纠纷调解时要比照仲裁费,在一定程度上抬高收费标准,规范收费执行程序,防止乱收费。对于各项项目的支出和使用要严格加以管理。

(三)工作制度层面的完善

1. 建立海上渔事纠纷调解便捷通道

首先,开设调解法庭。作为探索性的实践,基层人民法院可以组建专门的调解法庭,专司负责各类民事、司法、行政、仲裁等调解案件的处理。对于治安调解未成功的案件纠纷,当事人如诉讼的,公安机关可以将相关材料,包括对案件事实

的认定及相关证据等交由调解法庭立案审理。其次,建立司法审查制度。可以借鉴我国台湾地区的规定,对于司法行政机关及民间性的调解纠纷,"调解成立之日起七日内,将调解书送请管辖法院审核;核定后,当事人就该事件不得再行起诉"。再次,加强海上渔事纠纷的法律内部与外部监督工作。内部监督就是将其纳入司法监督体系,主要是人民法院对治安调解的法律监督。外部监督主要是社会监督。积极调动社会力量,包括案件中的双方渔民、广大群众、新闻媒体等力量来对治安调解工作进行有效监督。

2. 加强海上渔事纠纷调解与其他制度、部门的衔接

向着"海事大调解"模式去努力。就是说先以海上行政调解为基础,集人民调解、行政调解、司法调解为一体,加强同海事、边防、环保、国土等部门的协作,整合审判机关、行政机关、群众性自治组织的力量,坚持既相对独立、各司其职,又相互衔接、整体联动的海上矛盾纠纷排查调解工作机制。同时,在保证调解具有法律效力的基础上,也要强调诉讼与调解、仲裁与调解的衔接,使得海上渔事纠纷调解参与进大调解网络。使海洋与渔业主管部门真正地将矛盾化解在萌芽状态。同时,要结合海事渔事纠纷频繁发生的特点,架构渔事纠纷调解联合会议(或网络成员体系)制度,时常召开参与人员的联合会,报道各种调解过程的状况,总结调解的成果,讨论阶段化的弊端,把过程繁复的纠纷和那些牵扯多、后果严重甚至容易诱发集体纠纷性的案例,与参加人员一起协商,不但可以避免地方保护的弊端,而且降低纠纷不良循环的比例。

五、结语

海上渔事纠纷调解制度在解决渔事纠纷事故时,要履行的手续具有简便、快捷、成本低等优点,使得可以期待一个完善的、合时宜的海上渔事纠纷机制,能够进一步规范海警人员行为,使各项工作有章可循,提高纠纷调解的效率与质量,形成一个良好的调解氛围和对调解机构的信赖感。同时要求此机构制度要具有可操作性、简便性且易于实施,可以大大提高海洋与渔政主管部门的管理效力、决策与实施的速度,提高调解机构的解决能力与生存能力。

中国—东盟海上执法合作机制建设研究

王 聪

一、引言

纵观历史,当一国的经济与政治发展超出其疆域承载能力时,突破自身限度向外发展将不可避免。同理,我国海洋强国战略的提出与南海问题的迸发和升级

可以视作在中国国家实力突破自身领域向外伸展的过程中,东盟环南海国家①对中国新定位的对峙与调整。因此,在历史因素和新常态的相互交错下,中国与东盟环南海国家的矛盾与纠纷具有必然性。虽然矛盾的出现不可避免,但处理矛盾与纠纷的方式可以选择。从目前来看,关于中国与东盟环南海国家对南海问题的认识与处理以强调对立为主,相关研究多从国家主权与安全入手,这种研究范式大致可以概括为,在以南海为核心的地缘政治环境中,如何采取各种针对性手段与方式,削弱甚至消除东盟环南海国家在南海的实际存在和政治影响力,维护中国在南海海域无可争议的主权并争取在南海海域的最大化权益。但是,无论在"981"钻井平台事件还是南海仲裁案,中国与相关国家在这些零和博弈中都未能完全取得相应预期效果,反而造成区际政治环境的恶化与国家间的信任危机。对此,我们应当清醒地认识到,隐藏在冲击和对抗之后的是区域内各国向外寻求空间、谋求发展的迫切希望,这在发展意愿上是与中国不谋而合的。因此,在寻找各方南海海域的同理心和共同意愿的基础上,化对抗为对话,以合作代替对抗,或许是解决南海问题的一条可行路径。笔者认为,在"海上丝绸之路"的引领下,利用当前政治缓和的有效契机,筹谋中国与东盟环南海国家的海上执法合作将多有裨益。

二、中国—东盟海上执法合作机制建设的必要性分析

作为全球贸易的重要通道和经济增长的重要引擎②,南海海域是区际内外共同关注的焦点,环南海国家多为投资导向型国家,南海海域的安全与否对其贸易往来、投资评估等都有深刻的影响。早在2006年,中国与东盟环南海国家就已深刻认识到维护南海海上通道安全的重要性,就打击海上抢劫、走私、偷渡、毒品枪支贩运等违法犯罪活动探索海上执法合作的开展。但由于南海问题的愈演愈烈,该合作终告破裂。新形势下,维护南海水域及航道安全稳定仍然迫在眉睫,在坚决维护国家海洋权益的前提下,我们应当重新评估中国与东盟环南海国家间开展海上执法合作的潜力和效益。这不仅将在亚太范围内塑造与大国身份与责任相匹配的国家形象,还会为我国国家海洋战略的实施创造稳定的周边环境。

---

① 环南海国家包括:文莱、菲律宾、中国、马来西亚、越南、印度尼西亚、泰国、柬埔寨、新加坡。除中国之外,这些国家都是东盟成员国。

② 美国国防部《亚太海上安全战略》中指出,全球最繁忙的十个集装箱港口有八个位于亚太地区。此外,全球海上贸易总量的百分之三十经过南中国海,全球约三分之二的石油运输量从印度洋经过太平洋,在2014年,每天有超过15万桶的石油经过马拉卡海峡。

（一）中国—东盟海上执法合作机制能够保持亚太海域的相对稳定，为国家关系建立缓冲地带

近年来，中国和东盟环南海国家因渔业纠纷、资源勘探与开采、海洋污染防治等问题引发的摩擦不断。以渔业纠纷为例，1989—2010年，周边国家在南沙海域袭击、抢劫、抓扣、枪杀我国渔民、渔船事件多达380起，涉及渔船750多艘，渔民11 300人。其中，25名渔民被打死或失踪，800多名渔民被抓扣判刑。[①] 由于中国与东盟环南海国家间没有建立有效的海上执法合作机制，一些涉渔、涉法问题尚未经过双边或多边的初步调查和解决，就直接上升为国与国之间敏感的政治性问题。因此，建立中国—东盟环南海国家海上执法合作机制可以为非涉及国家主权的海上纠纷提供最基本的解决机制和渠道，将一些行为性质轻微、影响较小的涉海纠纷在执法合作机制的框架内有效解决。这不仅能够避免相关事件的进一步升级，同时也会在缓和国家关系发挥一定功效，起到"防火墙"的作用，从而保持国家间关系的相对稳定。

（二）中国—东盟海上执法合作机制能够有效推动国家海洋战略与国家安全战略的实施

根据21世纪海上丝绸之路的战略部署，处于多重转型的亚洲国家是该战略推行的主要经济基础。[②] 南海海域作为海上丝绸之路经济带向西亚和北非延伸的重要出口，如果中国与东盟环南海国家能够构筑畅通、安全和高效的海上通道，将会极大提升其他沿线国家对海上丝绸之路的信心与接纳程度。与此同时，充分发挥21世纪海上丝绸之路倡议的经济辐射作用也将带来区际安全利益的回馈。中国可以以此为契机，向亚太地区推广以命运共同体为核心的新国家安全观，从而推动相应安全合作机制的形成。作为海上安全合作的一种类型，中国与东盟环南海国家海上执法合作机制的形成将会为21世纪海上丝绸之路倡议的实施提供具体的、实务的安全保障，同时也会成为宏观国家安全战略向外推广的一个试点和标志，它可以将国家安全战略与国家海洋战略相融合，起到双管齐下的作用。

（三）中国—东盟海上执法合作机制有利于形成相对统一的海上执法标准与规范

中国与东盟环南海国家间海上纠纷与冲突频发的另一个原因在于没有形成相对统一的海上执法标准与规范。执法主体上，东盟环南海国家进行海上执法的主体较为复杂，既有专门的海上执法机构，如海岸警卫队和海洋警察；也有通过海军进行海上执法的国家，例如印度尼西亚。执法依据上，由于各国对彼此海上执

[①] 国家海洋局海洋发展研究所课题组.中国海洋发展报告（2012）[M].北京:海洋出版社,2011:26.
[②] 赵江林.21世纪海上丝绸之路[M].北京:社会科学文献出版社,2015:3.

法管辖范围、实体内容和处罚标准并不明确,所以各国在具体案件的处理上经常发生分歧与争议。执法程序上,一些国家在进行海上执法活动时并未遵守相应的国际执法规则和程序,例如 2016 年 3 月在纳土群岛附近,印度尼西亚武装船只在没有进行喊话警告和驱逐的情况下,直接对中国渔船进行攻击,导致简单的护渔事件上升为外交事件。如果亚太海域的海上执法活动依然处于各行其是的状态,那么微小的海上纠纷都将引起国家间极大的冲突。所以,建设中国与东盟环南海国家海上执法合作机制能够促进各国之间在执法标准上的交流互动,达成相应的协议和条约,既起到对各国海上执法行为的约束监督作用,又能在不断变化的海上执法环境中进行调整与补充。

(四)中国—东盟环南海国家海上执法合作机制能更为有效地面对非传统安全的威胁,确保海上经贸活动的安全进行

有效打击来自海上的海盗犯罪、恐怖主义犯罪和其他非传统安全的威胁是中国和东盟环南海国家共同面临的问题。虽然《联合国海洋法》公约对海盗等国际性犯罪的普遍管辖权予以确认,但是如何在实际操作层面与其他国家有效接轨仍是现存的主要问题。与此同时,鉴于海上恐怖主义犯罪对国家安全的潜在威胁日趋上升,中国也应当与东盟环南海国家在其法律问题、协作问题和保障问题上尽快达成一致,以确保相应海域的经贸往来、资源开采等活动的安全进行。中国与东盟环南海国家海上执法合作机制的建设能够促进相关问题尽快达成共识和一致,确保海上经贸活动的安全进行。

三、中国—东盟海上执法合作机制建设的基本原则

综上所述,中国与东盟环南海国家开展海上执法合作机制建设十分必要。它以安全与责任为主题,体现了中国作为地区性大国积极推动区域内事务解决的真诚态度,是规避海上风险、谋求共同发展的重要举措和基础。根据这一机制建设的要求,我们应当遵循以下几条原则。

(一)国家领土主权不容侵犯原则

国家领土主权神圣不可侵犯,这是任何国家间交流与合作应当遵循的根本准则。离开主权空谈合作不仅违背了国际法的基本原则,也无法促成合作关系的良性发展。在中国与东盟环南海国家开展海上执法机制建设合作的洽谈过程中,国家领土主权应当是中国在合作事宜中不可商议与调整的内容,即使中国与东盟环南海国家在南海相关海域的主权争议将会对海上执法合作机制建设带来障碍,但在具体合作中,我们仍然应当将国家主权作为不可突破的底线。

(二)特定事项原则

在中国与东盟环南海国家确定海上执法合作的内容与范围后,各方应当严格

恪守海上执法合作的范围,对特定事项进行管辖。一方面这是由于海上执法具有行政权力的属性,为了防止和保障各国公民及其合法财产免受不法侵害,这一行政权需要得到约束和规制;另一方面为了避免对其他国家司法主权的侵犯,各国应当在约定的范围内开展海上执法合作而不得超出其范畴。对于超出海上执法合作约定范畴的行为,应当认定为无效。

(三) 排除军事主体原则

从世界海上执法的实务来看,大部分国家都将海上执法作为一种行政行为,无论从立法或是实施主体的确定上各国都是从行政性质出发。而由于东盟环南海国家在认识上的偏差,以海军为主体进行海上执法依旧存在。但是海军作为国家武力的重要组成部分,其具有的武装性和军事性不符合维护海上秩序、打击海上违法行为的需要。此外,海军的威慑性会造成海上正常作业民众的恐慌,而高伤害性的武器配备在进行执法活动时极有可能造成人员的伤亡和财产的毁损。因此,鉴于军事主体的性质,为保证海上执法合作、避免冲突与潜在的军事升级,敦促各国以行政主体进行海上执法,排除军事主体进行海上执法十分必要。

四、中国—东盟海上执法合作机制建设的组织架构

从欧洲警务合作的理论视角考察中,笔者认为"自由政府主义"[①]能较为贴合当前中国与东盟环南海国海上执法合作的实际。由于南海海域及其周边复杂的地缘政治环境,各国间薄弱的政治信任基础以及不均衡的经济发展,根据"自由政府主义",建立一个不以主权转移为基础,以国家为主要发言者,以行政机构为代表的海上执法组织架构具有较强的可行性与可操作性。从实际层面出发,就是要在中国与东盟环南海国家间建立以政府主导的稳固的海上执法合作常务机制,负责日常性事务、紧急事务的处理及海上执法培训。这一机构下辖三个实体组织,即:海上执法合作常务理事会、海上紧急事务应急小组以及海上执法培训与研究中心,各组织的具体职能如下文所述。

(一) 设立海上执法合作常务理事会

在中国与东盟环南海国家海上执法合作机制建设的架构中,设立海上执法合作常务理事会至关重要。以欧盟为例,作为国际警务执法合作机制建设的典范,其获取成功的一个重要原因就是建立并固化了类型化、专门化的常务执法机构。[②] 它在妥善解决国家间差异、促进信息情报的交流和互换以及提高执法效率

[①] 弗里德里克·勒米厄.国际警务合作的理论与实践[M].北京:中国人民公安大学出版社,2016:36.
[②] 吴新明.欧盟国际警务执法合作机制及其对完善"两岸四地"警务合作机制的启示[J].中国人民公安大学学报(社会科学版),2014(3):151-156.

上都发挥了巨大的作用。考虑到中国与东盟环南海国家在相关海域各类纠纷频发,我们需要一个专门性的常务理事会来处理这些事件和矛盾。在海上执法常务理事会的内部组织上,可以设立海上执法事务办公室、情报信息交流平台分别负责日常事务处理、情报搜集与交换。海上执法合作常务理事机构的工作人员可以由各国派专员担任。通过机构内不同组织的分工协作,一般性的海上执法事务都可以在框架内得到有效解决。

(二)建立海上紧急事务应急小组

由于中国与东盟环南海国家在目前情况下无法彻底解决海洋领土争端,一些涉及海洋领土主权的海上突发性事件有可能在不确定因素的催化下演变成影响国家关系的外交事件。针对这些超出海上执法范畴的突发性事件,中国与东盟环南海国家海上执法合作机制缺乏解决的能力和基础,它需要国家层面的接触和交流才能妥善处理。因此,海上执法合作机制在诸类事件发生时可以设立海上紧急事务应急小组,该小组的人员组成应当包括外交人员、涉海部门高级官员以及中央政府专员。平时各国可只委派一人进行日常事务处理,突发性事件发生时,各国任命的相应人员应当立即组成小组,共同赶赴事发区域进行第一时间的风险评估和处置;其次,联合各国应急小组开展联合调查并商定解决方案;最后将处置方案和结果层报各国主管部门,获批准后着手实施。

(三)设立海上执法培训与研究中心

设立海上执法培训与研究中心时,我们应当充分考虑其设立的目的。当前执法项目的跨国培训中,其目的各不相同——既有着重于执法技术的培训,也有旨在加强共同协作、促进合作环节衔接的培训。由于东盟环南海国家的海上执法水平和能力仍然处于较低水平,所以当前培训的重点应当是促进各国海上执法人员与组织能力与素质的提升。目前,由商务部主办、公安海警学院负责承办的亚非拉海上执法培训班就是以提高海上执法人员素质和能力为主。当然,在培训过程中加强初等级别的协同合作执法如海上执法实战操演、海上紧追的承接都可以作为现阶段海上执法合作的重点。此外,邀请各国知名学者定期展开学术研讨和交流,充分了解各国海上执法环境与法律,也将极大促进中国与东盟环南海国家间的海上执法合作。

五、现阶段中国—东盟海上执法合作范围的选择

中国与东盟环南海国家海上执法合作范围的选择是合作机制建设的实质性和关键性问题。由于某些海上执法问题的深层意蕴是国家海洋主权和权益问题,所以对海上执法合作内容的选择是对争议与非争议之间的灰色地带的探索。我们需要在综合考虑各国政治、经济、外交和法律等问题的基础上,谨慎细致地做出

选择。因此,在海上执法内容上应当从理论研究向实践操作、从一般问题向热点争议、从专项事务向综合领域渐进式地展开,这既能推进合作机制规律性的建设,也能保证机制的长期有效运作。

(一) 渔业执法合作

为进行有效的渔业监督、管理和执法,中国自 2000 年起分别与日本、韩国和越南等国家签订渔业协定并开展相应的合作。① 在北部湾划界问题解决后,中越相继签订的《中越渔业合作协定》和《北部湾共同渔区渔业资源养护和管理规定》对渔业活动的监督、管理和处罚都做出了详尽的执法规范。双方对北部湾共同渔区的渔业联合检查更是促进相应执法部门的互信与交流,有效解决了相关渔业问题。通过长期的积累,中国在区域间的渔业执法合作上已经具备了相当成熟的经验,也树立了渔业执法合作的成功典范。同时,由于渔业执法合作从经济利益的角度上对东盟环南海国家具有较强的吸引力,在相应问题的解决难度上也相对较小,中国与东盟环南海国家海上执法合作机制的建设可以考虑以渔业执法合作为突破口向前推进。

(二) 海上非传统安全威胁合作

随着东盟环南海国家以海洋为载体的政治、经济和文化活动愈发活跃,诸如恐怖主义、跨国犯罪和环境污染等非传统安全领域威胁开始有针对性地向海上渗透。国际海事安全中心(CIMSEC)报告称,南海地区(包括东南亚地区水域)海盗案正在逐年增加,其中大部分袭击案发生在马六甲海峡及其附近水域和港口,南海地区正逐步成为全球海盗最猖獗的区域。而非传统安全威胁跨国性、多样性和突发性的特点预示着仅凭某一国家难以有效解决诸类问题。这意味着在驱动经济发展的同时,如何有效维护南海海上通道的安全与稳定是中国与东盟环南海国家共同面临的现实而紧迫的问题。在此方面,中国与东盟环南海国家海上执法合作机制可以借鉴双方在警务合作上的成功经验,从跨国海上犯罪等损害双方或多方共同利益的专门领域入手,从理论探索逐步向实务阶段深入,围绕这一内容展开丰富多样的合作。

(三) 海上危机管理合作

海上危机管理指的是各国为应对因海洋权益与海上事件引起的纠纷而进行的预防、评估和解决等活动。从目前情况看,由海上领土纠纷不仅成为中国与东盟环南海国家间的主要矛盾,同时也加剧了各国在处理涉外性的海上突发性事件时的对抗心理。这不仅无益于事件本身的解决,还进一步加重了当事国间的敌对

---

① 黄硕林,刘艳红.海洋渔业执法的国际合作——我国大陆的执法实践[J].中国海洋法学评论(中英文版),2009(1):1-11.

心态。《中国海洋发展报告(2015)》指出,合作与发展是当今海洋事务发展的主流。这无疑对处理中国与东盟环南海国家间的海上危机提出了更高的要求。如果海上执法合作机制能在渔业合作和海上非传统安全威胁合作中取得有效进展,就可以向海上危机管理这一更高层面积极寻求突破。在危机管理的过程中,中国可以极大程度地融入海上事务的管理,提高参与程度,最大限度地发挥自身的作用。

六、中国—东盟海上执法合作机制建设的路径

(一)以 21 世纪海上丝绸之路倡议为契机,通过经济合作增强政治互信,为中国与东盟环南海国家海上执法合作机制建设奠定政治基础

根据海上丝绸之路的部署,中国已经斥资 100 亿美元的海上合作基金用于东南亚和印度洋具有战略重要性沿线国家建设港口等基础设施。① 此外,中国与东盟及其成员国签署了多个双边或多边投资协定并构筑了诸多经济合作平台。中国正在通过强大的经济辐射作用以合作共赢的方式将东盟国家纳入到一体化的经济价值链中。从一般经验看,这种经济领域的合作与依附将极大推动国家间在非经济领域分歧的解决,促进双边或多边关系朝向更深广的层次发展。在 21 世纪海上丝绸之路倡议的指引下,我们可以在驱动海洋经济合作的同时积极推进双方或多方在诸如海上执法合作等海上安全事务方面的对话与交流。在有关海上安全事务的对话中,我们要充分考虑东盟环南海国家与中国在政治制度、意识形态和文化习俗上的差异,在坚持"亲、诚、惠、容"原则的基础上,以命运共同体传播理念、以务实行动消弭质疑、以诚信合作获得认同,力求为中国与东盟环南海国家海上执法合作机制建设打下坚实的政治基础。

(二)从达成共识出发,在形成基础条约或协定的基础上,推进长效稳定的海上执法合作机制建设

纵观各国警务合作或海上执法合作机制建设的整个过程,都有其普遍存在的内在规律。以北欧警务合作模式为例,瑞典、挪威、冰岛、芬兰和丹麦在 1982 年北欧国家司法部长会议通过加强警察和海关在打击毒品犯罪方面的合作决议之后,成立了固定的北欧警察与海关合作组织。② 通过对其合作机制建设的总结,我们可以发现国家间警务或执法合作机制建设首先要求达成共识,再通过具体条约或协定固化合作机制的目的、任务和内容,最终经过一定阶段的实践形成长效稳定

---

① 全毅.21 世纪海上丝绸之路的战略构想和目标定位[M].//21 世纪海上丝绸之路——目标构想、实施基础与研究对策[C].社会科学文献出版社,2015.

② 陈华,李芳.论中国—东盟区域警务合作机制的建构——以欧洲经验为启示[J].广西社会科学,2014(1):38-42.

的合作机构。因此在建设中国与东盟环南海国家海上执法合作机制中,我们可以在东盟地区论坛、东盟防长扩大会议等对话磋商机制中提出相关议题,寻求海上执法合作的共识。在达成共识后,首先与关系密切、合作历史渊源深厚的国家签署海上执法合作条约,最后在不断推进中设立相应的常务性理事机构与组织。此外,我们还需清醒地认识到中国与东盟海上执法合作机制建设存在的特殊性。由于中国与东盟之间一体化的程度远逊于欧洲国家,各国在海上执法的实践、法律和制度方面的衔接上仍需长久的磨合,所以在海上执法合作机制建设的初始阶段不能急切地寻求形成固化机制,应当以平稳的心态有条不紊地推进机制建设。

(三)充分评估中国与东盟环南海国家海上执法合作机制在各个阶段存在的风险,提前介入不确定因素,规避不必要的损失

在美国重返亚太战略的影响下,中国与东盟环南海国家关系间的不确定因素明显增多,双边或多边开展合作时存在的风险也不断上升。如何及时甄别合作机制建设中的风险信号、预防非预期内的潜在威胁,做出精准的安全风险评价变得至关重要。由于中国与东盟环南海国家海上执法合作机制的建设既会对美国在亚太海域的安全利益造成冲击,也将在一定程度上改变亚洲的安全利益格局,美国必然会联合其亚洲战略伙伴做出回应。这要求中国在海上执法合作机制建设的各个阶段进行风险评估以减少和避免可能存在的风险。根据风险评估的一般原理,中国需要在考虑东盟环南海国家海上安全利益的基础上,从不同角度分析可能存在的风险源头,最终形成风险评价和规避方案。通过每个阶段的安全风险实时监控,达到在海上执法合作机制的建设中有效管控各类风险,确保中国与东盟环南海国家海上执法合作机制的顺利进行。

(四)改变传统合作模式,建设目标导向型和问题导向型的新型海上执法合作机制

问题导向型的合作模式一直是各国开展海上执法合作的主要方式,但是不断变化的社会形态和科技环境衍生出愈来愈多的新型海上执法问题,单纯的问题解决模型已经不能完全适应当下需求。因此,在中国与东盟环南海国家海上执法合作机制中,谋求对传统的问题导向型合作模式突破必不可少。与相对消极被动的问题导向型合作模式不同,目标导向型合作是为达到某种目标而进行的一系列具有激励性质的活动。它可以为合作组织设定具体的方向与目标,随着对目标的不断接近,合作组织的活跃程度将大幅提升。面对复杂的新型海上执法问题,目标导向型合作模式可以激励海上执法合作组织沿着某一路径对相关领域进行深入研究,从而预判和防治可能出现的新型问题以达到改变被动执法的局面。因此,培育目标导向型和问题导向型相互融合的中国—东盟海上执法合作模式在促进能力建设和保持活跃度上都将发挥十分积极的作用。

七、结语

成功构建中国与东盟环南海国家海上执法合作机制意义重大。它不仅能改变以往中国主要以经济利益绑定国家关系的国际关系模式，同时也为中国构建区域内安全领域的合作提供了探索和尝试。在亚洲一体化进程不断加快的背景下，建设参与程度高、合作内容广、执法方式多元化的海上执法合作机制符合中国与东盟沿海国家的要求，它将为维护亚太水域的安全发挥巨大的作用。

海上运输有毒有害物质污染损害赔偿机制探析

张若禹

一、海上运输有毒有害物质污染损害赔偿制度分析

（一）可参考的外国污染损害赔偿模式

1. 美国油污污染损害赔偿模式

IMO 通过借鉴《民事责任公约》与《基金公约》创设船舶油污损害两层赔偿机制，美国不是 IMO 成员国。它通过借鉴《1990 年油污法》，创设属于自己国家里面油污损害赔偿机制与国内油污赔偿基金。《1990 年油污法》与 1992 年《民事责任公约》在对船东的油类污染损害补偿责任限额方面有所不同，《1990 年油污法》中明确限额高于 1992 年《民事责任公约》限额，《1990 年油污法》中还包括很多船舶所有人无法摆脱责任的"除外条款"。

2. 加拿大油污污染损害赔偿模式

如果说美国是国内法模式，那么加拿大与美国不同，由于其加入了 96CLC 和 FUND1971 这两个公约，加拿大的油污损害赔偿模式是国际公约与国内法并存的双重保障模式。这种模式的特点为：

（1）由专门机构对基金统一管理

1987 年，加拿大建立船舶基金（SOPF）。SOPF 同时管理国内基金，并保持与国际基金组织的联系。当污染损害事件发生时，侵权人即船舶所有人和国际基金不是立即进行赔偿，而是由 SOPF 先向清污组织支付清污费用并对受害人的赔偿先行垫付，之后再向侵权人进行索赔。

（2）双重保障模式促使国际与国内两种机制相得益彰

油污损害赔偿机制的目的在于保障受害人权益，保护生态环境，加拿大的这种双重保障机制由于建立在国际公约和国内立法较好结合的基础上，所以污染赔偿问题在国际和国内两种机制的共同合作下，得到了充分、及时与合理的解决。

(二) 我国国内法律的相关条款分析

1. 法律层面的规定停留在原则性条款

(1)《民法通则》规定的空白

《民法通则》第 124 条规定:"违反国家保护环境防止污染的规定,污染环境造成他人损害的,应当依法承担民事责任。"① 这只是针对环境污染的原则性条款。根据这一条,我们只能得到这样的结论:因为船只有害有毒物质污染海洋行为破坏他人权益,是一种侵权行为,与我国要求对环境进行爱护、保护的规定相悖,所以相关责任人应依法承担民事责任,但是我国却没有规定损害赔偿的具体问题如何解决。

(2)《中华人民共和国侵权责任法》(以下简称《侵权责任法》)可适用性差

《侵权责任法》第 65 条和第 67 条、规定了污染者应承担的事项,并通过第 66 条和第 68 条的规定确认了进行污染环境纠纷的举证责任分配以及向第三人追偿制度。但仅通过《环境保护法》第八章的这四条内容还不能够对污染环境的情况明确适用,对承担责任大小的依据因素规定过于笼统,如何确定也没有明确。

(3)《中华人民共和国环境保护法》(以下简称《环境保护法》)有关环境权的规定

《环境保护法》通过对国家、各级政府及相关部门、企事业单位和个人的保护环境的责任和义务进行了原则性的规定,并通过第 53 条明确了"公民、法人和其他组织依法享有获取环境信息、参与和监督环境保护的权利"。② 但是,这些法条属于原则性条款,仅仅保护公民环境权,没有明确在实践生活中要采取什么方式去解决实际中的问题。在我国众多的环境保护活动中,公民被允许参加的活动数量非常少。③

(4)《中华人民共和国海商法》(以下简称《海商法》)中明确污染损害赔偿责任

通过研究《海商法》,我们发现船舶有害有毒物质污染损害赔偿请求权并没有如油污损害赔偿请求权一样设置一个单独的赔偿限额,而是被囊括在一般海事债权中,与其他一般海事债权分享同一个责任限额,这样远远不能充分保护受害人及清污单位的利益。

(5)《中华人民共和国海洋环境保护法》规定了归责原则条款

2013 年 12 月 28 日,第十二届全国人民代表大会常务委员会第六次会议重新审议了《海洋环境保护法》,并规定该法于 2014 年 3 月 1 日起施行。该法第 90

---

① 《民法通则》第 124 条。
② 《中华人民共和国环境保护法》第 53 条。
③ 张华伟.中国环境保护公众参与制度之完善[J].河北学刊,2004,(2):204-205.

条第1款明确记载了对海洋环境进行污染破坏者的担责方式,对船只污染损害责任适用无过错原则。① 该法第92条规定了免责事项,通过对比免责事项,我们可以得知:对船只污染损害赔偿的归责原则、免责方面的处理方式,《海洋环境保护法》仅作出了原则性条款,至于船舶污染损害赔偿的具体处理方式,并没有给予明确的处理方式。

2. 规章层面的规定可操作性差

(1)《防治船舶污染海洋环境管理条例》(修订送审稿)中条文空白

《防治船舶污染海洋环境管理条例》在2005年6月被交通部海事主管机关审核通过。尽管"船舶污染事故损害赔偿"是该条例第七章的标题,但仅仅针对船舶油污损害的强制保险(第60条、第61条)、清污费用的优先受偿(第62条)、油污基金(第63条)作出了原则性规定,而且,船只有害有毒物质的污染损失无法适用该条例。所以,我们可以认为,在有关船只有害有毒物质污染损失赔偿方面规定仍然需要进一步探索。

(2)《中华人民共和国船舶载运危险货物安全监督管理规定》中的条款难以实施

该规定主要也是船舶载运危险货物安全方面的行政规定,对民事责任方面鲜有涉及,不过其第20条是关于船舶保险的规定:"载运危险货物的船舶应当按照国家有关船舶安全、防污染的强制保险条款,进行保险,获得相关的保险文书或者财产抵押证明。"②通过该法条我们可以认识到,我国对于运输有害有毒物质的船舶将要采取硬性保险措施,但是法条中"国家有关船舶安全、防污染的强制保险规定"实际并不存在,③结果导致这些有关强制保险的程序法和管理规定难免被架空。

二、海上运输有毒有害物质污染损害赔偿机制应用分析

(一)创设适合中国国情的海上运输有害有毒物质污染损害赔偿制度

1. 建立原因

我们应积极创设适合中国国情的船只有毒有害物质污染损失赔偿机制。一方面,确定责任限额有利于强制保险的推进,保险介入能够改变目前高昂的清污费用无人承担的窘况;另一方面,通过确定适当的责任限额,运输有害有毒物质的船舶所有人的保险费负担将会大大减轻。所以,这一模式是我国在加入《HNS公约》之前较好的过渡选择。

---

① 《海洋环境保护法》第90条第1款。
② 《中华人民共和国船舶载运危险货物安全监督管理规定》第20条。
③ 闫伟.海上强制保险法律制度研究[D].大连:大连海事大学硕士学位论文,2005:41.

2. 建立手段

要想创设适合中国国情的船只有毒有害物质污染损失赔偿制度,最重要就是为基金的成立确定法条基础,这就要求我们从立法层面解决这个困难。具体做法:第一,对目前适用的《海商法》进行重新编写,重新编写第 207 条和 208 条,把一般海事责任债权中的有害有毒物质污染损失补偿请求分离出来,使其不再适用 207 条规定,这样可以把它和一般可以履行的海事赔偿责任限制债权区别开来,进一步强调了污染责任的严格性。第二,制定特别的部门法律,单独明确补偿责任限额,用以强调其突出性。第三,参考美国油污基金和 HNS 基金的模式,分别建立有关我国的船舶有害有毒物质污染损害强制保险制度和赔偿基金制度的单行法规,达到对污染受害人进行双重赔偿的目的。

(二)加强强制责任保险制度的实用性

中国船东互保协会是中国的船只有害有毒污染责任的重点进行保险的单位。该组织采取和国际社会互保协会集团一同担保和商业二次保险的两种方式,保证最多补偿责任数额与国际保赔协会一致,即均为每事故 42.5 亿美元(非油污),每事故 10 亿美元(油污)。现在,因为入会船舶排放或泄漏油类或任何其他物质都属于中国船东互保协会所提供"保证补偿"中的污染风险,①中国人民保险公司目前只承保船舶油污责任,还没有特别针对船只有害有毒物质导致的污染的责任险种。

1. 强制责任保险主体的界定

因为我国对于沿海、内河与远洋运输船舶的规定有所不同,所以,在国内实行 HNS 强制保险时要进行区别,应把不同的标准应用于国内水运与远洋水运。

在中国水运方面,以船只吨位为标准,采取按照不同吨位进行保险的做法。大吨位船舶,运载能力强,相对地需缴纳的保费也要高一些;小吨位船舶,可以参考运输次数和数量来确定保费。但是对于那些运输量并不很大但是运输的有毒有害物质具有极大危害性的船舶可以采取免除投保的方式,否则可能会导致由于运输成本过高而无法经营。

沿海和内河段作为中国传递交通有害有毒物质主要地点,其中大部分船只为少于 200 总吨的非大型船只,而正是这些船况较差、管理不完善的中小型船舶最容易发生有害有毒物质污染事故,应当是强制保险的重点对象。因此,为了保证船舶有害有毒物质污染损害赔偿制度的目的与效果得以实现,我们不能把吨位作为划分标准,而应该对所有从事有害有毒物质运输的船舶实行强制保险。

---

① 2006 年《船东互保协会保险条款》第 3 条第 2 款。

2. 强制责任保险损害赔偿制度里面补偿内容的确定

由于我国《海商法》及其他相关法律未对 HNS 污染的责任主体进行专门规定,笔者认为,在确定我国的有关有害有毒物质污染损害赔偿法律的责任主体,应借鉴 1996 年 HNS 公约,确定相同的责任主体的范围。

《HNS 公约》规定的损害赔偿范围为:

(1) 人身伤亡损害(包括船员及其他第三方);

(2) 本船之外财产的灭失或损害(包括其他船及其船上货物);

(3) 环境污染带来的灭失或损害;

(4) 预防措施所产生的费用;

(5) 预防措施有关的损害。

有毒有害物质所造成的污染损害,其中受偿内容中不包括:

(1) 任何海上旅客或者货物运输合同引起的赔偿;

(2) 与其他法律、法规有关工人赔偿或者社会保障制度的规定不一致的索赔;

(3) 油污、船舶燃油污染损害的索赔;

(4) 放射性物质造成的损害的索赔。

3. 强制责任保险制度中责任承担和投保选择类别、方式

目前,我国强制保险能够有能力进行的主体即保险人为:

船东互保协会。对于船东而言,互保协会对于加入的船舶有资格限制,而且加入互保协会是完全靠船东自愿。商业保险是那些不能或不愿加入互保协会的船舶所有人的最好选择。

商业保险。如上文论述,海上运输有毒有害物质导致的污染数额巨大,一旦发生商业保险公司的巨额赔偿可能会导致公司破产,因此在受理此类保险时,大部分的商业保险公司都会很谨慎。为了降低自身风险,商业保险公司会对船舶质量、船况、经营者的资信情况和管理能力进行综合评价,从而选择各方面较好的船东作为投保人。

概括来说,船东互保协会是有害有毒物质污染责任强制保险的第一选择,商业保险公司是第二选择。

(三) 建立 HNS 基金制度

1. 基金制度的法理可行性

宏观上讲,通过概率论,我们可以得知在船舶运输有害有毒货物时,无法避免地会有一定量的货物因某种原因坠入海中。所以,从一定意义上来说,由船舶所有人造成的污染损害是有一定原因的,而为了处理污染事故的清污费用和财产损失的受偿问题,就要求我们用其他方式来解决。

通过现有的研究表明,我们唯一可以问责的对象是海上有害有毒货物的运输本身。在一件全部由不可抗力引发的漏油案件中,不存在人类行为失误,我们只能问责海洋有害有毒物品的交通传递。也就是说,货主应该承担一部分赔偿责任。因此,建立 HNS 基金制度是必要的。

2. 基金体系之构架

在该文章内,本人将着重讨论构建基金设立里面存在如下情况:

(1) 基金的适用

按照 HNS 公约的规定,HNS 基金将在下列情况下使用:

不是由于船东责任产生的损害赔偿。例如,如果船东没有被告知运输货物中包含危险和有毒物质,或者由于战争行为引起的意外事故。

船东的个人财产和抵押财产不能完成公约规定的义务及无法满足损害的赔偿请求。

实际损害超过了公约规定的损害赔偿范围。[1]

另外,在船东有效地制止或减少此种损失时,为此支出相关财物也是损失里面一部分,HNS 基金对此赔偿。

我国在建立国内 HNS 基金时,可参考 HNS 公约的规定,将基金应负的责任限定在上述范围之内,范围太过宽泛反而不利于基金责任的明确和受害人得到足额的赔偿。

(2) 基金征收和管理的主体

笔者认为国家机关是收取基金重点负责部门的第一选择。具体来说,有害有毒物质基金宜向全国范围内通过海上运输接收有害有毒物质及其制品的收货人征收专项摊款或者税收而设立,由国家财政部主管这种基金的征收是比较恰当的。

对于基金的管理主体,笔者认为国家海事局是最佳选择。《海洋环境保护法》第 5 条第 3 款也把国家海事行政主管部门作为海洋环境的管理部门。[2] 由法律规定可知,海事局负责对船舶污染事故进行调查和处理,因此,将海事部门作为基金的管理主体是合法合理的。

(3) 基金来源

收货人和政府。我们可以学习国际油污基金和 HNS 基金里面的解决方法,对于大部分赔偿款项由有害有毒货物的买方硬性支付。另外,政府征收的专项摊款或税收也是基金的资金来源。

基金投资的增值收益。基金顾名思义,是可以用来投资的,由于其投资的领

---

[1] 王成锋. 新通过的 HNS 公约简介[J]. 交通环保,1997(3):35-37.
[2] 《海洋环境保护法》第 5 条第 3 款。

域多为商业风险低的行业,故基金投资的增值收益相对来说是稳定的,也可以作为基金的资金来源。

环境损害的赔偿金。这里指的是狭义的环境损害。对于整个环境资源系统而言,"单纯地追求某一区域环境状况的改善,并不能起到带动全局的作用"①,环境资源的再分配是实现与提高环境资源运行机制效率的一个必要前提。因此,将少量环境破坏的赔偿金作为基金的资金基础,完全符合环境保护需要。

(四)探索建立生态基金制度

1. 生态基金制度名称创设原因

我国目前尚无一部法律明确使用"生态损害基金"这一词,但却有相关的法律法规对类似的基金作出规定,比如"环境保护基金""船舶油污损害赔偿基金"等,因此,出于对海洋环境的保护,为了人类的可持续发展,笔者建议可以探索建立我国生态基金制度。

2. 专项性基金的内容

专项性基金包括行业专项性基金和地区专项性基金,行业专项性基金是针对那些严重的、典型的、显而易见的、发生频率较高的生态损害类型而设立的,根据损害者负担的原则,应由其行为人承担生态损害责任,由行业专项性基金予以救济。地区专项性基金则是在某一特定行政区域,针对生态损害而由政府主导设立的一种政府基金。

3. 综合性基金的建立

作为最后顺位的生态损害社会化赔偿方式,综合性基金具有最后兜底作用,在做出综合性基金赔偿之前,应对是否存在着前位的损害救济形式严格审核并严格监督基金的流向。因此,对于建立综合性基金制度的问题,我们可以主要研究以下问题。

第一,广泛开发综合型基金的资金来源。

国外环境损害赔偿基金的资金来源对设计我国综合性生态损害基金来源具有重要的参考和借鉴价值。借鉴国外的基金提供情况,具体来说,我国综合性基金的来源应由以下五个渠道构成:①国库的专项拨款;②环境相关法律规定的向危害行为人征收的专门税费的一定比例的款项;③对危害环境行为人的罚款或罚金;④基金资金的孳息收入;⑤接受的捐赠等其他收入。

第二,严管基金项目支出,明确控制行政收支。

相关的科技研究、管理、估价支出、生态破坏的打扫方式支出、预防方法支出、恢复方法支出等是基金的主要支出项目。一方面,对于需要长时间支付的项目,

---

① 王蓉.中国环境法律制度的经济学分析[M].北京:法律出版社,2003:192.

要以之前的治理效果为基础决定是否继续支出,并制订年度计划。另一方面,对于继续支付也无法改善,难以达到预期效果的项目,应及时停止支出。

第三,明确内部审核机构、监督机构的职能。

基金的使用必须严格控制、加强监督、防止滥用,因此,其内部组织机构的完备不可或缺。笔者认为根据有关国家环境损害赔偿基金的已有实践经验和公法财团法人基金的一般运作模式,可以通过专门立法或公法行为认可综合性生态损害赔偿基金的章程,明确设定其内部组织机构以及各自职责,并使之制度化。

海洋环境突发事件应急管理措施

陈宇峰

一、海洋环境突发事件的基本理论

海洋环境突发事件对海洋环境的危害十分严重,一些石油能源、化学物质的泄漏不但会对海洋水体产生污染,而且会对人们的身体健康产生极大的威胁。做好海洋环境突发事件应急管理措施,对治理环境污染、维护生态和谐,为我们的生存提供一个蓝色地球都有着重要意义。

(一)海洋环境突发事件的概念

突发事件是指突然发生的、造成或可能造成严重社会危害、需要采取应急处置措施予以应对的自然灾害、事故灾难、公共卫生事件等。海洋环境突发事件就是这其中的一种,它指的是在海洋上发生的重大突发事件,而这些事件会对海洋环境产生巨大的影响,也会给沿海地区的经济发展带来损害。更为严重的是,有些海洋环境突发事件的发生会带来诸如海啸等海洋灾难或者种种海洋疾病,威胁到人类的生命安全,而且产生的影响会持续很多年,造成的损失也是无法预估的。因此,做好海洋环境突发事件的防范和处理,对保护海洋环境、解决海洋问题以及保障我国长治久安有着重要意义。海洋环境突发事件的产生除了自然原因之外,还有一定的人为因素,因此,做好海洋环境突发事件的应急处置管理工作,对减少事件的发生有一定的积极作用。

(二)海洋环境突发事件的特征

海洋环境突发事件作为一类突发事件,有如下所述的特征:

1. 污染源广

众所周知,全球海洋面积占地球总面积的 71%,海岸线绵长,来自世界各地的污染物都能通过海水的流动,对海洋水体造成污染。伴随经济的不断发展,海洋运输产业也在日益进步完善之中。海面上的船舶数量和规模逐渐增大,发生的船舶逸漏情况屡见不鲜。此外,开采石油资源也会造成海洋环境污染。近些年来,石油泄漏事件频发,海洋生物大量死亡,一些珍稀物种甚至濒临灭绝。总而言之,当前海洋环境突发事件的污染源十分广泛,如何有针对性地管理处置各类污染源是预防和治理海洋环境突发事件的一大难关。

2. 扩散范围广

由于海水的运动和洋流的影响,海水的流动性很强,一些污染物质随着海水的流动而不断扩散。而且海洋是一个完全开放的环境,海水流动不受限制。因此,海洋环境污染的危险程度要远远高于陆地方面的污染。例如,2011年3月发生的日本福岛核泄漏事故,含有放射性物质的污水被排放泄漏到大海里,这些放射性物质在海中将自身放射性传播散发到海洋生物的身上,导致了它们的直接死亡。而一旦这些放射性物质接触到陆地,会继续辐射陆地的生物,这样,海洋的污染就会继续升级,让整个自然的生态受到破坏,这就不单单是海洋问题了。而且由于洋流的影响,污染面积会逐步增大,给我国民众的正常生活带来一定程度的影响。

3. 持续性强

海洋环境突发事件的持续性强主要体现在其带来的污染影响将持续数日甚至更久。而且由于海洋环境污染的治理难度大,单靠海洋自身的自净能力需要几年甚至几十年才能将海洋污染物吸收干净。例如核泄漏,核的泄漏是最难治理的,核物质自身就具有放射性,而这种放射性的危害可以达到上百年,也就是说,在百年当中,海洋生态是不可恢复和建立的。日本福岛核泄漏发生之后,工作人员将具有放射性的污水存储在水罐中,而近几年这些水罐经常泄漏,由此带来的水体污染情况也十分严重,最终极大地增加了核污染的范围和严重程度。

4. 预防难度大

由于海洋环境突发事件具有出人意料的突发性,因此很难在事件还未发生前就进行防治,而且很多突发事件的发生来自自然灾害,例如海啸、地震等。这些重大自然灾害的发生很难及时预料,并且即使利用科技预测到事件即将发生,也不能阻挡事件的发生,只能做好准备工作,将事件的危害程度降到最低。例如在我国青岛几乎年年都会发生的浒苔大规模爆发,即便青岛方面不断完善预警机制,改善污水处理厂的技术,建立湿地,极力防止富营养化,也仅仅是降低浒苔入侵的可能性,并不能阻止浒苔本身的超快繁殖速度和难以预料的爆发。

5. 危害性很强

除此之外,海洋环境突发事件还具有一个特征,就是危害性很强。事件一旦发生就需要用相当长的一段时间进行治理。而且污染物如果流入海洋,极难通过一般的方法将其清理。尤其是海洋生物会吸收一些在海洋中逐渐累积增多的不易分解和溶解的污染物,从而会影响正常的生物链。这些影响的后果是十分严重,生态环境破坏的同时对于生物的影响不可估计,严重的可以造成动物的死亡,甚至可以威胁到人类的生存。以2011年6月美国康菲石油公司在我国渤海湾的作业平台发生的石油泄漏事故为例,这起事故的发生对我国海域的水体造成了严重污染,海洋生物大量死亡,影响沿岸居民的正常生活,我国在对这一事件的治理当中花费了大量的人力、物力。渤海湾是我国最重要的海湾之一,这里的自然资源十分丰富,每年都会生产出大量的海洋产品,可是在污染发生之后,短时间内的海洋物产的生产不能恢复,这对于我国的经济发展产生了很大的影响,同时对于我国群众的日常生活也产生了影响;海洋产品的价格一直在上涨,甚至还有食盐脱销的状况发生,这些都是海洋环境污染造成的不良后果。更为重要的是,在短时间内,海洋的生态环境是不会恢复的。

(三)海洋环境突发事件产生的原因

要预防和治理海洋环境突发事件,首先要弄清楚事件产生的原因,针对原因寻找对策产生事半功倍的效果。海洋环境突发事件产生的原因主要分成两类:自然因素和人为因素。

1. 自然因素

一些海洋环境突发事件是由自然因素形成的,包括赤潮、海啸和风暴潮等海洋自然灾害。《2015年中国海洋灾害公报》结果表明:2015年,我国海洋灾情总体偏轻,各类海洋灾害共造成直接经济损失72.74亿元,死亡(含失踪)30人。其中,造成直接经济损失最严重的是风暴潮灾害,占总直接经济损失的99.8%;造成死亡(含失踪)人数最多的是海浪灾害,占总死亡(含失踪)人数的77%。而其他海洋灾害的影响,例如海啸会导致的海洋环境污染。海啸是海底地震导致的一种严重的自然灾害,海啸发生之后,海浪将卷杂大量的悬浮物进入海洋,污染海洋环境。海啸还会引起藻华污染。海啸会将大量陆地营养盐带入海洋,造成海水的富营养化,形成大面积的藻华,给海洋环境和海底生态平衡带来庞大的负面效应。由于自然的因素是不可控制的,所以,人们不能够有效地预防,只能通过日常的严谨处理,加强海洋环境的监管,在自然环境导致的海洋环境危机事件发生的时候,通过预见性的处理,确保损失的最小化。

2. 人为因素

一些人为因素也是导致海洋环境突发事件发生的主要原因。例如,船舶质量不合格导致的石油燃料泄漏事件、船舶相撞,杂物进入水体而产生的海洋水体污染,石油勘探不合理而导致的大规模漏油事故,生活污水和工业废水向海洋大肆倾倒等。这些因素都能导致海洋环境突发事件的产生。但是人为因素与自然因素相比具有一定的可控性,而且造成污染的程度相对较小。因此,要防止海洋环境突发事件的发生要先从人为因素入手,提升人们对海洋的保护意识。

二、我国海洋环境突发事件应急管理中存在的问题

海洋环境突发事件包括污染源广泛、危害性强、持续时间长以及难以预见等特点。对此,政府理当制订海洋环境突发事件应急管理措施预案,做好相关事件的应急工作。而我国当前在海洋环境突发事件处置中还有着各种各样的问题,主要表现在以下这些方面。

(一)海洋环境突发事件管理的相关法律法规不完善

有关突发事件管理的法律法规存在着缺陷是我国应急管理体系机制中长期存在的问题。这类问题在海洋环境的应急管理法规上表现得更为突出。当前我国现存的关于海洋环境突发事件处置的法律法规主要有《中华人民共和国环境保护法》《中华人民共和国海洋环境保护法》《突发环境事件调查处理办法》等。这些法律法规虽然能给海洋环境突发事件的处理提供依据,但是这些法律中还存在着很多不足,会影响事件的处置。法律法规的不完善表现在以下几个方面:一是法律内容相对笼统,没有现实意义,在实际的操作中起不到实际的作用,甚至一些法律都成了摆设。二是缺少专门为海洋环境突发事件处置所建立的有针对性的法律法规。当前我国如果遇到海洋环境突发事件,在处置上还需要参照《中华人民共和国环境保护法》,由于缺乏针对性,难免会影响事件的处置速度。三是法律法规的更新不及时,很多法条已经不适应当前的社会发展,具有严重的滞后性,不利于目前海洋环境事件的处置。四是在法条的内容上也存在着很多缺陷,例如海洋环境突发事件应当侧重于预防而非处理,虽然一些法律法规规定了海洋环境突发事件的应急指挥机构,但是并没规定针对不一样的事件要求如何协调相关机构应该完成的工作,如何加强各部门之间的横向合作,在实际工作中存在管理机构责任不明确的问题。

(二)海洋环境突发事件应急管理机制不健全

由于海洋环境突发事件的形成原因有多种,所以管理也需要各部门的相互配合才能实现。纵观我国当前运行的海洋环境突发事件管理制度,我们不难发现其中缺乏各部门之间的沟通联系,尤其是缺少一个由中央直接领导和指派的管理机构对下级的工作进行直接指导。各部门的单独行动,不单单是会错过事件处理的最佳时机,而且还会导致责任不明确、责任追究困难的情形。这样的现状不但会影响海洋环境突发事件的处置速度,而且会对我国行政部门的建设产生一定的负面影响。在这些管理机制中,对于海洋环境突发事件的善后工作并没太多提及。对于海洋环境来说,在污染清理之后,最重要的是海洋生态的恢复,而这一恢复是需要花时间和精力去完成的,但是我国在这一方面并没有给予很高的重视。

经常是在污染治理之后就任其自然发展了，殊不知这会给海洋环境生态留下未知的隐患。

（三）社会公众参与意识淡薄

海洋环境突发事件的预防治理难度较大，因此仅仅只是靠管理机关的力量进行预防治理远远不够。政府应当倡导鼓动社会公众，使他们自觉地参与到海洋环境保护中去，为维护海洋环境贡献出一份力量。但是当前我国社会公众的海洋保护意识和海洋环境突发事件的预防和治理意识都较差，很多公众没有认识到海洋环境突发事件对我们生活带来的影响，大多数人认为海洋具有很强的自洁能力，而把海洋当成一个大型的天然污水处理厂，很多城市的污水不经过净化就流入海洋。有些人甚至天真地认为污水会随着海水流动转移到其他国家，不会对自身造成影响。但是他们忽视了地球是一个整体，无论哪里被污染，受害的都是地球上的每一个人。事实上，海洋环境突发事件是关乎每一个人的。大自然是循环的，当海洋中存在的污染物随着海洋表面的蒸发而进入到大气层中的时候，云层的移动会将这种污染物带入陆地的上空，一旦出现了降雨，这种污染物就会随着降雨落下，污染陆地。如果落到了人类的身上，甚至会对人们的健康造成直接的危害。因此，提升公众参与意识，让公众认识到保护海洋环境的重要性，对有效降低海洋环境突发事件的发生率有着重要意义。此外，针对海洋环境突发事件要做的预防处理工作，多数群众认为这是政府机关的事，抱着事不关己高高挂起的心态面对海洋环境突发事件。这样的情况使政府工作力不从心，不但不能快速解决事件，而且还会使公众对政府的工作能力产生怀疑，不利于工作的顺利进行。

三、海洋环境突发事件应急管理对策

海洋环境突发事件的发生不但会对海洋环境造成影响，同时也是一场检测海洋管理有关部门是否具备合格应急处理能力的挑战。海洋环境突发事件与其他突发事件不同，相比之下，它具有更严重的污染性和危害性。因此对海洋环境突发事件的处置显得更为重要。笔者认为，针对海洋环境突发事件应做到以下几个方面：

（一）完善海洋环境突发事件的相关法律法规

我国当前缺乏完善的海洋环境突发事件法规，对事件的处置没有直接具体的法律依据。针对这样的现状，立法部门需要借鉴国外在此方面的成功经验，以便更好地完善法律法规的制定。首先，立法机关要进行实地调研，到海洋环境突发事件频发的地区了解当前事件处置中存在的问题，并且根据管理部门以及当地群众所提出的看法和建议，制定出切实可行、有效率的法律法规。其次，要选取试点进行法律法规的试运行。在这过程中，还应及时追踪并反馈试运行的效果，第一时间发现和解决法律法规中不合理的部分。在法律法规完善之后,再在全国范围内施行。同时,立法部门还要经常进行基层调研,根据时代发展的状况及时调整法律法规,使其能够跟上"时代的脚步",符合社会发展的需要。在法律法规的内容上,不但要有针对海洋环境突发事件所制定的解决方案,而且还要加入规范事件管理部门行为的管理内容,使每个部门的责任、分工更为明确,减少事件发生之后出现各部门彼此推脱责任的现象。只有在严明法律、明确责任的条件下,海洋环境突发事件才能得到快速又有效的解决。

(二)构建海洋环境突发事件预警机制

要想降低海洋突发环境事件对海洋环境的影响,单靠事后解决是远远不够的,还需要构建事件的预警机制,以便及时发现问题,防患于未然,做好应急准备。做好海洋环境突发事件的预警机制构建,根本的就是要做好硬件设施的建设,使其能对海洋环境突发事件做出及时、准确的预警。首先,政府要加强在海洋管理方面的财政投入,提升信息收集处理系统的科技含量,使其能在日常管理过程中对各种数据进行收集和分析,从而便于对海洋环境突发事件作出精确的判断,一旦出现异常情况能及时发出警报,通知相关部门早作预防。其次,还要确保信息传达的高效性。如制作专门的传感器,及时对分析出的异常数据发出警报。与此同时,还要建设强大的数据库系统,在数据库中存储大量的海洋环境突发事件的处置方法,警报发出时系统能显示出解决方法,以节约大量人力、物力,并且为事件的迅速处置赢得宝贵的时间。此外,要想使预警系统起到实际作用,还需要工作人员对其进行合理的操作。因此,管理部门还要经常组织工作人员对系统操作进行学习,进而熟练地掌握各种软件的操作技巧,有效率地应对海洋环境突发事件。

另外,还要建立海洋环境监控系统,在日常的工作中要随时注意海洋环境的变化,增加巡逻艇,让海洋环境污染可以在发生的第一时间就能得到处理。

(三)制订应急处理预案,加强各部门之间的合作

为了做好海洋环境突发事件的应急处置,需要在突发事件频发的地区长期设立应急管理机构。在海洋环境突发事件发生时,该机构要作为指挥机构,协调各部门之间的工作。在此之中,切忌不能成立"章鱼式的机构"。据统计,在20世纪80年代,中国建立了二十余个涉海主管部门,然而因为缺乏统一协调领导,它们并没有发挥出应有的作用。英国曾出台《海洋与海岸促进法》,在这部法律之中提到设立海洋管理机构,将其余分散的海洋管理职能汇集到这一家机构上,对此我国可以学习效仿这一做法。因此应建立一个级别权力够高的指挥机构,不仅要调配各部门的资源,而且要在信息发布和灾害防范工作中充当排头兵,为海洋环境的维护工作保驾护航。海洋环境事件应急管理机构要经常邀请海洋事故处理专

家，对该海域的情况进行评估，制订出科学有效的应急处理预案，以便突发事件发生时能依照事先制订的预案，有条不紊地进行事件的处置。与此同时，由于海洋环境突发事件产生原因并不单一，因此应急指挥机构还要指挥协调好各部门的工作。而当前我国海洋环境突发事件的联动管理中主要依靠纵向联动，缺乏部门和部门之间的横向联动，发生突发事件之后，各部门只能由上级进行指派参与到事件处置中，这样的机制降低了事件处置的效率。针对这样的现状，应急指挥机构在日常工作中要协调好各部门之间的关系，加强部门之间的沟通和交流。只有做好横向联动管理，横向、纵向联动之间的配合，才能从根本上协调好各部门之间工作，从而提升海洋环境突发事件的处置效率。

（四）完善信息公开制度，提升管理部门的信誉度

海洋环境突发事件的发生具有一定的突发性，管理部门需要在事件发生之后的最快时间给出处理办法。如果政府对事件消息封锁，会导致社会上谣言众多，严重的甚至会影响社会的安定，引起动荡。另外，还会使人们对政府工作能力产生质疑，阻碍政府工作正常地进行。对此，管理部门要完善信息公开制度，提升管理部门的信誉度。首先，在事件发生之后要及时与媒体联系，召开新闻发布会，将事件发生的原因、政府的处置办法以及事件造成的损失及时进行发布，而且要每隔一段时间就进行信息发布更新，以便公众了解事件的进展，破除社会上的谣言。此外，还要在政府工作网站上公开政府的应急处理预案，并对调动的资源、花费的款项进行公开，以减少政府工作人员滥用权力的现象。同时，还要设立群众举报电话，使群众能将自己对事件处理的意见和建议及时反映到管理部门，以完善事件的处置工作，提升事件处理效率。实行信息公开不但会对海洋环境突发事件的处理起到推动作用，而且会对我国建设阳光政府起到积极推动作用。

（五）建立科学的应急能力评价体系和补偿救助机制

要想降低海洋环境突发事件的危害性，不但要做好事件的处置工作，还要在事件发生之后对事件进行及时的评估，制定好补偿救助机制。

应急能力评价体系包括对海洋环境突发事件产生的原因、处置情况进行总结，并对事件处理过程中的成功经验和失败教训进行记录。建立应急能力评价体系，可以把每一起海洋事件情况进行记录，并且按照事件的不同类型对事件进行归类，为日后的防范工作提供方便。另外，应急能力评价系统中还将记录事件处理的方案，当有类似事件发生时，可以为事件的解决提供借鉴，提升海洋环境突发事件的处置能力。

我国群众对于海洋环境突发事件的应变能力事实上还是有欠缺的。在日本福岛核电站核泄漏事件发生后，我国的民众突然就掀起了一股抢盐热。有消息说核泄漏之后污染了海洋，居民日常生活中必备的盐就会受到污染，于是我国的一

些群众就疯狂地购买食盐,短时间之内就造成了食盐脱销的状况,甚至在一些商家故意调高食盐价格之后,也没有阻止这股"抢盐热"。事实上,我国的食盐不仅仅只有海盐这一种,并且日本的核泄漏对于我国的海盐生产是没有影响的,所有的一切都是谣言。在这一场闹剧结束之后,人们不禁开始了反思,这种状况的发生,很大程度上是由于我国群众对海洋环境突发事件了解的缺失造成的,如果我们对于海洋环境污染的事件有足够的了解的话,是不会出现这种情况的。

由于海洋突发环境事件会在很大程度上影响社会稳定,造成居民恐慌,还会对沿海居民的生活造成影响,因此制定合理的补偿救助机制对事件的平息有着一定的积极作用。首先,要成立心理救助部门,对事件发生地的难民进行心理疏导,使他们从家园毁灭的阴影中走出来,进行正常的生活和工作。其次,在确保难民心理健康的同时,还要建立完善的补偿救助机制。海洋环境突发事件,会给沿海居民的生活带来严重影响,使其房屋受损、食物短缺。针对这样的问题,政府要及时修缮住房,为沿海居民提供食物补给,使其能够正常生活。其次,一些海洋环境事件尤其是石油泄漏事件会造成海洋水体的污染,对周围的海水质量产生严重影响,能导致海洋生物大量死亡,不利于海洋养殖业的发展。对此,政府要对受灾地附近的渔民进行补偿,弥补其经济损失。在补偿机制设置的过程中,政府还要利用好商业保险这样的有利平台,做好当地民众的救助工作。

(六)加强宣传教育,使公众参与到海洋环境保护中去

要想提升海洋环境突发事件的处置水平,仅靠政府的单方面作为是远远不够的。只有使广大民众参与到海洋环境突发事件的处置和海洋环境的保护中去,才能从根本上减少事件对人们生活所造成的损害。当前我国政府倡导环保,但是大多数公众认为环保只要做好陆地环境的保护就好,没有认识到海洋环境保护的重要性。所以加强相关海洋知识的宣传教育和知识普及,提升人们对海洋保护的认识,是维护海洋保护工作的重点。

首先,公开海洋环境突发事件的处置方法和管理现状是使公民参与到事件处置中的基础。其次,宣传部门要经常性地组织发起海洋环境保护的宣传活动,使公民认识到海洋环境保护有着重要意义,从而认清保护海洋是每个人的事,同时也要求公民本身掌握海洋环境突发事件的应急处置方法,减少事件对生活的影响。此外,政府应当利用网络平台,向公民普及海洋环保知识,组织网络海洋知识大赛,在校园中开展海洋环境保护教育,让学生从小就树立保护海洋生态的意识,培养他们对于海洋环境保护的责任感。另外,我国政府还应当招募志愿者,定期举行海洋环境保护活动以及海洋环境突发事件发生时的应急逃生演练,让志愿者将活动中的内容,再次普及到社会公众中去,从而发动全民参与到海洋环境保护活动当中去,减少海洋环境突发事件的发生率。

"一带一路"倡议下海洋环境保护的国际合作

姜婉玲

一、"一带一路"倡议下实施的海洋环境命题

"一带一路"倡议于2013年基于历史基础和现实需求提出。它的提出尤其是海上丝绸之路的提出给海洋环境保护带来了机遇,也发出了挑战。机遇是指海洋环境保护与国家间合作受到了前所未有的重视,挑战是指海上丝绸之路的建设势必会对海洋环境造成一定程度的破坏。如何平衡二者的关系,对各国提出了更高的要求,和平、理解、包容是基础,合作是必由之路。

(一)"一带一路"倡议与海洋环境保护的基本理论

1. "一带一路"概述

"一带一路"主要包括中蒙俄经济带、新亚欧路桥经济带、中国—南亚—西亚经济带和海上战略堡垒这四条经济带。"丝绸之路经济带"是习近平主席于2013年9月5日在哈萨克斯坦访问时提出的,而"海上丝绸之路"是习近平主席在同年10月出访东盟国家时为加强海上合作提出的。2014年两会期间,李克强总理在《政府工作报告》中指出加强丝绸之路经济带和海上丝绸之路的建设。

"一带一路"是历史选择的回归,两千多年前,各国人民就通过海陆两条丝绸之路开展商贸往来;"一带一路"更是我国成为世界强国的重要路径,它的建设使我国与世界各国联系加强,交流密切。

2. 海洋环境保护概述

环境保护指的是为修复已破坏的环境,保护未破坏的环境而采取的有关政治、经济、法律等方面的行动的总和。环境保护是人类针对环境问题而提出的积极对策。[①] 而海洋环境保护则是人类针对海洋环境问题而提出的措施和行动的总称。

海洋污染是海洋环境的一个突出问题,海洋污染是人类的活动改变了海洋的原来状态,使人类和生物在海洋中各种活动受到不利影响。《海洋法公约》针对环境污染做出了各国保护环境的强制规定;各国有保护和保全海洋环境的义务。[②]

3. "一带一路"实施对海洋环境的影响

"一带一路"的提出对海洋环境兼具契机与挑战的双重影响。

---

① 吕忠梅.环境法学[M].北京:法律出版社,2004:14.
② 《海洋法公约》第192条。

契机体现在"一带一路"的提出赋予了文明新的内涵——"生态文明"。现阶段,文明的内涵已非物质文明和精神文明那么简单,随着生态的发展,生态不再局限于自然环境的范畴,其作为一种文明发挥着日益重要的作用。中国率先推出了"生态文明"这一全新的理念,[①]旨在实现可持续发展。

虽然"一带一路"的提出有着重大的历史和现实意义,但是它的实施却带有一定的挑战性。众所周知,陆上丝绸之路的一些欧亚国家经济基础薄弱、设施落后,这给"一带"的建设带来了一些阻碍,并且建设的同时无疑会给环境带来或多或少的影响,能否尽快适应环境的影响仍是一个问题。而海上丝绸之路的建设也会对水质和生物多样性带来一定影响。这对环境承载力也是一种挑战。

(二)国际法意义上的国际合作

1. 国际合作的概述

"国际合作"一词虽被广泛应用,但存在着概念上的不同认识,新自由主义学派提出的有关国际合作的观念是现如今的主流观念。新自由主义学派认识到了环境是一个整体,在此基础上提出的国际合作就更具执行力。全球性的保护不仅需要国家间的合作,而且需要国际组织甚至民间团体进行合作。

国际合作过程中难免会遇到一些问题,这就需要一定的法律做保障。国际法是众所周知的构建和谐世界的法律基础。国际法所规定的合作于一国而言是义务也是权利。国际法意义上的国际合作指的是结合法律尤其是国际法,通过制定一系列的国际条约来寻求建立和谐的世界大环境。

2. 国际合作的方式

国际合作方式多样,现如今在国际舞台上最为活跃的当属多国合作和双边合作。多国合作又根据合作媒介的不同,可分为通过联合国的合作和通过全球性国际组织的合作。通过联合国的合作主要表现为联合国在会议中对海洋环境所持的立场及为保护海洋环境所做的行动。通过国际性组织的合作主要是国际组织根据成员国的共同目的来制定相关协议以此来保护各成员国的海洋环境利益。

3. 国际合作的意义

众所周知,海洋环境是一个整体,牵一发而动全身。海洋环境的破坏非一朝一夕所为,更非一国所致。因此海洋环境的保护更不能仅保护一方面或通过一国来保护和治理。国际合作在此意义重大。在事实层面,国际合作目前正遭遇合作范围狭小和方式单一的瓶颈;在法律层面,完善海洋法的制定,保证海洋法的实施以及建立有效的国际合作机制势在必行。

[①] 叶琪.一带一路背景下的环境冲突与矛盾化解[J].现代经济探讨,2015(5):30-34.

(三)"一带一路"倡议和海洋环境保护的国际合作

1. "一带一路"倡议实施的环境冲突

自古以来,经济和环境就存在着无法消弭的冲突,人类在二者之间进行着艰难的抉择和平衡。

"一带一路"倡议的实施在促进经济发展的同时也存在环境上的冲突,这包括发展任务的艰巨性和生态环境的脆弱性的冲突;环境技术发展和环境制度创新的冲突;结构升级的紧迫性和环境规制约束的冲突;经贸合作的拓展和环境贸易壁垒的冲突;个体行动独立性和整体合作协调性的冲突。[1]

2. 国际合作是调和"一带一路"环境矛盾的润滑剂

"一带一路"的提出,特别是"海上丝绸之路"的提出,目的是发展经济,而海上经济的发展势必会对海洋环境造成或多或少的影响,在国际贸易往来中,各国都想要获得更大利益,以最少的成本包括对环境污染预防以最低的财力物力来获得最大的利润。这样一来,环境的破坏由谁治理便成为一大难题,各国相互推诿,矛盾会愈发激烈。这时候国际合作无疑是最行之有效的方式。只有找到国与国之间利益的平衡,在此基础上加强合作,才能真正解决经济与环境的矛盾,所以在此角度来看,国际合作确实是调和经济与环境矛盾的润滑剂。

二、世界海洋环境保护与国际合作的发展

如今的海洋环境已受到国际社会的广泛关注。世界各国通过制定国际公约、建立保护区等方式,积极加强海洋环境保护合作,促进各国共同开发、利用海洋资源,保护和改善海洋环境,这取得了一定成效。"一带一路"倡议的提出,得到了各国的积极响应,尤其是"一带一路"沿线国家。海上丝绸之路的提出对海洋环境的开发、保护及国际合作翻开了新篇章。

(一)世界海洋环境的现状

1. 海洋生态环境

海洋生态环境不断恶化主要有三方面的原因:一是海洋生态系统遭受了严重破坏,海洋生态系统作为一个整体,一个环节被破坏,其他环节都会受到影响。一损俱损的特征致使庞大的海洋生态系统也显得十分脆弱。二是遭受陆源污染严重,陆地污染物排放到海里直接造成了海洋的污染;三是全球气候变化更加剧海洋环境恶化,近些年的全球气候变暖导致冰川融化,海平面上升,海洋环境发生了剧烈变化。

---

[1] 叶琪.一带一路背景下的环境冲突与矛盾化解[J].现代经济探讨,2015(5):30-34.

2. 海洋生态系统

海洋生态系统是一个整体。海水和海洋生物密不可分。目前,海洋生态系统堪忧,海水受到大面积污染,海水的污染导致部分海洋生物窒息死亡,这使海洋生物的多样性减少。海岸侵蚀状况严重,沿海地区生态环境遭到破坏,这一系列的变化使海洋生态的原有系统失衡,海洋灾害频发。

3. 海洋生物资源

《联合国海洋法公约》并未明确规定有关内水与领海海洋生物的养育和管理,给了沿海国自主决定和执行的权利,关于专属经济区海洋生物的养护和管理,《联合国海洋法公约》也赋予了沿海国较大的自由决定权;各国基于公海自由原则也在公海捕鱼上有很大自由权。《联合国海洋法公约》虽沿袭了《公海公约》和《捕鱼公约》这两个公约的宗旨,要求各国共同合作保护公海生物资源,但原则性的规定并未发挥太多的强制作用。

(二)世界海洋环境保护国际合作的历史与现状

在过去,各国的海洋保护政策有了一定程度的发展,主要体现在如下三个方面。

一是建立海洋保护区。目前世界已建立5000个海洋保护区,虽然海洋保护区数量不少,但各国建设力度并不均衡。为了实现可持续发展,各国都相继提出海洋保护区建设目标。[1]

二是建立公海保护区。国家管辖以外的海洋区域逐渐得到人们的重视,欧盟建议制定《联合国海洋法公约》第三个执行协议,目的是建立公海保护区。联合国就此问题设立了非正式特设组,并对公海保护取得了突破性成就。

三是设立禁渔区。自21世纪以来,设立禁渔区包括禁止底层拖网捕捞和使用固定渔具捕捞成为保护海洋生物资源措施的趋势。

虽有政策的约束,但实际上操作起来,尤其是国家通过合作来加强海洋环境保护的过程会出现诸多阻碍,比如各国保护区划分存在重叠,禁渔期因气候不同导致的差异都会给合作造成麻烦。这需要双边、多边合作的加强来进一步解决实际操作中所遇到的问题。

(三)海洋环境保护国际合作的发展

1. 海洋国际新秩序的构建

在今后一段时期内,我国虽陆上疆界相对稳定,但海洋威胁持续存在,美国为主导的海洋强国为保持自身霸权地位、实现各方力量的均势发展,针对中国提出

---

[1] 孙瑞杰,李双建. 全球海洋生态环境保护态势及对我国的借鉴[J]. 海洋环境开发与管理,2013(11).

的海洋强国的复兴梦,试图挑起中国与周边国家争端来遏制中国的发展。基于此,国际新秩序的建设迫在眉睫。"一带一路"倡议的提出,沿线各国进行政治、经济、文化、生态的多方合作,是对霸权主义、强权政治的一种反抗,对国际新秩序的建立无疑起着至关重要的推动作用。

2. 国际合作战略互信的加强

"21世纪海上丝绸之路"倡议统筹考虑了周边各国的利益,促进了经济、人才、技术、资金的交流,虽是中国提出来的,但却需要各国共同努力才能更好地实施下去。它所蕴含的包容、互补、共进的人文理念大大降低了周边国家的不安全感,提升了各国的合作战略互信。而这种战略上的互信将是各国合作的内在凝聚力。

3. 联合国在国际合作中发挥着日益重要的作用

国际合作是各国在某一方面或某些方面共同利益和凝聚力的体现,这其中,联合国发挥着不可替代的作用。

首先,在理论上,联合国为海洋环境保护的国际合作奠定了坚实的国际法基础;其次,在实践中,联合国明确了海洋环境保护国际合作的目标和具体方案,推动各国展开广泛的国际合作,并针对各个机关实行海洋保护政策中出现的职能重叠或冲突问题加强部门之间的协调。

三、世界海洋环境的立法评述

世界海洋环境是一个庞大的系统,基于此,海洋环境的发展和保护更需要一整套完善的法律体系作保障。虽然海洋法在国际法中起步较晚,但在最近十几年中得到了迅速发展。以《联合国海洋法公约》为首的海洋法律体系逐渐构建,形成了关于海洋环境保护较完善的法律框架,为海洋环境的保护提供了法律支持,也为各国逐渐引用和发展。

(一) 关于海洋环境保护的国际法

1. 《联合国海洋法公约》

《联合国海洋法公约》是迄今为止影响最大的关于海洋的国际立法,它为海洋环境保护的国际合作奠定了坚实的国际法基础,是国际海洋环境保护的宪法性文件。该公约主要涉及各缔约国的权利、义务、海洋污染的管辖权限以及争端解决机制等问题。

在权利义务方面,《联合国海洋法公约》明确各国应承担保护和保全海洋环境的义务,各国应采取措施防止和减轻海洋污染;关于海洋污染的管辖权限问题,该公约针对陆源污染、船舶污染、海洋废弃物污染进行了详细的规定;公约也提供了多种和平解决争端的途径包括谈判、斡旋、调停、调解等。

2. 其他国际条约

其他国际条约包括国际性公约、区域性公约和双边条约。

国际性公约主要涉及海上油污事故及事故后的民事归责等方面。这些国际性公约对国际上普遍存在的海洋环境方面的问题进行了规制。①

区域性公约较多,根据海洋环境的地区性特点,区域性公约在欧洲、中东、非洲、亚洲和太平洋等地逐渐建立。② 区域性公约针对区域问题对相邻几个国家政策和法律的制定起积极的引导作用。

双边条约主要是临近一片海的两个国家签订。如意大利和南斯拉夫签署关于亚德里亚海的协定,加拿大与美国签订关于漏油和以外事故的协定。这些双边条约由于只规制两国的权利义务,其针对性和有效性较国际性公约和区域性公约普遍偏强。

(二) 各国关于海洋环境方面的国内立法

1. 加拿大

加拿大制定了三个原则和四个紧急目标来实施海洋战略。三个原则分别是:可持续开发、综合管理和预防的措施。四个紧急目标为:用综合配合的方法来管理;相互协调执行机构;最大限度利用海洋资源;在海洋管理上处于世界领先地位。③

加拿大为实现国家的海洋战略目标制定了具体措施。对海洋环境保护、海洋生物的多样性等方面进行了规制,这些措施已初见成效。

2. 美国

美国是较早关注海洋环境方面的国家之一。在 2000 年,美国就通过了《海洋法案》,一年之后美国又成立海洋政策委员会。这之后美国对海洋环境政策做了详细的研究。为海洋环境保护的具体方法提供了方向的引导和政策的支持。自 1969 年"海洋科学、工程和资源"报告之后,美国对国家海洋管理政策重新做出了彻底评估。

3. 英国

众所周知,英国是一个海上大国,海洋的发展是英国发展的根本。因此英国也有诸多海洋环境保护方面的规定。为保护苏格兰境内的唯一的一个深海珊瑚礁,英国的《大渔业政策》中规定在苏格兰西北部海岸以外 12 海里内禁止使用破

---

① 赵守梁.论海洋环境保护的国际合作.齐鲁渔业,2005(12):42-43.
② 孙畅.海洋垃圾污染问题的国际法规制:成就、缺失与前路[D].长春:吉林大学博士学位论文,2013.
③ 陈巍.论国际海洋环境保护立法的发展与完善[D].青岛:中国海洋大学硕士学位论文,2007.

坏海床的渔具。除此之外，英国政府还将苏格兰西海岸的"达尔文丘"设为"环境保护特别区"，为海洋环境保护树立典型。

4. 日本

日本是一个岛国，陆地资源严重匮乏，对海洋依赖性强，在1996年通过关于制定《海洋法公约》相关国内法律的基本方针，内容有：设立毗连区；设立专属经济区；用直线确定领海基线。日本早在1996年就起草了三项关于专属经济区的新立法，做出了五项关于水资源等方面的修改立法[①]，为其他国家在海洋环境保护方面提供了借鉴。

5. 中国

近些年来，中国政府越来越重视环境的保护。牺牲环境的发展经济并非长久之计。在1978年，中国首次将环境保护写入宪法，作为重视环境的新起点。在这之后有关环境保护的立法层出不穷，逐渐形称完整的环境保护体系。海洋环境的立法作为其中的重要部分也在不断完善和发展。破坏环境严重者还将受到刑法处罚。我国刑法中的破坏社会主义经济秩序罪和危害公共安全罪中就包含破坏自然环境和破坏野生动植物的行为。

（三）关于世界保护海洋环境立法的评价

关于海洋环境保护的立法随着历史的发展在不断地完善，并取得了实质性进展。《联合国海洋法公约》提供原则性指导，同时有必要规定强制性措施，适当缩小成员国的自由权。各国也针对本国的不同实际情况进行有效的调整和完善，但立法在时间上的滞后性和程序上的复杂性使得海洋环境的立法并不能完全随着实际情况的改变而变化。这使得对一些新出现的问题不能进行有效的规制。因此赋予各地方部门对规章制度在一定范围内的变动权极为必要，同时程序的精简和效率的提高也应一并得到重视。

四、海洋环境保护国际合作的新问题

虽然海洋环境保护的国际合作取得了一定发展，但海洋环境合作仍然处于初级阶段，一些问题有待于解决。例如，还没有建立起海洋环境合作机构，没有一套统一的海洋环境保护体系，这对于海洋环境合作十分不利。另外，有些国家由于政治经济等原因影响，在对海洋环境保护的认识上存在差异，另外，资金不足等问题也阻碍着国际海洋环境合作的进程。

---

① 金正九. 东北亚海域环境污染防治的国际合作[D]. 大连：大连海事大学博士学位论文，2011.

（一）新丝绸之路对海洋环境保护国际合作的挑战

1. 合作范围

"一带一路"涉及的生态环境范围是全球性的，因而合作的范围也必将是全球的国际合作，这需要多个国家的共同努力。"一带一路"中的"一带"涉及亚洲、欧洲和非洲三块大陆。"一路"涉及南海和东海两大海域。"一带一路"的提出也顺应了全球演化的趋势，显示了我国积极参与国际合作的责任感和使命感。

2. 合作方式

由于合作范围的扩大，合作主体的增多，单一的合作方式并不能满足"一带一路"倡议下的环境保护需求，所以在治理环境方面，沿线各国要超越狭隘的国家利益理念的束缚，朝着人类追求的多边合作方向发展。合作方式的多样化将是环境保护取得实质进展的重大突破。

3. 冲突机制

在新丝绸之路的战略的实施下，冲突相伴而生。国内冲突主要体现在发展任务艰巨性与生态环境脆弱性之间的冲突、环境技术发展和环境制度创新的冲突、结构升级的紧迫性和环境规制约束的冲突。国际方面的冲突主要是经贸合作需拓展但遭遇壁垒，整体合作需协调但存在个体独立行动行为。

面对诸多冲突，唯一的解决机制就是倡导的生态文明。"一带一路"的提出既导致了问题的产生，又是解决问题的出路。"一带一路"中所倡导的经济与环境的协调发展为冲突解决提供指引，无论是传统的调解、斡旋等机制还是将产生新的冲突解决方式都将会在生态文明的精神中发挥新作用。

（二）海洋环境保护国际合作的传统局限性

1. 合作体制不完善

海洋环境合作虽有进展，但效果并不明显，海洋环境也未出现质的提高。在国家间会议上也仅仅是互相交换一些海洋方面的信息。至于一致行动，国家间很少达成，即便达成也并不能顺利进行。究其原因，主要有以下两点：一方面各国对海洋环境存在不同的利害关系，在合作的具体事宜上难以统一；另一方面，海洋环境保护的相关政策和技术层面如何做到紧密结合也未得到重视。因此合作体制的不完善是目前导致海洋环境迟迟不见成效的重要因素。

2. 缺乏统一的海洋环境保护体系

随着国与国之间双边条约和多边条约的不断签订，海洋环境合作在不断向前发展，但是这些协定存在一个共同问题就是缺乏相互的关联性，它们在各自所规定的范围内发挥着作用但相互之间缺乏有机的统合，并未形成一个完整的海洋环境保护体系，这就导致在合作任务上出现重复或空缺、在合作时间上迟缓、在合作程序上复杂等问题。

3. 海洋环境保护国际合作障碍的客观因素

单就一国而言，经济和环境在一定的技术发展程度上存在着此消彼长的关系，尤其是对于发展中国家来说，经济的发展更为迫切，这就使得环境在某种程度上缺乏重视。而在全球范围内，各国经济发展水平的不同导致经济政策和政治制度存在差异，这种差异直接影响了各国的环境政策，不同的环境政策很难在国际合作中达成一致，这就造成了海洋环境保护国际合作的障碍。

环境合作的顺利进行，财政保障发挥至关重要的作用。某些地区仅靠筹备的资金不能维持基本的活动费用，这就需要政府的财政支持。日本有能力支援海洋环境合作，但日本总会附带一些政治或外交方面的条件。中国、韩国、俄罗斯等国虽在海洋环境合作上的态度积极，但又存在财政支援不足的问题。①

"海洋事务是国家公权力干预的领域"，这是一直以来的传统思维观念。私人的参与并未得到应有的重视，政府有时也反对普通民众参与。除此之外，公众也并未认识到环境污染的严重性，非政府组织间也缺乏必要的联系和沟通，运作经费也是一个瓶颈，这些都导致公众参与度的降低。但是对于保护海洋环境来说，非政府组织和民众的参与会使环境问题更易解决，基于此，积极提高公众的参与度显然迫在眉睫。

五、国际海洋环境保护合作的展望

随着海洋环境保护意识的提高，海洋环境的国际性、区域性合作都取得了一定的成果，但仍有一些问题亟待解决，在本文的第四部分进行了阐述。"21世纪海上丝绸之路"倡议的提出，为国际海洋环境保护提供了新契机。各国在顺应合作大趋势的形态下进行积极配合，才能展开海洋环境保护合作的新局面。

（一）海洋环境保护国际合作的依据

国家间如何进行合作、进行哪些方面的合作、合作中的冲突如何调节需要国际法进行规制。实践也证明以立法形式解决国际合作中的问题是一条切实可行之路。

《联合国海洋法公约》是第一部保护和保全海洋环境的国际公约。此公约对缔约国的权利、义务、国内立法和执法等多方面问题做了全面规定。由于海洋的流动性和整体性，《联合国海洋法公约》也对国家管辖区域以外的海域进行了规定，目的是推动各国积极进行全球区域内的海洋环境保护合作，建立一套基本完善的环境保护规范。

---

① 金正九. 东北亚海域环境污染防治的国际合作[D]. 大连：大连海事大学博士学位论文，2011.

国际合作除了法律依据，也需要政策支持。政策相对法律而言更动态性和灵活性，因此政策更能适应海洋环境的变化以及各国合作方面的变动。国际海洋法法庭发表的《咨询意见》要求各国对海洋环境的管理给予高度重视，在此意见的影响下，各国的海洋环境的管理政策做出了相应调整为国际合作提供政策支持。

（二）海洋环境保护国际合作应当遵循的基本原则

国家主权原则。一个国家对其海洋环境和资源具有永久主权，这是一个国家的物质基础，是发展其他权利的物质保障。任何国家不得干涉此权利的行使，若外国对其自然资源进行损害，本国可以要求外国偿还和赔偿。同时，本国也要尊重他国的主权，在维护自己权益的同时不得损害他国的海洋环境。

公平公正原则。公平公正原则要求各国合理的享有权利、在享受权利的同时承担相应的义务。海洋环境是一个整体，所以需要各国共同承担起应负的责任。发达国家和发展中国家应区别对待，排污多的国家和排污少的国家应区别对待，沿海国家和内陆国家应区别对待。这种非一视同仁的区别对待更是公平公正的一种体现。随着环境保护的概念从污染防治扩大到自然保护和物质消费领域，污染者负担原则的适用范围也是逐步扩大。① 所有污染环境的受益者都应当本着公平公正的原则承担相应的责任。

可持续发展原则。可持续发展是指"既满足当代人的需要，又不对后代人满足其需要的能力构成危害的发展"②，可持续发展原则目前处于形成、发展时期。可持续发展原则对现代国际海洋环境保护活动有着普遍的指导意义，贯穿国际海洋活动的始终。可持续利用、世代间公平、环境与发展一体化是可持续发展原则的基本内容，也是环境发展的重要目标。

合作共赢原则。合作共赢原则是国际法的一项基本原则，而对于现在的海洋环境来说，国际合作具有其特别重要的意义。因为海洋是一个完整而巨大的生态系统，这一系统涉及整个地球，这就要求世界上的各个国家需要有一种全球伙伴精神，为海洋系统的健康发展进行广泛的合作。

（三）加强海洋环境保护国际合作的路径

1. 构建完善的国际合作的法律体系

海洋环境污染问题迟迟得不到彻底解决的一个重要原因是未建立完善的国际合作法律体系，一个完善的国际合作法律体系应当包括风险预防方面的法律，海洋污染管辖权上沿海国、船旗国和港口国的国际合作，跨界海洋污染责任确定上的国际合作。每一项法律都需要经过各参与国的协商、投票，找到适合各国国

---

① 汪劲.环境法律的解释：问题与方法[M].北京：人民法院出版社，2006.
② 世界环境与发展委员会.我们共同的未来[M].北京：世界知识出版社，1989.

情和世界环境大形势的法律体系。

2. 建立健全的国际合作执行机构

国际合作除了在理论上有完善的法律体系做支持,实践中还需要有一个健全的执行机构。这需要联合国起推动作用,同时各国以积极的态度进行磋商。一个健全的执行机构意味着分工明确,责任独立。这使得在执行任务中避免了任务重叠现象的发生,提高了办事效率,同时在责任追究中有明确的责任主体,减少了相互推诿的现象。

3. 完善国际合作的纠纷解决机制

对于海洋环境污染纠纷的案件,只有在违反国际规定的情形下并且《联合国海洋法公约》规定在穷尽当地补救办法后,才能提交国际法院。这使得案件提交国际法院受到诸多方面的限制,那么如何在案件提交国际法院之前就有良好且有效的解决机制来处理案件就显得极为重要,同时也能提高办事效率,这种解决机制需要在各国行得通,并在各国通过双边合作、多边合作做到不冲突,不重叠。

4. 深化环境命运共同体认识及扩大公众参与

一般情况下公众参与海洋环境的保护活动处于分散状态,主要是靠个人对环境保护的使命感,并且在环境是公权力的干涉的范围的传统观念影响下,个人主动参与环境保护活动的现象并不普遍。这就需要深化命运共同体的认识。即便如此,个人力量仍相对有限,而以公民的兴趣爱好为基础建立的环保社团成为海洋环境保护最活跃也最可靠的形式。社团组织除了在影响力上较公民个人更大以外,在专业知识方面也比个人有更多优势。因此专业化的环保组织也在解决问题上更加科学化。

第三专题

深海法

论联合国海洋法公约与深海法

裴兆斌　段　琼

一、我国《深海法》出台的背景

1940年左右,经济的发展速度越来越快,世界上各个国家联系也越来越紧密,使人们把视线逐渐从陆地资源转向了深海资源。再加上人们的过度开采和资源浪费,深海海底区域的金属等资源的开采被人们提上日程。我国深海海底区域资源极为丰富,除了常见的锰结核外,还发现了拥有可燃冰、热液硫化物等稀缺资源。我国的深海资源勘探主要开展于1979年左右,经过多年相关科研人员的不断努力,我国在深海海洋资源勘探、开发和国际之间的相互协作等方面都取得了不小的成就。但相比起发达国家来看,仍然有着不小的差距。在未来的发展过程中,还需要不断地学习和更新与完善相关技术。此外,我国在深海海底区域资源勘探开发方面并没有出台相关的立法,在司法实践中仍处在无法可依的状况,急需出台一部法律来规范相关行为。及时制定相关法律,有助于完善我国海洋法律体系,加快我国深海海底区域资源勘探、开发的快速发展,规范整个行业的深海资源开发行为,促进深海事业的快速发展。

1982年通过的《联合国海洋法公约》(以下简称《公约》)中,将国际海底区域及其资源明确规定为世界全体人类的共同继承财产。国际海底管理局负责其管理方面的活动以及其相关主权的行使,其代表的是全体人类。同时,各个国家不能对国际海底区域资源进行主张或相关权利的。根据《公约》中的规定,各国在国际海底区域进行勘探开采能活动时,需要经过《公约》缔约国的法律制度规定,另外,进行勘探开采活动的主体为《公约》缔约国本国的公民、法人或其他组织。《公约》为各个国家的深海海底资源的勘探和开采活动提供了国际立法依据,督促各国制定相关的资源勘探法,促进人类的共同发展。

近年来,我国积极地投身于各种国际深海海底资源勘探活动中,相继申请并获得了多个深海海底资源勘探区,如:富钴结壳、多金属结核等勘探区。我国还组织了四十余次大洋调查航次。此外,在深海资源勘探的科学技术方面,我国也收获颇丰。目前已经研究出了"蛟龙"号载人潜水器等多项深海资源探查技术装备。科学技术的不断发展,使得我国海上实力日益强大,并对我国深海资源的勘探和开发作出了积极的贡献。

2016年5月生效的《深海法》,填补了我国在占世界海洋面积65%的深海区域的法律空白,与我国的《专属经济区和大陆架法》配套并相互衔接,把中国相关的海洋立法纳入到全球海洋法的层面,完整了我国的海洋法律制度。同时也标志着我国的深海海底区域资源的勘探开发工作,达到了一个新的高度。《深海法》中,除了明确规定了如何获得资源勘探开发的主体资格以及详细的流程外,还规定了我国资源勘探开发主体在进行勘探开发的活动过程中需要注意的各项事项,为深海资源的勘探和开发提供了详备的法律依据。[①]《深海法》的公布,向全世界表明了我国作为一个联合国常任理事国,作为全球最大的发展中国家勇于承担自身应负的责任,坚定地维护整个人类的利益,体现了我国努力促进世界海洋资源勘探开发工作的决心和信心,履行了我国作为一个政治、经济大国的义务。同时,《深海法》的出台,也展现了我国作为《公约》的缔结方,积极配合《公约》的开展与执行,努力遵守《公约》在深海方面的相关规定,通过制定我国国内的《深海法》,来增强《公约》的公信力和执行力,为世界海洋法的发展作出了自己的贡献,也在一定程度上促进了世界深海资源开发和勘探工作的进步和完善。

在深海海底区域资源勘探和开发的主体方面,我国《深海法》做出了详细的规定。[②] 一方面规定了主体资格由我国公民、法人或其他组织来担任,另一方面又规定了主体资格的取得方式及详细的流程。《深海法》的出台,还完善了我国的海洋法体系,对我国的海上依法执政和海洋立法都起到了积极的促进作用,使得我国海上执法有法可依。

二、《公约》与我国《深海法》的关系

(一)《公约》为我国《深海法》提供了法律依据

1994 年生效的《公约》属于国际法的范畴,作为我国法律的渊源之一,对我国海洋相关的法律起着引导和促进的作用,为我国相关法律提供了立法的精神和基本准则,我们甚至直接将《公约》里的条文用来作我国相关立法的基础性概念。其中,《公约》中,将国际海底区域及其资源明确规定为世界全体人类的共同继承财产。国际海底管理局负责其管理方面的活动以及其相关主权的行使,其代表的是全体人类。同时,各个国家不能对国际海底区域资源主张相关权利。根据《公约》中的规定,各国在国际海底区域进行勘探开采能活动时,需要经过《公约》缔约国的法律制度规定,进行勘探开采活动的主体为《公约》缔约国本国的公民、法人或其他组织。另外,各缔约国或国营企业、缔约国自然人、法人在从事深海资源勘探开发活动的同时,除了各自进行以外,还可以进行相互之间的搭配和组合,共同进行资源勘探开发活动,这样不仅可以节省财力物力,也可以节省相应的行政审批工作。这为我国专门针对深海海底区域资源勘探开发的《深海法》提供了法律依据,保护了中国的海洋权益。我国《深海法》的相关规定是在《公约》这一大的框架

---

① 刘航.习近平签署主席令公布深海资源开发法[EB/OL].来源:中国军网,发表时间:2016.02.26
② 刘伟.为人类和平利用深海资源作贡献[EB/OL].来源:中国低碳经济网,发表时间:2016.03.02

体系下展开的具体法律规范。

另外,《公约》对深海海底区域等一系列概念,也做出了详尽的规定。其中,深海海底区域主要指的是在国家管辖范围以外的海床和洋底及底土,即各国专属经济区和大陆架以外的深海海底及其底土。这一具体概念的规定,也对我国《深海法》的制定起着规范性的作用。在《深海法》总则的规定当中,沿用了这一深海海底区域的概念,并以这一概念为基础,制定了对深海海底区域资源勘探的详细规定。

(二)《深海法》落实了《公约》中的相关规定

为了结束数千年来各国通过战争争夺海洋资源的历史,《公约》将国际海底区域及其资源明确规定为世界全体人类的共同继承财产。国际海底管理局负责其管理方面的活动以及其相关主权的行使,其代表的是全体人类。同时,各个国家不能对国际海底区域资源进行主张或行使权利。《公约》的出台,使得全球的海洋开发管理工作进入了一个新的时代,体现出了世界各个国家共同管理海洋,共同开采海洋资源的立法价值理念。

根据《公约》中的相关规定,各国在国际海底区域进行勘探开采能活动时,需要经过《公约》缔约国的法律制度进行明确详细的规定,另外,进行勘探开采活动的主体为《公约》缔约国本国的公民、法人或其他组织。目前,世界上已经有十四个国家制定了本国相关的法律,来规定深海海底区域资源的探勘和开发活动。其中包括美国、日本、新加坡等。此外,《公约》中还规定了世界上面积大约为3.6亿平方公里的海洋区域,根据其每个部分在法律上地位的不同,分成了三个部分,分别是国家管辖的区域、公海和国际海底区域。其中,《深海法》中具体明确规定的深海海底区域即属于国际海底的范畴,是指各个国家管辖的海域范围以外的海床、洋底及其底土。

《深海法》的出台,也展现了我国作为《公约》的缔结方,积极配合《公约》的开展与执行,努力遵守《公约》在深海方面的相关规定。同时也促进了我国海洋事业的不断前进和发展,对于我国人类更好地探索深海海底资源和利用海洋具有十分重要的意义。《深海法》的出台,更是中国作为《公约》的缔约国,切实履行义务的体现,落实了《公约》中的相关规定,承担起了作为一个大国的责任,切实履行了作为一个国际大国的义务。此外,国际公约的约束力,主要依靠各个国家对其的执行和实施。作为我国第一部完整明确的规定深海海底区域资源勘探开发的法律,《深海法》中有不少法条都体现出了对《公约》的落实,在一定程度上维护了《公约》的约束力,使其并不是一纸空文,同时也是《公约》从理论到具体司法实践应用的体现。《深海法》的公布,向全世界表明了我国作为一个联合国常任理事国,作为全球最大的发展中国家勇于承担自身应负的责任,坚定地维护整个人类的利益,体现了我国努力促进世界海洋资源勘探开发工作的决心和信心,履行了作为世界第一大发展中国家的义务。

三、《公约》对《深海法》的影响

（一）《公约》协助《深海法》的具体实施

《深海法》属于我国的一门部门法，作为国际法的《公约》为该法的产生提供了许多立法原理和法律依据，并促进着《深海法》的不断完善和进步。但在具体的司法实践过程中，《公约》也在一定程度上协助并制约着《深海法》的实施。例如从事深海海底区域资源勘探开发活动的主体资格审批方面，不仅要遵循我国《深海法》的规定，还需要符合《公约》制定的条件。

《深海法》中规定了在我国，深海海底区域资源的勘探和开发，只能由我国的公民、法人和其他组织进行。此外，进行资源的勘探和开发，还需要进行一系列的行政审批事项。首先，应当由资源勘探开发主体向国务院的海洋主管部门提出勘探开采的申请，并提交审批所需的材料。由该部门对主体的资格及其提交的申请材料进行详细的审查。对于符合我国深海资源勘探开发条件的主体，满足了《深海法》中规定的开采条件，还需要其资源勘探开采行为不能损害我国国家利益。只有同时满足以上几个条件，才能对其申请进行批准。此外，国家海洋主管部门还需要对符合条件的资源勘探开发主体出示相关的文件。公民、法人和其他组织只有在获得相关部门授权之后，才能从事深海海底区域资源勘探活动。

按照《公约》规定，深海海底区域资源的勘探和开发活动由国际海底管理局进行综合性的管理。我国的公民、法人和其他组织在获得我国国务院海洋主管部门颁发的许可后，还不能立即开展相应的深海资源勘探开发活动。还需要按照《公约》和国际海底管理局规章的规定和要求，向国际海底管理局提交进行勘探、开发活动的申请，经过管理局的审核并经过相应的批准，签订了勘探、开发合同之后，才能成为海底区域具体的承包者，只有经过以上的一系列程序，可从事勘探、开发活动。我国的深海立法是在《公约》及相关国际法文件规定的制度框架内进行的，充分反映了国际社会关于保护深海环境、共同受益于深海科技发展和资源开发的愿望。这些在《深海法》的立法宗旨、基本原则和具体制度上均有明确的规定，体现了我国维护国际海底秩序、推进国际深海科技发展、和平利用深海资源的决心和努力，体现了负责任大国的担当。

（二）《公约》促进《深海法》的发展

国际条约对于国内的立法和司法实践都起着促进的作用，尤其是国际条约中体现的原则等，更是国内立法不完善或是司法实践遇到难以解决的问题时所能参考的重要文本。

《深海法》是 2016 年 5 月 1 号才开始执行的新法，对于深海海底区域资源勘探方面,我国也是第一次系统性地出台相关的法律规定,难免会有因为疏忽而法律没有具体规定到或者规定的不够明确的事项。因此,在司法实践的过程中,可能会出现无法可依等状况。此时,则只能依据国际法的相关规定,如《公约》中的规定或《公约》制定的基本原则来解决。同时,《公约》作为国际法的组成部分,其制定的基本原则和规则等,都在一定程度上影响着《深海法》的发展和在国内司法实践中的适用,并通过解决司法实践中遇到的立法问题进一步完善并帮助我国《深海法》的发展。

四、对《深海法》的展望

作为我国第一部完整明确的规定深海海底区域资源勘探开发的法律,《深海法》是一部规范中国公民、法人或者其他组织在国家海底管辖范围以外海域从事深海海底区域资源勘探、开发活动的法律。[①]《深海法》使大洋工作有法可依、有章可循,为我国大洋事业的可持续发展筑牢了坚实的法律基础,并将促进海洋经济、海洋军事向深海领域发展。《深海法》规定:对于深海科学技术的研究和相关人才的培养,国家是大力进行支持的。目的是为了促进我国海洋科学技术的进步和逐渐强大,支持企业进行深海科学研究与技术装备研发,强有力地推进我国的海洋科学研究,占据世界海洋科学的制高点。

此外,我国《深海法》还十分重视深海环境保护问题。对比国外相关立法,在《深海法》一共二十九条的条文当中,"环境"一词就出现了二十多次。由此可见我国对于海洋环境问题的重视程度。在《深海法》当中,第三章是专门规定了深海资源勘探开发活动中的环境保护制度及注意事项。此外,其他各个章节,均涉及对于深海环境保护的规定。在经济和科学技术飞速发展的同时,环境问题同样不容忽视,社会发展到今天,人们已经逐渐认识到了环境保护的重要性。在《深海法》中,环境问题的屡次提出,也表明了我国政府对于海洋环境问题的强硬态度。

《深海法》的出台,再一次提高了海洋权益在人们心目中的地位,我国的海洋维权意识越来越强,逐渐稳固了我国在世界海洋方面的话语权。《海洋法》还弥补了我国海洋方面立法的不足,完善了我国法律体系,促进了我国相关法律的发展和完善。

五、结语

《深海法》的制定和实施将为我国深海法律制度的发展奠定基石,今后还需要密切关注国际深海制度的发展,充实完善我国的相关法律制度。

从国际上看,关于深海海底区域资源勘探和开发的法律法规尚不是特别的完

---

① 刘伟.为人类和平利用深海资源作贡献[EB/OL].来源:中国低碳经济网,发表时间:2016.03.02

备，还有待进一步的完善。我国《深海法》对现有资源勘探的规定也是比较原则性的，相关具体规则的细化和落实有赖于相关国际规则的发展及我国管理经验的积累。关于深海海底生物遗传资源的开发利用、深海海底文物的保护等，也与本法规定的事项密切相关，我国也应关注相关领域的国际动向，明确我国的立场，并在相应的立法中得到体现。

从贯彻落实《深海法》的司法实践角度来看，对于深海资源的勘探和开发，我国仍需要不断地完善相关的具体制度，并制定一些明确的、可操作的规则，并在实践中贯彻执行。例如，资源勘探开发申请审批程序及相关要求、深海资源勘探开发环境调查和环境影响评价的规则、资源调查研究的资料样品汇交及使用制度、深海活动监督检查职责和程序等等。此外，我国《深海法》的落实和发展还必然要求进一步完善我国现有深海工作机制和管理机制，为我接下来国深海事业的快速健康发展提供持久而稳定的立法保障。

国际海底区域开发主体责任研究

戴 瑛 谢曾红

一、国际海底区域资源开发概述

在当今世界，随着海洋成为人们社会发展不可或缺的一部分。1970年12月17日第25届联合国大会上通过了确立"区域"及其资源的法律地位与法律原则的第2749号决议，决议将各国管辖范围以外的海床及其底土即国际海底区域资源规定为人类的共同财产。然而现有国家法尚未对"区域"的法律地位作出明确的规定。不同国家基于自己的国家利益提出了不同的主张。作为新兴起的开发大国，我国在海底资源的勘探、开发资源的程度及对海底环境保护方面，和西方发达国家特别是海洋经济强国相比相差甚远。

"区域"资源开发不仅代表着巨大的商业契机，更能体现一个国家综合实力和海洋战略的走向。而我国"区域"资源研究起步较晚，开发水平较为落后，在国际海底资源区域资源开发竞争日趋激烈的今天，只有及时加大投入实施"区域"资源开发产业化的国家战略、调整政策才能有力地维护我国在"区域"竞争中的权益。目前，学界对国际法问题研究的必要性进行了概括性研究，只有较少数学者对该国际法中的资源开采问题进行具体化实践，未能从根本上提出解决国际海底区域资源开发纠纷的方案，缺少实际操作的经验而在国际争端中处于不利地位。

国际海底区域(简称"区域"，)是国家管辖范围以外的海床和洋底及底土，面积约2.517亿平方公里，占地球表面积的49%，占全部海洋面积的65%。"区域"蕴藏着丰富的矿物资源，潜在资源储量十分可观，已探明多金属结核储量达三万亿吨。从 20 世纪 50 年代末开始，人类在"区域"进行探勘活动。20 世纪 70 年代，具有商业价值的金属结核矿区基本被确定下来。发达国家利用资金和技术上的优势大力投资，新兴经济体如韩国、印度和俄罗斯等等也紧随其后。随着开发技术的成熟，未来"区域"是最具潜力的资源开发基地。

《联合国海洋法公约》作为"海洋宪章"，在法律层面对"区域"资源的勘探开发活动做出非常详细的规定，在实际管理中设立了国际海底管理局，使之在现实中的开采活动中起到实际监督的作用。《公约》确立了"区域"资源的平行开发制度，即国际海底机构与缔约国企业都可以在国际海底实施资源开发活动并且共享最新开发技术与部分开发所得收益。

二、国际海底区域资源开发相关法律问题

（一）国际海底区域的界定及法律地位

国际海底区域的法律地位不同于领海、公海。关于国际海底区域资源法律地位的讨论十分激烈，各国为了维护自身海洋利益而提出对自己有利的观点，包括无主物原则，公有物原则和公海自由原则以及人类共同财产原则。[①]《联合国海洋法公约》则确立了人类共同财产原则。

《公约》中最能体现该原则的是第 11 部分，其规定如下：(1) 国际海底区域及其自然资源是全人类的共同继承财产。(2) 任何国家都不能对"区域"内的资源行使主权或主权权利，任何国家、自然人、法人都不可将"区域"内资源的任何部分据为己有。(3) 对"区域"内资源开发的一切权利属于全人类，经联大授权由国际海底管理局代为管理。"区域"的开发要为全人类的利益为出发点，所有国家公平地享有海底资源收益的权利，特别照顾发展中国家和未取得独立的国家的人民的利益。(4) "区域"的法律地位不影响其他地区法律地位。

（二）国际海底区域资源开发主体界定及相关问题

《公约》中所规定的平行开发制要求国际海底资源开发活动应在国际海底管理局的组织下进行。除此以外，缔约国及其国有企业，该国国籍的自然人和法人经海底管理局的批准也可以与之合作。国际海底管理局主要负责对"区域"内开发的监督管理，尤其是对"区域"内自然资源的监管。[②] 海底管理局下设大会、理事会、秘书处和企业部这四个主要机构。大会是管理局的最高机关，由所有成员国共同参加。理事会是管理局的执行机关，主要是执行管理局所规定的职权范围内的所有事务。理事会的表决程序采取了三级表决制，这一制度在国际机构的表

[①] 张丹. 国际海底区域勘探开发与中国的大洋立法[J]. 法律与社会，2014(24).
[②] 王斌. 太平洋国际海底区域资源开发的海洋环境保护[J]. 太平洋学报，2002(2):85-94.

决制度中尤为特殊。企业部主要从事海底地形和资源的勘探和开发活动,有董事会对其业务进行指导。

虽然这种开发制度要求申请者在开发过程中应当向管理局转让技术,并且将产生的利润提成分给全体《公约》成员国,在某些方面保证了发展中国家的自身利益和诉求。但由于各国发展差距较大,在公约签订后也产生诸多问题亟待解决。① 关键点是《关于执行〈海洋法公约〉第 11 部分的协定》(简称《协定》)使得《公约》的第 11 部分内容有了根本性的改变。

首先对于《公约》参与者的资格,《公约》规定的平行开发制度过度强调发展中国家的利益,而间接地损害发达国家的利益,因此美英德等发达国家均未签字。而要想一项国际条约能过顺利地被国际社会接受并且实施,大国的参与必不可少,因此公约的普遍性可能因不能得到普遍确认而难以确定。②

其次,深海海底金属开发耗资巨大。国际市场虽然普遍认为海底金属结核开发前景大,但主要的开发研究仍停留在科学探索阶段。市场形势也表明,虽然从锰结核中提炼了多种稀有金属,而除锰以外,市场上是供过于求的局面。所以目前尚停留在勘探阶段。"区域"资源大规模的商业开采目前并不现实,也尚未暴露出相关法律的问题。

最后,参与国际海底区域开发的国家对开发所持的态度和政策因其利益出发点的不同而不同。其中许多观点将环境问题作为谈判焦点或者另有所图,这一现象在《勘探规章》中显得尤为突出。对于《勘探规章》,投资者普遍认为因环境保护而产生的负担仍然过重,经济利益得不到保障。发展中国家则认为《勘探规章》过多地维护先驱投资者而忽视了他们的利益。从整体来说,许多国家对《勘探规章》中要求的过于严格的海洋环境保护责任和制度存在不满,进而在一定程度上,间接地限制了开采"区域"资源方面的积极性和参与性。

三、他国开发主体责任与义务的规定

(一) 规定开发主体责任与义务的目的和内容

在平行开发制原则中,如不能确定担保国对勘探开发活动承担的责任和义务,就无法对潜在法律风险作出有效评估并提出预防措施。这必然会令发展中国家无法安心参与"区域"开发活动。因此《公约》第 153 条第 2 款所规定的担保制度就是为了防止自然人和法人无法承担的风险后果。国际海底管理局通过的规定在有权申请勘探开发活动的实体中除管理局企业部和缔约国外,都需要提交相应缔约国所开具的担保文件。

---

① 曹颖.我国国际海底区域资源开发产业化战略研究[D].大连:辽宁师范大学硕士学位论文,2003.
② 鹿守本.海洋法律制度[M].北京:光明日报出版社,1992:97.

但即使如此，由于海底资源开发风险巨大，加之各国实力悬殊，一旦担保国因"区域"内活动而被追究责任，那么对于发展中国家而言，将是不可承受之痛。发展中国家的财政承受能力十分有限，从客观上阻碍了发展中国家参与"区域"开发活动。

鉴于这一事实，国际海底管理局以协商方式通过决议，决议确定了以下三点：（一）缔约国对"区域"内的开发活动进行担保的法律责任和义务；（二）担保的实体未能遵守《公约》第十一部分以及《协定》时其所属的缔约国需承担的责任范畴；（三）担保国为履行《公约》的义务所必须采取的措施。

在2011年发表的《国家担保个人和实体在"区域"内活动的责任和义务的咨询意见》（以下简称《意见》）中，国际海洋法法庭对担保国在"区域"开发方面的义务、责任、赔偿责任以及保护措施等进行了全面解释，明确了担保国应承担的两类义务：

第一种是"直接义务"，由担保国直接承担并履行。包括：协助海底管理局监管"区域"活动；做出对预防风险和环境污染的预案；如果对海洋环境造成严重损害，担保国应当保证承包者执行其作出的防止、控制或者缓解的相关措施；在担保国的国内法律范畴内制定法律和相应规章，以确保因其管辖下的自然人或法人污染海洋环境所造成的危害，提起申诉及时获得适当的补偿和救济。

第二种是"确保遵守"义务，担保国应尽其所能确保承包者进行"区域"内活动时遵守管理局的规定，这包括承包者与管理局订立的合同，管理局制定的规则和《公约》的规定。这种确保遵守义务是一种适当性的义务，强调对行为的预防和监管，而非其产生的结果。[①]

（二）外国关于海底区域资源开发主体的界定及相关法律

1. 美国

由于美国目前出于自身利益尚未加入《联合国海洋法公约》。因此，有关深海海底资源开采的制度依然依照其国内法进行。

在关于深海采矿主体的规定中该法规定了美国公民和法人"区域"内勘探和商业开采之三条件：第一，按照本法的规定获得"区域"采矿的开采执照和许可证明；第二，应得到互惠国颁发的许可证明、开采执照或相应批准书；第三，根据美国国内生效的国际协定获得公民或法人在"区域"内从事开发活动的资质。只要与上述条件中的任何一个符合，美国公民和法人就可以直接拥有开采海底资源的权利。当然规定中"美国公民"是一个广义的概念，这中间包含了拥有美国国籍的个

[①] 孙晋,张田,孔天悦.我国深海采矿主体资格制度相关法律问题研究.温州大学学报（社会科学版）,2014(3):1-11.

人;按照美国联邦法律合法成立的公司、合伙、合资企业、社会团体以及其他实体;由美国公民或实体拥有持股权的公司、合伙、合资企业或其他实体。①

从上述法律规定我们可以总结出:开发者资格的范围可谓是相当的宽泛,即只要能够符合深海采矿的一般硬性条件,就可以取得"区域"内资源开发的资格。它和《联合国海洋法公约》中规定的开发者主体的资格有着一定程度上的相似性。采取较为宽松的准入门槛机制,对与有志从事该领域的开发者有激励的作用,同时也开阔了未来深海采矿工业的发展思路。

2. 德国

德国在颁布对海底资源开发的行动上一直不遗余力。1995年颁布了《海底采矿法》。该法作为德国在"区域"内的资源开发的"宪法",其核心主要是以下四点:

首先,该法的立法目的是遵守《公约》及其附属条款;严格地监管和控制"区域"内进行的开发活动可能对第三方造成生命经济等方面的危害,并保证活动安全、维护海洋环境。

其次,设立"三大机构"并以此三个机构共同组成专门从事深海采矿活动和对相关开发者资格的审查。"三大机构"指的是德国国内各州的采矿局、能源局和地质局。而审批机关与海洋环保交通运输机关共同协商一起负责对申请者资格的审查,但是最终的决定权还是掌握在国家专门的批准机关手中。

再次,申请获得开发者资格的程序为:申请"区域"内的开采活动应先向国际海底管理局秘书长提出申请,获得批准后将自己的开采计划及其他相关的手续文件一起提交三大机构,最后经国家审查机构审查后决定是否获批。另外,申请者除了要遵守国际海底管理局的规定和《联合国海洋法公约》义务之外,还需要保障在开采活动过程当中的人员安全和避免海洋环境的污染以及保证工程资金链不断裂等等。②

最后,要求承包者和勘探人员遵守国内除上述规定之外,还应当履行三大个机构做出的行政决定和国家法令,在国际上也应积极履行与国际海底管理局之间所签订的合同。

德国的开发者准入机制相较于美国和《联合国海洋法公约》的规定显然更为严格,主要体现在对开发者的审查阶段。对于德国这样技术强大的发达国家,此举有利有弊。从一方面来说,严格准入机制可使深海资源开采行业更加规范和便于管理,更好地履行《公约》的规定,从而间接降低了其作为担保国而承担风险。

---

① 拉萨·奥本海.奥本海国际法(第一卷第一分册)[M].詹宁斯,瓦茨,修订;王铁崖,陈功卓,译.中国大百科全书出版社,1995.

② 孙晋,张田,孔天悦.我国深海采矿主体资格制度相关法律问题研究.温州大学学报(社会科学版),2014(3):1-11.

从另外一方面来讲,过于严苛的准入机制会调高申请者的门槛,将部分有意向而暂时不满足申请条件的申请者拒之门外,不利于开发和调动市场的积极性。

3. 日本

日本作为开发深海资源的先驱国家,在深海采矿技术和理论方面已有很大的突破和成果。日本对颁布的《日本深海海底采矿暂行措施法》,为日本公民从事深海海底资源开发活动提供了理论依据和相应准则。

其中《日本深海海底采矿暂行措施法》第五条明确开发者如想要申请资格,应当先向经济产业大臣提交书面申请,申请书中应当载明:个人或法人的名称和住址,其中法人要写明法人代表的姓名及住址;深海海底资源开发的期限;将要进行开发的区域的具体位置;将要进行开发的区域的面积。

其关于海底区域资源开发主体的规定,进一步明确了深海采矿主体的资格:即只有拥有日本国籍的自然人或者法人机构。不得从事深海采矿的情况有:(1)日本的国民或者是法人失去日本国籍;(2)个人、企业中的从事业务的经理之一因犯本法中包含的罪名,并且被判处超过两年的有期徒刑,已经从事了深海采矿的企业将失去开采海底资源的资格。此外,日本《矿业法》还规定了拥有矿业权的权利主体为拥有日本国籍的自然人或者法人。经审查、登记等法定程序都可能取得矿业权,根据能力来获取开发资源的面积有利于开发者主体之间的公平竞争,优化资源配置。

四、我国国际海底区域资源开发及相关建议

(一)我国海底资源开发主体的界定及现状

中国大洋矿产资源研究开发协会是我国管理深海海底资源开发的机构之一,除了协会以外,作为国家专门从事海洋活动的国家海洋局,也具有对深海资源开发进行管理和监督的权限。

在法律条文方面,由人大常委会表决通过的《中华人民共和国深海海底区域资源勘探开发法》(简称《深海法》),宣布自 2016 年 5 月 1 日起实施,第一次以法律的形式明确从事深海勘探、开发活动的我国公民、法人和其他组织。《深海法》的诞生填补了我国在国际海底区域资源开发立法方面的空白。

但相较于其他发达国家,技术和管理方面的落后使得我国的国际海底区域资源还未开始大规模开发,主要问题有:

(1)深海海底资源开采对于我国来说是一个新兴行业,虽然现在还没有进入到实际开采的阶段,但大多数发达国家早在 20 世纪就完成了有关深海海底资源开采的立法工作并且在几十年来根据自身和国际形势不断修改,法律体系十分完善。而反观我国还没有对深海矿产资源勘探与开发的专门法律法规进行深入研究,现行《矿产资源法》是关于我国领土内矿产资源勘探与开发的法律,已不适用

于现阶段及未来我国在国际海底区域的勘探与开发活动,更不要说对于"区域"开发主体的保障。

(2)"协会"主要从事对深海资源开发有科学方面的研究,但是没有机构对这项活动进行管理。虽然国家海洋局与大洋协会分别承担了一部分管理职责,但如果具体到管理职责的承担,都没有进行明确规定。此外,协会一边作为我国开展国际海底区域科学研究的主要部门,同时又作为主体从事深海采矿的勘探与开发活动,顾此失彼不利于整个行业的发展和专业。

(3)对于"区域"开发主体的资格问题。很多发达国家在其相关的法条中规定:只要符合一定条件的自然人和法人以及社会团体等,均可作为从事国际海底区域资源开发主体进行"区域"资源开发活动。我国现阶段对于以上主体否可以参与深海采矿业也无明文规定。

在现代市场中,多个市场主体的良性竞争才有利于一个行业的发展,"协会"作为我国代表国家的深海采矿主体将不利于未来我国深海资源开发市场发展前景。

(二)我国应尽快建立和完善海底区域资源开发制度

中国作为全球经济的新兴力量,掌握大量资源是其崛起的关键性因素,在国际海底区域资源的开发热潮背景下,其前景不亚于新一次的能源革命。作为大国必定不能落后于世界潮流,在制定国际区域海底开发制度时,应当借鉴其他国家相关立法经验,对申请者的准入机制和开发过程当中的监管措施做出具体的明细规定。这样既有利于在国际深海采矿事业竞争,也减轻了国家的担保义务。因此,借鉴他国先进理念,尽快建立一套适合我国国情的国家海底区域资源开发机制,完善法律空白刻不容缓,在这我有几点建议:

首先,在采矿主体资格准入机制的初级阶段,可以实施较为宽松的准入门槛,一如美国的"区域"资源开发主体准入机制。允许具备技术和资金的私人企业进入"区域"资源开发市场,与国有企业进行公平的竞争或者与之联合起来,这样既防止了垄断可能带来的市场发展障碍,又使得深海采矿市场能够持续健康发展。而当市场发展到一定阶段如市场接近饱和时,再适当地提高准入门槛,将不符合条件的开发者淘汰。因此,在适当的时候积极推进放松规制改革,实现该市场的有效竞争。

其次,对国际海底区域资源的开发活动应当设立一个专门的管理机构,该机构的职责应是对深海采矿主体申请者的资格进行审查和着重海底资源的开发和勘探。与"协会"分清职责范围,各司其职,更好地从事自己部门的工作,提高工作效率。对申请者的实体要件和程序要件进行双重审查。发达国家对深海采矿主体的实体类型没有作过多限制,只要符合一定条件,自然人或法人以及社会团体等均可以作为合格主体。

最后，海洋资源是未来全世界发展的希望，在资源面临枯竭的当今，各国比以往任何时代都更加重视海洋战略地位及对于其中的大力投入。掌握"区域"开发产业内涵与产业化系统运行机制，了解产业化趋势为制定战略提供了理论依据。具体协同"区域"资源开发各要素使得开发活动发在大规模商业开发到来之前抢占先机。保证我国在第二轮竞争中获取应得的份额，维护合法权益不受侵犯。建立和完善我国国际海底区域资源开发制度和相关法律，加强对国际海底区域资源开发权益的保护是我国今后经济发展的主要方向。

这是自14世纪地理大发现以来的第二次向海洋进军的浪潮。我国所面临的国际形势也会更加严峻和复杂，同时机遇也伴随着而来。错过了大航海时代，就不能再失去海洋开发的"黄金时代"。

《深海法》中的政府与企业协同发展研究[①]

姜映芃

海洋是富饶而未充分开发的自然资源宝库。从1990年第45届联合国大会，到1992年通过的《21世纪议程》以及《中国海洋21世纪议程》都把开发利用海洋提上日程，但需要强调的是，开发海洋也要保证海洋的可持续发展，从海洋中获取矿物资源、生物资源、水资源、能源、海底景观资源和其他资源，要保证海洋事业和海洋资源及生态环境的可持续利用协调发展。

国际海底区域是地球上尚未被人类充分认识和利用的最大潜在战略资源基地，资源蕴藏丰富，包括多金属结核、富钴结核、海底热液硫化物等。随着科学技术的发展，深海区域资源开发的重要性也日益凸显出来。

2016年2月26日，《中华人民共和国深海海底区域资源勘探开发法》（以下简称《深海法》）经第十二届全国人大常委会第十九次会议审议通过，于5月1日起正式实施。该法的通过及实施是我国海洋事业发展中的一件大事，意味着我国开启了进一步规范深海海底区域资源勘探、开发活动的征程，成为推动我国大洋事业跨越发展的新的里程碑。

一、《深海法》颁布对私人部门勘探开发深海的重要意义

党的十八大确定了"提高海洋开发能力，发展海洋经济，建设海洋强国"的任

[①] 本文是中国太平洋学会海洋维权与执法研究分会、辽宁省法学会海洋法学研究会、大连市国际法学会、龙图教育集团2016年度一般课题"我国海洋环境突发事件应急管理的协调联动机制研究"阶段性研究成果(2016hyfxyjh1)；大连市社科联(社科院)2015—2016年度重点课题"经济新常态下大连产业结构优化升级研究"阶段性研究成果(2015dlskzd110)；2016年度大连海洋大学社科联一般课题"经济新常态下辽宁省工业结构调整的对策研究"阶段性研究成果(2016xsklyb - 20)。

务与目标。随后,习近平总书记进一步提出"建设 21 世纪海上丝绸之路"构想。十八届四中全会作出了全面推进依法治国战略部署。中央关于"十三五"规划建议中提出了"积极参与网络、深海、极地、空天等新领域的国际规则制定"要求。在这样的背景下,《深海法》的出台将弥补我国深海大洋领域无法可依的空白,将为今后开展大洋工作提供坚实的法律基础;对我国大洋事业主动融入建设法治海洋的大战略、完善我国海洋法律体系、提高海洋法治水平、提升公众海洋意识、促进海洋事业有序、健康发展具有重大意义。

《深海法》确立了我国对深海海底区域资源勘探开发活动的许可制度、环境保护制度、科技发展与资源调查等制度,对于规范我国深海资源勘探开发活动,推进深海科学技术研究及资源调查,保护深海环境,促进资源可持续利用,均具有重要作用。该法的颁布及实施是我国海洋事业发展中的一件大事,尤其对于民营企业来说,更是意义非凡。①

如今,随着陆地资源日趋枯竭,海洋资源的开发利用是人类可持续发展的必然选择。但人类对海洋生态系统的了解还非常肤浅。海洋资源开采是海洋经济的重要组成部分,海洋资源开采应在保护海洋生态环境的前提下进行。《深海法》的出台进一步规范了企业勘探开发深海海底区域资源的行为。

除此之外,《深海法》充分保障深海海底区域资源勘探开发承包者的合法权益,赋予民营企业与国有企业、社团组织同等的法律地位,让民营企业家备受鼓舞,将大大调动民营企业投入深海开发事业的积极性。

二、政府与企业协同参与深海海洋公共产品提供的可行性分析

(一)海洋公共产品的概念界定

公共产品是由政府或者公共部门所生产和提供的,用于满足全体社会成员共同需求的产品和劳务。纯粹的公共产品具有非排他性和非竞争性。海洋公共产品主要是指由政府提供,用于海洋资源开发、海洋环境保护和海洋权益维护,与海洋开发状况密切相关的各种政策制度、服务项目和基本设施等。海洋纯公共产品指具有完全的非竞争性和非排他性的公共产品,主要包括:一是海洋管理的基本政策、法规,海洋规划(区划)和制度体系。二是海洋管理的具体政策、规划、海洋计量标准等。三是海防、海洋公共安全、海洋测报等。四是海洋环境保护的基础设施、海洋基础科学研究、海洋科技创新平台、科技兴海工程项目等。② 其中,由于海洋管理的基本政策、法规,海洋管理规划和制度体系等,因其涉及国家海洋事业发展的基本方向和国家海洋开发的全局问题,所以应该由政府肩负生产和提供

---

① 贾宇.《深海法》奠定我国深海法律制度的基石[DB/OL].中国海洋报,2016-03-07.
② 崔旺来,李百齐.政府在海洋公共产品供给中的角色定位[J].经济社会体制比较,2009(6).

的双重身份,所以本文所研究的政府与企业协同参与的海洋公共产品的提供主要指的是海洋环境保护的基础设施、海洋基础科学研究、海洋科技创新平台、科技兴海工程项目等。

(二)我国海洋公共产品供给现状和存在的问题

由于海洋资源开发具有风险性、且难度大,需要大量资金和高新技术且具有较强的多行业、多学科和国际的合作性,所以现阶段,我国海洋公共产品的供给大都由政府垄断进行,即"路径依赖"。对于这种垄断,政府可以集中人力、物理和财力生产出适合海洋经济发展所需要的海洋公共产品,是从国家整体利益发展的角度出发。不过由于政府在提供公共产品时缺乏竞争性、缺乏激励机制、非利润化、缺乏敏感性以及个人影响力较大,导致出现"政府失灵"的现象。

海洋公共产品的供给由政府独家垄断会导致以下几个问题。第一,由于缺乏竞争性,政府在提供海洋公共产品时不会考虑成本和收益之间的比较,政府凭借自身的垄断优势,往往使产品的价格和产出水平偏离社会资源最优配置的要求,降低了资源的配置效率。第二,随着海洋开发与海洋管理的日益拓展和深入,面对海洋环境保护、海洋基础科学研究和海洋科技创新平台等的不确定性与信息的不完全性,政府自身的局限性使其难以通过"有形的手"使海洋资源的配置达到帕累托最优,导致海洋公共产品出现供给不适或不足;第三,由于海洋公共产品公益性的特点,投资回收期长,资金需求量大且风险较大,私人部门往往不愿意介入,而政府大量投资使得财政也不堪重负。

(三)政府与企业协同参与海洋公共产品提供的路径分析

为了保证海洋公共产品的有效供给,解决政府在提供海洋公共产品时所出现的失效现象,政府应该打破之前作为垄断者的传统地位,转变观念,主动寻求企业和社会团体的支持以及服务。① 在建立公私共同供给的合作模式上,政府应该给予企业一定的政策支持,发挥市场在资源配置中的主体性作用,引入招投标、拍卖等方式,使得企业和社会团体可以更好地融入到海洋公共产品供给的模式当中,但要明确政府和私人部门的责任分担,而且政府放权并不代表甩手不管,一旦出现问题,政府应该建立适当的奖惩机制。当然,并不是所有的海洋公共产品的供给都适合走政府和企业协同参与的道路,涉及重大海洋利益的公共产品还是应该由政府提供,企业不得参与其中。

改革开放以来,我国经济水平不断提高,海洋产业也在不断发展,大量丰富的民间资本在寻求最佳的投资路径,而发展海洋也是我国的主要发展战略之一,所以企业愿意参与到提供海洋公共产品的平台当中。另外一方面,相比于政府提供

---

① 肖梦云.我国海洋环境公共产品供给现状及治理分析[J].科教导刊,2010(6):162,167.

公共产品所面临的一些问题，由于企业一直处于不断的竞争当中，致使企业只有通过不断创新才能够前行，从而大多数民营企业在资金、技术和管理方面都比较有优势，且具备一定的国际市场优势，这也为政府和企业协同参与海洋公共产品提供注入了比较强大的力量。所以，政府和企业合作模式将会为我国海洋事业的发展带来强有力的意义。

三、《深海法》中政府和企业协同发展的对策和建议

（一）鼓励企业积极参与深海科学技术研究与资源调查

深海科学技术研究与技术装备研发创新过程中必然存在着技术成果的积累与共享，存在典型正外部效应，在很大程度上可以推动社会进步。对于存在正的外部效应的产品，由于企业内部的利益要小于带给社会的利益，所以对于这种产品，企业往往供应不足，所以需要政府出面提供。但是政府提供深海海洋公共产品有时候存在着低效、失效和寻租等行为，在这个时候，也需要企业参与其中，一方面，充分发挥民营企业机制灵活的特点，与业内其他单位合作，以市场为纽带，充分利用已有的科考船和调查装备资源，建立共享机制，共同推动深海公共平台的建设和运行；另一方面，民营企业也可以培养专业的调查作业人员，建立一支精干的海洋调查队伍，为各个科研院所进行深海科考与深海海底资源勘探开发提供高效的调查作业和设备保障服务。

（二）加强政府在企业深海海底区域资源开发中环境保护的监管作用

海洋历来被视为人类财富的宝库，具有巨大的经济价值。对海洋资源的合理分配和充分利用，是传统海洋法所调整的重点。然而，海洋同时也是人类最重要的生存空间之一，海洋环境的良好与否直接决定着人类生存的命运。自近代以来，人类对海洋的疯狂掠夺、盲目开发使海洋生态环境面临着空前危机，海洋生态环境保护成为全人类面临的重大课题。海洋环境保护是一个综合性工程，其实现不是靠个别人或政府的专门性行动，而是体现在人类开发、利用海洋的一切行动之中；海洋环境保护制度的建立，不是靠一两项针对性的污染防治制度与措施，而是一切与海洋有关的法律制度中环境保护义务的普遍赋予。

相比引起国际海洋权益纠纷，深海资源开发最为显著的外部影响是会对海洋生态和环境带来破坏。深海资源开发会对深海生态环境造成显著的影响，在开发区域产生的污染会在深海底层洋流的带动下扩散到采区以外的相邻海域，因此深海资源开发要比陆地区域资源开发的生态环境影响更为显著，对海洋生态环境破坏带来的危害也更为严重，影响范围更加广阔。对于存在负的外部效应的产品，由于一些企业或个人的不良行为所产生的负面效应没有得到应有的惩罚，即他们不必为此承担负外部效应的全部成本，因此他们必将过度地从事这类活动而不顾

及给环境带来的损失,其结果是资源过度采撷和海洋环境恶化,所以政府应该严格监管。虽然本文鼓励企业参与到深海资源开发当中,但由于经济人假设,企业在深海资源开发过程当中会以自身利益最大化为前提条件,从而忽略环境的保护和资源的永续利用性,对此政府应采取一系列的措施进行规制。《深海法》对造成海洋环境污染损害或者作业区域内文物、铺设物等损害的违法行为处以了相应的惩罚,但本文认为,由于环境破坏的不可逆性,深海环境保护的重点应该放在事先预防和规避,而不是事后的惩罚,所以深海资源勘探开发法律法规要进一步围绕环境保护方面建设和完善。

(三) 深海海底区域资源勘探开发管理配套制度有待建设和完善

《深海法》的出台为今后我国开展大洋工作提供牢固的法律基础,具有重大的意义,但不可否认的是,针对深海海底区域资源勘探开发管理的配套制度尚未建立。鼓励企业参与到深海海洋公共产品的提供当中,那么深海资源勘探开发法律法规要进一步围绕企业为市场主体的特点来建设和完善。在深海资源勘探开发的初级阶段,应充分调动企业的资源、技术、资金优势参与,推动整个海洋勘探成果向开采的转化,对符合条件的企业承包者,明确在实现商业目的之前,给予优惠政策或扶持政策。尤其鉴于海底勘探技术水平决定了勘探价值,建议明确国家对于相关技术扶持的政策,通过立法明确激励措施,支持企业发展。

除此之外,《深海法》规定,申请从事深海海底区域资源勘探、开发活动前,应当向国务院海洋主管部门提出申请,并提交相关的材料,其中包括勘探、开发工作计划,包括勘探、开发活动可能对海洋环境造成影响的相关资料以及海洋环境严重损害等的应急预案。但立法中并没有明确开发工作计划的编制要求和主要内容。对此,应当加强规划编制技术方面的研究,出台相应规划的编制技术要求,从技术角度加强对规划编制的引导和规范。另外,结合深海资源特点,量化和丰富具体控制指标,细化规划指标的具体内容和要求。

四、结论

现阶段,随着陆地资源的日趋枯竭,向海洋要资源已经是人类发展不可避免的趋势所在。海洋资源勘探与开发是海洋经济发展的重要组成部分,但应该在保护海洋生态环境的前提下进行。《深海法》的出台进一步规范了企业勘探开发深海海底区域资源的行为。与此同时,政府在某些海洋公共产品的供给上也应该适度地放手,充分地引入市场竞争机制,鼓励企业参与其中,但政府可以适当地予以监管,在深海资源勘探和开发中,形成政府和企业协同发展的良好局面。

我国对国际海底区域开发法律制度完善研究

潘耀亮　朱　晖　戴雅婷

在《联合国海洋法公约》(以下简称《公约》)第Ⅺ部分有关"区域"的框架规定及相关国际组织的倡导下,国际海底管理局审议通过了《"区域"内多金属结核探矿和勘探规章》《"区域"内多金属硫化物探矿和勘探规章》和《"区域"内富钴结壳探矿和勘探规章》,为世界各国开展"区域"活动提供了行为准则。我国本着与国际法相衔接的原则,2016年2月16日,第十二届全国人民代表大会常务委员会第十九次会议审议通过《中华人民共和国深海海底区域资源勘探开发法》草案(以下简称《深海法》),2016年5月1日起生效。目前,"区域"法律制度尚处于发展完善之中,《深海法》部分条款仅对国际海底区域资源勘探、开发活动作了原则性、概括性的框架式规定。为保证《深海法》有效贯彻落实,国务院海洋主管部门开展深海海底区域资源勘探开发行政许可、环境调查评价等配套制度的研究制定工作将是我国未来开展深海工作的一个重要议题。

一、"区域"理论的提出和发展

(一)"区域"理论的提出

1945年,杜鲁门发布《大陆架公告》(也称《杜鲁门公告》)宣布"处于公海之下,但毗连美国海岸的大陆架底土和海床的自然资源属于美国"。与此同时,相继获得独立的亚洲、非洲、拉丁美洲国家以及各发展中国家为维护国家主权、发展本国经济,开始在国际社会呼吁各国共同分享海洋资源。

1967年8月17日,马耳他驻联合国大使阿维德·帕多博士向联合国大会提交提案及备忘录,建议宣布国家管辖范围以外的海床、海底及底土,是人类共同的继承财产,由此打开了联合国探讨海洋法的大门。1970年通过的《关于各国管辖范围以外海床、洋底及底土的原则宣言》确定了国际海底区域的基本原则并宣布各国管辖范围以外的国际海底区域为人类公共继承财产。1982年各国在历经长达九年的谈判协商下《公约》得以通过。《公约》第一条第一款规定:"区域(国际海底区域)"是指国家管辖范围以外的海床和洋底及底土,即各国专属经济区和大陆架以外的深海海底及其底土。《公约》通过法律条文的形式确定了国际海底区域为全人类共同继承财产。至此,人类共同继承原则正式在国际海洋法中得以确立。[①]

---

① 史文龙.法学理论[M].北京:中国法制出版社,2011:196.

(二) 区域理论的发展——平行开发制度

国际深海区域的面积有 2.517 亿 km²，占据了全球海洋面积的 65%，其深度为 2 km 以下的区域。国际海底区域中的资源占据全部海底资源的 70% 左右。其中含有多金属结核资源 3 亿吨左右，蕴含丰富的钴结壳热硫化物等矿产资源，约有 1 350 亿吨石油、140 万亿 m³ 天然气，可再生能源理论储值为 1 500 亿千瓦。由此可见，各国对于海底区域资源的争夺将呈现愈发激烈的局面。

在第三次联合国海洋法大会上，美国为了能使其政府及其本国的公司自由进入国际海底区域进行资源勘探、开发，提出愿意提供技术及资金支持国际组织对国际海底区域进行开发这一方案。直至 1977 年，在各国的激烈竞争、谈判协商下衍生出了一个各国妥协的平行开发制度，于 1983 年成立了国际海底管理局和国际海洋法法庭筹备委员会以管理国际海底区域有关事项。国际海底管理局负责管理远洋深海区域及其资源。共同开发制度的内容如下：(1)《公约》第 155 条第 1 款规定，管理局代表全人类管理"区域"内活动，按照本条以及本部分与有关附件的其他相关规定以及管理局的规章、规则和程序，予以安排、进行和控制。①(2)《公约》第 153 条第 2 款规定，"区域"内活动应依据第三款的规定：①由企业部进行，和②由缔约国或国营企业、或在缔约国担保下的具有缔约国国籍或由这类国家或其国民有效控制的自然人或法人，或符合本部分和附件Ⅲ规定的条件的上述各方的任何组合，与管理局以协作方式进行。② 在《公约》附件Ⅲ中确定了探矿、勘探和开发的基本条件，附件第八条"区域"的保留中规定：申请者应勘测出一个具有商业开发价值、能够开采且面积足够大的远洋深海区域，并将这块区域分成两块商业价值相近的区域。同时还要制作一份尽可能标注该区域的地理位置、矿区地图及其资源含量的详细报告递交管理局。管理局应根据有关规定指定其中一块为保留区，保留区由管理局的企业部或与发展中国家共同开发。另一块则由申请国自行开发。申请国的勘探、开采合同在获得管理局核准后生效。③ 平行开发制度是当下"区域"资源开采的基本制度，世界各国若想在"区域"内进行资源的开采作业必须遵守该制度。

二、"区域"及其资源的法律定性

在第三次联合国海洋法大会期间，有关国际深海区域及其资源的法律地位，各国提出了三种不同观点：

---

① 《联合国海洋法公约》第 153 条第一款。
② 《联合国海洋法公约》第 153 条第二款。
③ 《联合会国海洋法公约》附件Ⅲ第 8 条。

(一) 无主物原则

无主物是源于罗马法中有关物权的概念,是指没有所有人或原所有人放弃其所有权又或所有人不明的物。罗马法中无主物采取先占的基本原则。一些国际法学家将此理论应用到国际海底区域及其中的资源上。如英国国际法学家赫斯特爵士认为:国际海底区域为无主物,可以通过先占原则占有并开发使用以获得财富。现代国际法之父拉萨·奥本海在其《奥本海国际法》一书中提到:"公海海床下的下层土是无人之地,沿岸国家可以用以领海海床的下层土开始占领的方法取得公海海床下的下层土",同时可以通过对海床下底土的占领而获得利益。①

但这种观点在国际法上是很难站得住脚的。(1)认同无主物原则的国家大多为以美英为代表的发达国家。一战后尤其二战以后,各国国内石油及重金属资源的储备严重不足;同时,陆地资源紧缺的局面也促使他们把对资源的勘探及开采转向了海底区域。以当时的国际形势来看,持此种观点的国家大都是拥有雄厚的技术和资金资本的海洋大国,无主物的原则可以满足他们按本国的需求随意开发海底资源。这对于广大发展中国家显然是不公平的。(2)无主物的先占原则起先是针对陆上"物"这一概念,即使后来涉及海上"物",也仅限于大陆架以外的公海海底而不是国际海底区域的概念。当时规定可以通过先占原则取得大陆架以外的公海海底所有权,但这里所说的无主物主要是针对定着性鱼类,是为了阐述沿海国家对定着性渔业的所有权。因此,不能把国际海底区域概念和大陆架混淆而论,国际深海区域与大陆架的法律地位并不相同。

(二) 共有物和公海自由原则

共有物在罗马法中表述为:"在某一时期财产不属于个人,甚至不属于某一家族,而是属于按照宗法规模组成的较大的社会所有。"②即共有物是不可为私人所有而只能为公众所有、为公众所用的物,且公众可以自由使用共有物。雨果·格劳秀斯认为:"海洋资源是用之不竭,取之不尽的,海洋是属于全人类的,供全人类共同、自由使用,任何国家不得独自占有、使用。"共有物原则的提出是以共有物数量无限、不会枯竭为前提,而国际海底区域的石油重金属等资源是不可再生的,虽然国际海底区域中蕴藏着大量的可供人类使用很长时间的各种资源,但这些资源会随着人类的开采慢慢减少。由此可见国际海底区域适用共有物的原则也是不妥的。③

格劳秀斯在《论公海自由》中指出:"海洋是不能占有的,不属于任何国家主

---

① 王铁崖.论人类的共同继承财产的概念[J].中国国际法年刊,1984.
② [英]梅因.古代法[M].沈景一,译.北京:商务印书馆,1959:152.
③ 江伟钰.21世纪深海海底资源开发与海洋环境保护[J].华东理工大学学报,2002,17(4):88-95.

权,任何国家不能加以控制,他对不同民族、不同的人乃至地球上的所有人,都应当是公开的、自由的,每个人都可以在海上自由航行和贸易。"[1] "公海自由"这一原则在 1958 通过的《公海公约》中首次得以确认。《公海公约》规定,公海为全人类所有,向所有国家开放,任何国家不得将全部或部分公海的所有权纳入本国管辖范围内。[2] 公海自由包括航行自由、捕鱼自由、铺设海底电缆与管线的自由、公海上空飞行的自由。但 1958 年通过的《公海公约》中并未提及国际深海区域的勘探和开发事宜。若要把公海自由强行应用于国际海底区域,不免有混淆概念之嫌。同时若将公海自由应用于深海海底区域,获利的无非是那些掌握高端海洋开发技术的海洋大国,广大发展国家无疑是这种"自由"的受害者。如此一来公海自由便成了个别或某些国家的"自由",发展中国家将会被公海自由拒之门外。显然这与《公海公约》的目的与宗旨相违背。[3]

(三) 人类共同继承原则

1967 年帕多博士向联合国建议宣布国家管辖范围以外的海床、海底及底土,是人类共同的继承财产。两年后联合国大会通过了《暂缓深洋底资源开发的决议》,这项决议接纳了帕多博士关于"国家管辖范围以外的海床、海底及底土,是人类共同继承财产"的原则。1970 年通过的《关于各国管辖范围以外海床、洋底及底土的原则宣言》(以下简称《宣言》)则是对"人类共同继承财产"这一原则所作的国际法上的确认。《宣言》中对国际深海区域作了以下规定:任何国家或个人都无权对国家管辖权以外的深海海底主张主权或行使主权权利;无论沿海国还是内陆国均享有对国际深海区域的勘探、开发权利;各国对国际深海区域的勘探和开发应遵从现有的国际条约、国际制度,维持国际秩序;各国对"区域"的勘探开发应顾及在技术及资金上无法对"区域"进行勘探开发的发展中国家的权益和需求。[4] 该《宣言》是对帕多博士提案的确认和肯定,同时也为 1982 的《公约》提供了参照。《宣言》将国际海底区域、资源以国际制度的形式确定下来,在一定程度上遏制了海洋大国的公海自由论,广大发展中国家也从中维护了其在国际海底区域中的权益。[5]

1982 年,发展中国家与发达国家在进行了长达九年的博弈后《公约》得以通过,并于 1994 第六十个成员国递交批准书后生效。《公约》在《宣言》的基础上对"国际海底区域是人类共同继承财产"作了进一步的解说和说明,是《宣言》的具体

---

[1] 雨果·格劳秀斯.论公海自由或荷兰参与东印度公司贸易的权利[M].马忠法,译.上海:上海人民出版社,2013:10.
[2] 《公海公约》第 2 条,1958 年.
[3] 伊恩·布朗利.国际公法原理[M].曾令良,余敏友,等,译.北京:法律出版社,2003.
[4] 《关于各国管辖范围以外海洋底床与下层土壤之原则宣言》1970 年 1-8 条.
[5] 曹颖.加速我国国际海底区域资源开发产业化的战略研究[J].海洋开发与管理,2003,20(1):57-60.

细化。《公约》第十一部分中在《宣言》的基础上增加了以下内容：第一，"区域"及其资源为全人类共同所有，由国际海底管理局代表全人类共同管理；第二，各国在对"区域"进行勘探开采的活动中要进行必要的防止、减少、控制环境污染的措施；第三，对科研考古、人命保护以及对"区域"的勘探开发技术转让也做出了详细规定。

笔者认为，"人类共同继承原则"是国际社会发展的必然结果，是广大发展中国家同西方海洋大国不断斗争、不断争取的结果，是维护世界和平、实现人类共同利益的坚强护盾。其打破了传统"无主物""共有物"的理论，维护了世界各国人民对海洋应有的权益，激发了广大发展中国家参与海洋事务、投身海洋事业的积极性。

三、我国"区域"开发的现状

（一）我国国际海底区域开发现状

1990年4月，中国大洋矿产资源研究开发协会（以下简称"中国大洋协会"）经国务院的批准正式成立。同年8月，我国向联合国提出在国际海底管理局和国际海洋法法庭筹备委员会登记大洋协会为先驱投资者身份的申请，于1991获得通过。我国成为世界上第5个在联合国国际海底管理局和国际海洋法法庭筹备委员会登记的国际深海区域开发国家，并在太平洋上获得了一块15万km^2的勘探开采区。1999年我国完成了一半的区域勘探义务，同时对另一半进行了区域放弃。中国大洋协会为我国获得了第一块富含多金属结核深海海底矿区的优先开发权，标志着我国拥有了自己的一块远洋深海海底"蓝色矿区"。[①]

此后，我国的"大洋一号""潜龙一号""蛟龙号"纷纷投入作业并取得了重大成果。至今"大洋一号"共完成了7个远洋航次的科学考察任务，为推动我国国际海底区域运载技术的发展，为我国在国际海底区域资源的勘探和开采提供高技术含量装备及共性技术。2009年至2012年"蛟龙号"先后完成了一千米级、三千米级、五千米级及七千米级海试工作，目前"蛟龙号"可在全球99.8%以上的海域进行工作。2012年我国成功完成了"潜龙一号"的试海验收工作，它可在无人无缆的情况下深入海底6千米进行作业。这是我国拥首个自主研发AUV（无人无缆潜器）的项目。[②]"潜龙一号"的成功验收，标志着我国在国际海底区域勘探、开采装备实用化改造领域向前迈进并树立了一个重要里程碑，将为我国远洋深海资源勘查提供保障。

[①] 参见：中国大洋矿产资源研究开发协会：国际海底区域资源开发战略研究报告，北京，1999。
[②] 国家海洋局：http://www.soa.gov.cn/xw/ztbd/2012/jlth_zjzgzrqsq7000mjhs/xctu_jlh/201211/t20121129_10702.htm，最后一次访问2016年11月28日。

从 20 世纪 80 年代至今,我国先后共组织了四十多航次的海洋考察;提出了 56 个具有中华文化特征的海底地理实体命名提案,并获得了批准;建成了国家深海基地、大洋样品馆、大洋资料中心等一批公共服务平台,为大洋事业的发展奠定了良好的基础。①

2011 年国际海底管理局第 17 届会议审议核准了中国大洋协会提出的请求核准多金属硫化物勘探工作计划的申请,这成为我国继 1999 年后获得的第二块具有专属勘探、开采权的国际深海区域。2014 年我国与国际深海区域第三次"握手",中国大洋协会与国际海底管理局签订了我国的第三份远洋深海区域勘探合同——富钴结壳勘探合同。② 我国由此成为世界上同时拥有三种国际海底区域资源矿区的国家。这表明我国在国际海底区域事务中扮演的角色越来越重要,同时这也是维护公约、体现公平的表现。

(二) 我国有关"区域"制度的立法成就

《深海法》的通过为我国的深海法律制度奠定了基石,为我国深海事业的发展注入了强有力的定心剂。《深海法》全面规范了我国自然人、法人或其他组织在国际海底区域从事勘探和开发活动的权利义务。该法的出台有助于中国更好地履行担保国责任。

《深海法》共七章 29 条,规定了勘探开发者的主体、勘探开发的许可制度、环境保护制度、科学技术资源与调查、法律责任及监督等制度。其对于规范我国深海区域勘探开发工作、环境保护及推进我国深海探索技术有重大作用。其中,《深海法》第二条规定,"符合申请条件的我国公民、法人和其他组织均可申请对深海海底资源的勘探开发、科学技术研究、资源调查及有关环境保护等。"③ 这是一项鼓励、引导性的法律规定,为像上海彩虹鱼海洋科技股份有限公司这样的民营企业打了定心针,在法律及政策的引导下为其指明了未来发展的方向,公民可独自申请深海海底资源勘探开发也是本法的一大亮点。《深海法》第二章规定了勘探、开发的各种制度,也是《深海法》的核心内容。

此外,在法律责任方面,《深海法》规定由国务院海洋主管部门对深海海底资源的勘探开发活动进行监督检查,对于违反本法规定的行为也规定了相应的法律责任,包括行政责任、民事责任、刑事责任,切实保证有关规定的有效落实。

《深海法》的通过对于我国坚持依法治国、建设法治海洋、完善海洋法律体系、参与国际海洋事务具有重要意义,也是我国履行《公约》的重要举措。我国成为继

---

① 人民网:http://npc.people.com.cn/n1/2016/0226/c14576-28154292.html,最后一次访问 2016 年 12 月 1 日。
② 凤凰网:http://finance.ifeng.com/a/20140430/12242304_0.shtml,最后一次访问 2016 年 12 月 1 日。
③ 《中华人民共和国深海海底区域资源勘探开发法》第二条。

英、美、德等国之后第十四个制定国内深海法的国家,体现了我国作为新崛起大国的国际责任担当,同时表明我国维护国际海底区域秩序、共同开发国际深海区域资源的决心。《深海法》的通过,一方面为我国推进海洋强国建设,坚持法治海洋提供了新航标;另一方面对于维护我国合法勘探、开发的承包者提供了法律层面的保障,承包者进行深海海底资源勘探、开发的活动不仅受到国际法的许可,还受到国内法的保护。

四、完善区域开发配套法律制度,深度参与国际深海事务

(一)完善颁发勘探和开发许可证的规定

《深海法》第七条规定:"中华人民共和国的公民、法人或者其他组织在向国际海底管理局申请从事深海海底区域资源勘探、开发活动前,应当向国务院海洋主管部门提出申请,并提交有关材料。经国务院海洋主管部门批准许可并取得相关文件后,方可向国际海底管理局提出对深海海底区域的勘探开发申请,获得许可的申请者同国际海底管理局签订合同成为承包者后才能进行相应的勘探开发活动。"[1]这一规定是依据《公约》的规定,它有效衔接了我国国内法与《公约》第Ⅺ部分的有关规定。在有关许可证的颁发的规定中还应再做具体的规定:

(1)许可证的颁发应该由国务院海洋主管部门(国家海洋局和中国大洋协会)根据申请者提交的材料判断是否颁发许可证。具体而言,许可证的期限以及其中的条款和条件都应由国家海洋局和中国大洋协会根据国家战略需求以及国内市场需求而定。许可证应包含以下条款:①承包者应保证深海作业者的人身安全和身体健康;②在许可证事项下获得的矿产资源的处理和加工事宜;③如何处理"区域"活动过程中的作业废弃物;④向国务院海洋主管部门提供国家海底区域活动的具体计划、收益、账务信息;⑤向国务院海洋主管部门提交从深海活动中开发出的矿产的样本;⑥要求从事深海活动的作业者勤勉地从事相关活动;⑦要求"区域"活动遵守《公约》《执行协定》以及《深海法》的有关规定;⑧要求开采者遵守国际海底管理局有关《区域内多金属结核探矿和勘探规章》《"区域"内多金属硫化物及富钴铁锰结壳探矿和勘探规章》的规定;⑨要求"区域"活动者遵守开发合同中的条款;⑩向国务院海洋主管部门支付一定的费用,费用应由税务部门具体规定;⑪许可证只有在国务院海洋主管部门书面同意的情况下才能转让。[2]

(2)完善许可变动和撤销的规定:①国务院海洋主管部门认为变动或者撤销许可有利于保障从事深海活动的人员的安全和健康、有利于保护海洋动植物或者其他生物以及它们的栖息地,或者当许可同我国遵守的国际法上的义务相冲突

---

[1] 《深海法》第7~9条。
[2] Deep Sea Mining Act,Art 2 (3A).

时,国务院海洋主管部门亦可以变动或者取消许可;①②未遵守合同条款、未在指定区域进行活动;②③获得许可后6个月未开始或未经申请连续6个月停工;③④在被许可人的同意的情况下也可以对许可进行变动或者撤销;④⑤其他符合规定的事宜。

(二) 完善环境调查评价制度,切实维护深海海洋环境

就国际海底区域的勘探而言,国际海底管理局确定了可能造成环境影响的三类活动:(1)勘探有商业价值的矿床;(2)商业回收采矿系统的小规模试验和原型试验;(3)在"区域"内进行的冶金工艺流程试验。通过目前已掌握的知识和技术评估多金属结核勘探活动预期不会对国际海底区域环境的生物多样性造成严重损害,对于勘探富钴结壳对发育有富钴结壳的深海海山生物群落的环境是否有影响还无法断定,但勘探多金属硫化物可能会对深海环境产生严重问题。深海环境问题是牵一发而动全身的,不能出现问题再去解决。因此,在勘探、开发过程中需要考虑作业者的活动可能对海洋生物、植物以及其他动物和它们的栖息地产生的影响。

我国《深海法》第二十条规定:承包者应当定期向国务院海洋主管部门报告下列履行勘探、开发合同的事项:(1)勘探、开发活动情况;(2)环境监测情况;(3)年度投资情况;(4)国务院海洋主管部门要求的其他事项。在以上规定下细化承包者应展开的具体工作如下:

1. 承包者应确定大洋环境基线

"大洋环境基线指从勘探区域取得足够信息,记录未直接受人类活动影响的情况下环境要素的基础值及生物群落演替等自然过程,它反映了特定时空范围未直接受人类活动影响时的环境自然状况。"⑤在此基础上确定大洋环境的基线和自然变化的范围,用于未来同采矿开始后的环境状况进行比较。其中需要承包者收集基线参数清单应包括:①海底和采矿废渣预定排放点的水柱的物理海洋学数据;②关于水柱的化学海洋学数据;③未来矿址的沉积物性质;④海底表面及其上的生物群落;⑤动物的游动搅动沉积物所造成的生物扰动;⑥固体物质从上层水到深海的流动。⑥

---

① Deep Sea Mining Act, Art 6.
② Act on Interim Measures for Deep Seabed Mining, Art4.
③ Law on the Exploitation and Exploitation of Mineral Resources of the Deep Seabed, Art5.
④ Deep Sea Mining Act, 2014 Art 6.
⑤ CIIC-China:http://ocean.china.com.cn/2016-04/12/content_38224589.htm 最后一次访问2016年12月02日。
⑥ 中国常驻国际海底管理局代表处:http://china-isa.jm.china-embassy.org/chn/gjhd/hdhj/t218964.htm 最后一次访问2016年12月02日。

2. 承包者应制定执行关于监测和报告对海洋环境影响的方案（环境影响评价）

承包者、担保国和其他有关国家或实体应同管理局合作，制定并实施方案，监测和评价深海底采矿对海洋环境的影响。如管理局提出要求，此种方案应包括拨出地区专门用作影响参比区和保全参比区的提议。① 承包者在对深海资源开采前应向国际海底管理局提交一份关于拟议活动对海洋环境潜在影响的评估书，以及一份用于确定拟议活动对海洋环境潜在影响的监测方案建议书和基线参数清单所要求收集的数据。

3. 规定承包者应采取必要措施防止、减少和控制区域内活动对海洋环境造成的污染和其他危害

《区域内多金属结核探矿和勘探规章》第 31 条第 3 款规定："根据公约第一四五条和本条第 2 款，每一承包者应尽量在合理的可能范围内，利用其可获得的最佳技术，采取必要措施防止、减少和控制其'区域'内活动对海洋环境造成的污染和其他危害"；在探矿过程中保护和保全海洋环境：各探矿者应采用预防做法和最佳环境做法，在合理的可能范围内采取必要措施，防止、减少和控制探矿活动对海洋环境的污染及其他危害。各探矿者尤应尽量减少或消除：（a）探矿活动对环境的不良影响；和（b）对正在进行或计划进行的海洋科学研究活动造成的实际或潜在冲突或干扰，并在这方面依照今后的相关准则行事。②

4. 承包者应提交相应的应急计划

我国《海商法》规定海难救助的客体为船舶、其他海上财产、遭遇危险的海上人命以及被污染或遭遇损害威胁的环境。③ 国际海底区域的勘探、开采活动是在深海中进行的，倘若发生海难事故，一般的救助合同、救助报酬、救助机关及救助设备就无法应对深海海难。为了防止、减少和控制海上其他危害，在开采活动开始前应制定具体的操作规程和深海环境污染应急预案。将应急预案内容列入深海法，可有效减少发生深海矿难时因应急预案不足而到导致的人员、财产等重大损失和环境污染问题。同时，应急预案还应配备相应的救援设备。

5. 规定严格的应急报告制度

承包者在"区域"内的活动有可能引起或造成事故，构成对海洋环境造成严重损害的威胁，因此，应考虑采取一切合乎情况需要的实际而合理的暂时性措施，以防止、控制和减轻对海洋环境造成严重或不可逆损害的威胁。所以，有必要严格应急报告，在第一时间以最有效的方式发出警报，报告国务院海洋主管部门，向国

---

① 《"区域"内多金属硫化物及富钴铁锰结壳探矿和勘探规章》第 33 条第 4 款。
② ISBA：《Decision of the Assembly of the International Seabed Authority relating to the regulations on prospecting and exploration for polymetallic sulphides in the Area》Art5.
③ 刘正江. 海难救助的法律缺陷[J]. 中国律师，2000(10)：64-65.

际海底管理局秘书长提交书面报告。

完善深海法有关环境评测与保护的规定也是我国支持国际海底管理局制定的"克拉里昂—克利珀顿区(CC区)环境管理计划"的目标具体体现,有利于我国提升与国际社会就相关话题进行沟通、交流的层次,由政策和规则的参与、遵守者转变为政策规则的制定者。

《深海法》的通过,一方面为我国推进海洋强国建设、发展海洋经济提供了新航标;另一方面对于维护我国勘探、开发海底区域提供了法律层面的保障。同时,也对我国现有深海工作机制和管理机制提出了更高的要求。只有站在国际视野的角度,高瞻远瞩,加快相关法律制度和配套设施的建设,才能保证我国海洋事业持续健康的快速发展。

《深海法》中基于深海海底资源开发与海洋环境保护的思考[①]

刘 洋[②]

2016年2月26日,《中华人民共和国深海海底区域资源勘探开发法》(以下简称《深海法》)经审议通过,并于5月1日正式实施。《深海法》的立法目的是,规范深海海底区域资源勘探、开发活动,推进深海科学技术研究、资源调查,保护海洋环境,促进深海海底区域资源可持续利用,维护人类共同利益。立法原则是和平利用、合作共享、保护环境、维护人类共同利益。可以说,《深海法》的贯彻实施开启了中国深海大洋事业发展的新航程,为我国深海大洋事业的发展提供了顶层设计,使其有法可依、有章可循。相较于其他国家的立法,我国的《深海法》的重要亮点之一是对于深海环境保护的关注,全法只有七章29条,关于"环保"一词却在《深海法》中出现20次,可见对于深海环境保护的重视。

一、《深海法》中强调深海环境保护的必要性

辽阔的海洋是全世界人类的共同财富,特别是海底资源的巨大吸引力,使得拥有先进技术与资金优势的西方发达国家,先后投入巨资争相开展"蓝色资源圈

[①] 本文是2017年度辽宁经济社会发展研究基地委托课题"基于'四个驱动'的辽宁海洋产业结构优化升级路径研究",辽宁省教育厅人文社科课题"辽宁省海洋经济供给侧改革及政策组合研究"(W201608),大连海洋大学社科联课题"辽宁省海洋经济供给侧改革研究"(2016xsklyb-17),辽宁省法学会海洋法学研究会重点课题"辽宁省海洋经济供给侧改革与法律对策研究"(2016hyfxyjh05),辽宁省法学会课题"我国海域使用督察制度研究"(LNFXH2017C010)阶段性研究成果。

[②] 刘洋(1985—),女,汉族,辽宁大连人,经济学博士,大连海洋大学法学院副教授,主要研究方向:海洋经济学、渔政管理。

地运动"。为了结束数千年来各国通过战争争夺海洋资源的历史,1982年通过的《联合国海洋法公约》明确规定,国际海底区域及其资源为人类共同继承遗产,任何国家不应对区域及其资源主张或行使主权或主权权利,由国际海底管理局代表全人类行使。这一海洋开发的新制度开启了各国共同管理海洋、共享海洋资源的新时代。

然而,随着人类科学技术的不断创新与推进,人类对深海资源的开发能力与日俱增,深海勘探开发活动到底对深海环境的影响有多大,目前还存在很大程度的不可知性和不确定性。但随着科学技术的发展和人类逐渐加深对深海环境和生物多样性的认识,深海活动过程中的环境保护问题越来越受到人们的重视。在看到深海活动可能带来的巨大经济利益的同时也应意识到,勘探开发深海资源的过程可能会对海底生物的栖息地环境造成影响,若不采取措施,深海活动将可能严重影响海洋的生物多样性,影响人类对海洋资源的可持续利用,甚至可能会对其造成不可恢复的破坏。[①] 因此,深海活动中的环境保护是极为重要的,在建立健全深海海底资源勘探开发相关制度的过程中应特别强调环境保护制度的建构。深海海底资源开发对海洋环境的影响主要如下:

(一)勘探和开发过程中对深海环境的影响

首先,对该海底区域的海水质量的影响。大功率的海底勘探机械设施作业使海水浑浊度增加,如:深海海底集矿机在深海海底运行,将掀起和压实海底沉积物,影响生物的食物供应,也会堵塞动物呼吸器官,降低海水透光度;同时,拓展后的海底作业与施工将会影响邻近海域的清洁度;在开发过程中,将开采获得的各类海底矿物质带入到海水中,会增加海水中天然含有的各种矿物质含量,改变海水水质。其次,对该海底区域及周围海域水生生物的影响。勘探与开采过程中产生的噪音会影响到深海海域周围区域生物生长环境,如水中爆破所产生的冲击对海洋生物的影响;开采过程伴随产生的放射性矿物质会对水生生物造成危害或衰亡;开采过程中对区域内的珊瑚礁及微生物造成破坏,致使部分海底生物失去繁衍和栖息的场所。再次,对周围海域及国家的影响。深海勘探和开采中,伴随着机械、化学、电解、海洋腐蚀、激光等技术,会将各类污染物带入海域,而海洋自身的流动性将导致周围海域国家遭受污染。最后,深海蕴藏着极其丰富的海底矿产资源,如锰结核矿、铁锰结壳矿、深海磷矿等金属矿藏,这些矿物多数含有放射性元素或重金属(砷、镉、汞、铅等),开采或碎裂后,有毒物质大量扩散,会造成对周围海域环境的严重破坏。

---

① 沈慧.依法开发深海海底资源[DB/OL].中国经济网——《经济日报》,2016-03-31. http://tech.ce.cn/news/201603/31/t20160331_9990898.shtml.

(二)海底矿物在加工过程中对周围环境的影响

首先,勘探和开采后运往陆地加工对海洋环境的影响。大量从事运输业的船舶往返于运输过程中产生的废气、废油及固体废弃物等未经净化处理达标的污染物直接排入海中,会给深海海洋环境造成二次污染;同时,被开采的矿物在海底精选、冶炼和装运的过程中,也会产生大量的废弃物丢弃至海洋中。其次,开采后就地加工的各种矿物对海洋环境的影响。海底就地加工矿物资源,相对于陆地加工较为困难,源自于加工机械的油污、固体废弃物、噪音污染等污染源完全排入海底水体;并且,在海底矿物加工过程中,所产生的固液体废弃物易于与海水发生化学反应,产生有毒气体等。最后,被开采出的矿物长期堆放在深海海底,海水腐蚀将其分解,也会污染水体,给海洋生物带来极大的危害。

(三)海底矿物资源开采后对海域环境的影响

由于我国深海海底勘探起步较晚,在深海和远洋勘探方面,相对于美国、日本等发达国家,我国海洋探矿技术落后,采矿效率低,这也导致严重破坏海洋生态环境的尴尬局面出现。海洋通常为地质构造较为复杂、断裂活动比较显著和集中的地区,尤其是深海海底开发深度的增加与开发活动的频繁,地应力不断扩大,深海开采很可能诱发地震、引起海底滑坡等地质灾害。

深海海底资源勘探和开发必须造福于全人类,有助于满足当代人和后代人不断增长的物质与精神需求,实现代际公平。因此,必须从可持续利用发展原则出发,提升认知深海、利用深海资源、保护深海环境的能力。而深海立法顺应了国际海底区域活动的发展趋势,必将提升我国国民的深海生态环境保护意识;在深海海底资源调查与开发进程中,有助于提高深海生态环境调查评价研究水平,增强深海资源开发中的生态环境保护与监控能力,加强深海海底区域生态环境保护、深海作业安全等方面的国际合作,履行缔约国的国际义务,展示负责任大国形象。[①]

二、从《联合国海洋法公约》到《深海法》

作为"海洋宪法"的《联合国海洋法公约》(1982年通过,1994年生效)将国际海底区域及其资源确定为人类共同继承财产,《公约》要求"各国应在适当情形下个别或联合地采取一切符合《公约》的必要措施,防止、减少和控制任何来源的海洋环境污染,为此目的,按照其能力使用所掌握的最切实可行的方法,并应在这方面尽力协调它们的政策"。就《公约》及国际海底管理局出台的相关国际立法而

---

① 贾宇.《深海法》奠定我国深海法律制度的基石[DB/OL].中国海洋报,2016-03-07. http://fj.people.com.cn/ocean/n2/2016/0307/c354245-27879976.html.

言,可将关于环境保护的相关制度进行简单归纳:

一是采取必要措施防止、减少和控制区域内活动对海洋环境造成的污染和其他危害。国际海底管理局出台的《区域内多金属结核探矿和勘探规章》第31条,《区域内多金属硫化物探矿和勘探规章》《区域内富钴结壳探矿和勘探规章》第33条规定:"每一承包者应采用预防做法(审慎做法)和最佳环境做法,尽量在合理的可能范围内采取必要措施防止、减少和控制其区域内活动对海洋环境造成的污染和其他危害。"

二是执行海洋环境监测和评价制度(海洋环境监测制度)。各国应在符合其他国家权利的情形下,在实际可行范围内,尽力直接或通过主管国际组织,用公认科学方法观察、测算、估计和分析海洋环境污染的危险或影响。各国应发表海洋环境监测报告,或每隔相当期间向主管国际组织提出这种报告;各有关组织将这类报告提供给所有国家。同时,承包者、担保国和其他有关国家或实体应同国际海底管理局合作,制订实施方案,监测和评价深海海底采矿对海洋环境的影响。在勘探申请被管理局核准之后,承包者开始勘探活动之前,承包者应向管理局提交一份关于拟议活动对海洋环境潜在影响的评估书,以及一份用于确定拟议活动对海洋环境潜在影响的监测方案建议书和可用于确定环境基线,以评估拟议活动影响的数据。

三是确定环境基线。根据《区域内多金属结核探矿和勘探规章》第31条规定,每一合同应要求承包者收集环境基线数据并确定环境基线,承包者、担保国和其他有关国家或实体应同管理局合作,制定和执行关于监测和评价深海海底采矿对海洋环境影响的方案。承包者应每年以书面方式向秘书长报告该监测方案的执行情况和结果,并应参照委员会提出的建议提交数据和资料。

四是提交应急计划。承包者在按照本合同开始其活动方案之前,应向秘书长提交一份能有效应对因承包者在勘探区域的海上活动而可能对海洋环境造成严重损害或带来严重损害威胁事故的应急计划。这种应急计划应确定特别程序,并应规定备有足够和适当的设备,以应对此类事故。[1]

五是紧急报告。承包者应以最有效的手段,迅速向秘书长书面报告任何已对、正对或可能对海洋环境造成严重损害的活动引发的事故。

六是采取紧急措施。承包者应遵从理事会和秘书长为了防止、控制、减轻或弥补对海洋环境造成或可能造成严重损害的情况而分别按照相应规章发布的紧急命令和指示,立即采取的暂时性措施,包括可能要求承包者立即暂停或调整其在勘探区域内任何活动的命令。

---

[1] 张梓太.加强深海环境保护,可持续利用深海资源[DB/OL].中国海洋报,2016-03-10. http://www.china.com.cn/haiyang/2016-03/22/content_38085630.htm.

而我国颁布的《深海法》虽然篇幅不长,却在法律条款中多次强调环境,对于承包方在深海资源勘探开发过程中所应承担的环保责任予以强调,充分体现出环保的特别优先权地位。

首先,在《总则》部分,开篇就将《深海法》的立法目的之一抛出:"保护海洋环境,促进深海海底区域资源可持续利用。"随后,在总则部分的第二、三、四、六条分别从法律适用对象、深海海底区域资源勘探及开发原则、国家制定有关深海海底资源勘探鼓励政策和措施、深海海底区域资源勘探与开发的国际合作方面就相关环境保护问题予以规定。

其次,《深海法》第三章就环境保护制度作出了专章规定,强调承包者应按照勘探、开发合同及相关部门规定,确定环境基线,评估勘探、开发活动可能对海洋环境的影响,并制定和执行相应环境监测方案及环境影响评估等制度;同时,承包者需要采取必要的措施,保护和保全稀有或者脆弱的生态系统以及衰竭、受威胁或有灭绝危险的物种和其他海洋生物的生存环境。

再次,其他章节也包含关于深海环境保护的相关规定。如第二章第七条规定,申请者向国务院海洋主管部门提交的材料中应包括:勘探、开发工作计划以及有可能对海洋环境造成影响的相关材料,海洋环境严重损害等的应急预案。第九条、第十一条规定的承包者义务,包括保护海洋环境,当发生或者可能发生严重损害海洋环境等事故,承包者应当立即采取紧急预案,采取一切实际可行与合理的措施,防止、减少、控制对海洋环境的损害。第五章第二十条是关于监督检查环境监测情况的规定。第六章第二十六条是关于造成海洋环境污染损害或者作业区域内文物、铺设物等损害的惩罚责任规定。

可见,《深海法》关于深海环境保护的规定与措施不亚于《公约》及国际海底管理局的相关规定,并且《深海法》的规定既是履行《公约》缔约国的责任要求,也体现了负责任大国的环保责任担当,同时也履行了其对国际海底管理局的环保义务。

三、《深海法》中基于海洋环境保护的思考

深海海底蕴藏着极其丰富的海洋资源,随着科学技术的发展,深海资源的勘探与开发必将成为海洋发展的新一轮热点问题,而对深海环境的保护也成为各开发国的共识。我国的《深海法》基本勾勒出比较完整和清晰的深海环境保护制度和原则,并重点针对承包者在开发过程中可能出现的环境问题进行了相关义务性规定及保护海底生物多样性、可持续利用海洋资源的原则性规定。但基于其规定,笔者有如下思考:

思考一:《深海法》中第七条关于开采前规定承包者要向国务院海洋主管部门提出申请,并提交一系列材料,其中包括"海洋环境严重损害等的应急预案"……

一方面，法律中对于国务院海洋主管部门并没有明确规定，具体而言是应由生态环境保护司、国家海洋环境监测中心还是由哪个部门负责，是需要明确的问题之一。另一方面，关于"海洋环境严重损害等的应急预案"如何设置标准体系进行审核评价也是值得思考的问题。虽然我国已经通过并修订了《突发事件应对法》(2007)、《环境保护法》(2015)、《国家突发环境事件应急预案》(2015)等法律和制度，但整个应急管理法律体系尚有待健全和完善，就最新修订的《环境保护法》而言，七章70条的内容仅有一条提及"应急预案"的内容，并且说法过于笼统。因此，对于《深海法》中关于"海洋环境严重损害的应急预案"应使其明确化、具体化、制度化、责任化，具有可操作性。

思考二：《深海法》中十一条"发生损害海洋环境事故后，承包者采取一切可行与合理的措施，防止、减少、控制对人身、财产、海洋环境的损害"。关于海洋环境损害的治理与修复问题，是采取"谁污染谁治理"的单一向度治理模式、还是应该采取政府、企业、社会团体三方共同参与的多元化治理模式，抑或是委托第三方专业的海洋环境治理修复公司全权负责，是值得思考的问题。深海海洋环境的破坏具有不可逆性，修复和治理成本偏高，如若不建立完善的监督管理体制，而由承包者自身进行修复和治理，就极易因为追求经济利益最大化而出现海洋环境损害的"破窗效应"。

思考三：《深海法》中十四条关于"承包者从事勘探、开发活动应当采取必要措施，保护和保全稀有或者脆弱的生态系统……保护海洋生物多样性，维护海洋资源的可持续利用"。"保全"是指保护安全、使其免受损害和伤害，那么条文中"采取必要措施"，如何界定和理解"必要"？由于深海勘探技术的不断突破，对于海底生物多样性的新物种认知也不断增强，加之深海海底生态系统的脆弱性，建议将采取的必要措施予以明确化和具体化，并针对海洋生物的稀缺程度，将生物划分为不同的保护等级，以确保深海生物资源的可持续开发与利用。

思考四：《深海法》中二十三条关于"承包者违反勘探责任、开发合同义务或者履行合同义务不符合约定的……还应当承担相应的赔偿责任。"而对于相应的赔偿责任，具体的约定赔偿内容并没有明确说明。

综上，开采深海海底矿产资源必将影响海底环境，而开发者有责任保全深海区域及其周围海域的生态环境，促进周边国家和地区的生态环境保护和可持续发展。因此，在分享自然资源带来恩赐的同时，必须奉行深海海底资源开发与海洋环境保护均衡发展的原则。作为海洋大国，我国已切实做到了积极履行《公约》规定的义务，并将进一步践行和完善《深海法》。

论我国《深海法》确立的相关制度

詹 文 孙 岑 来 宾

海洋面积占地球表面积的70%以上,而深海海底区域面积占海洋面积的70%,在幅员辽阔的深海空间蕴藏着丰富的资源,甚至有些资源只有深海才有。开采深海资源研究是建设海洋强国的必然选择。如今,随着人类发展进程的空前迅速,陆地资源已渐渐地满足不了人类世界的需求,海洋资源的开发利用是人类可持续发展的必然选择。但人类对海洋生态系统的了解还非常肤浅,海洋资源开采是海洋经济的重要组成部分,其应在保护海洋生态环境的前提下进行。为了规范深海资源勘探这一事业,2016年2月26日,第十二届全国人大常委会第十九次会议投票表决通过了《中华人民共和国深海海底区域资源勘探开发法》(以下简称《深海法》),由习近平主席签署,并于2016年5月1日正式实施。本文将简要介绍作为一部我国刚刚生效的新法,《深海法》确立的几项基本制度及其对我国深海资源勘探领域有着怎样的重要意义。在响应《联合国海洋法公约》(以下简称《公约》)的基础上,《深海法》的出台彰显我国积极履行《公约》缔约国的义务以及对维护我国海洋权益、发展深海科学、和平利用深海资源作出了贡献,也进一步规范了我国企业勘探开发深海海底区域资源的行为,为以勘探、开发和利用海洋资源为主要业务范围的公司发展指明了方向。

一、《深海法》的理论基础

国际海底区域(以下简称"区域"),是指各国管辖水域范围以外的海床、洋底及其底土。[①] 区域蕴藏着约3万多吨的金属结构资源以及其他重要稀缺资源。20世纪60年代,包括锰、镍、铜和钴在内的多金属结核的开发引起了国际社会的普遍关注。为了防止国际海底的矿产资源沦为西方发达国家瓜分掠夺的对象,进而引发战争,1982年通过并于1994年生效的、有着"海洋宪章"之称的《联合国海洋法公约》第136条作出明确规定:区域及其资源是人类的共同继承财产。第137条也规定:"任何国家不应对区域的任何部分或其资源主张或行使主权,任何国家或自然人、法人,也不应该将区域或其资源的任何部分据为己有。任何种主权和主权权利的主张和行使,或这种据为己有的行为,都不予以承认。区域内资源的一切权利都属于全人类,由管理局代表全人类行使。"[②] 该规定意在表明:随着世界海底勘探技术的日益精进,人类已经具备从海底获取丰富资源的能力,但为了

---

① 《公约》第1条第1款第1项。
② 《公约》第137条。

避免因资源争夺而导致国家之间的相互抗衡,国际社会有必要制定一个新的关于深海资源开发与利用的国际制度,以确保人类和平地开发国际海底资源。在各国的推动下,尤其是在发展中国家的不懈努力下,第25届联合国大会通过《关于各国管辖范围以外海床洋底与下层土壤的原则宣言》,该宣言亦将"人类共同财产"列为国际海底资源的基本制度之一,同时也是国际海底资源的基本性质之一。自此,"人类共同继承财产"原则初步确立。其内涵包括以下四个方面:一是全人类共同共有,即海底区域属于所有国家的共同主权。二是全人类共同使用,主要包括共同管理和共同开发两个部分。三是全人类共同共享,各国在资源的开发和利益的分配上应该公平合理。四是和平利用国际海底,人类在海底有着共同的利益,想要保持人类长期稳定的发展,海底的和平利用原则就显得尤为重要。

"人类共同继承财产"原则确立代表着公正与和平,对之后各国在海底的开发活动产生了深远影响。我国作为联合国的常任理事国之一,又是最大的发展中国家,应当积极履行《公约》所规定的各项义务,即各缔约国应当参照《公约》的有关规定,制定相关的国内法来确保本国的自然人和法人在国际海底管理局制定的规章范围内合法地进行深海资源勘探活动,明确表明我们对国际法治的支持。此外,同时应当兼顾永续发展原则、平行开发原则、激励原则、规范原则和协调原则等。

其次,中国要进入深海,承包者的合法权益要得到保障,人身财产安全也要得到保障。进入深海具有高风险、高投入、高科技的特点,承包者必须具备一定的能力和条件。在这方面,我国这些年做了大量工作,取得了长足进步,但是比起发达国家,我们还有一定的差距,需要提升相关能力,为深海勘探开发做好准备。深海勘探开发技术和能力建设,也是保护海洋环境一项重要的基础和前提。因此,为了"管控好、保障好、准备好"这三个目的,制定了这样一部法律。《深海法》的制定,有利于树立我国负责人的大国形象,提升话语权,有利于规范深海资源勘探开发活动,提升我国深海活动竞争力,有利于进一步统筹国内力量,共同推进海洋强国建设进程。

二、深海勘探开发体制的基本内容

根据《公约》第139条第2款规定:在不妨害国际法规则和附件三第22条的情形下,缔约国或国际组织应对由于其没有履行本部分规定的义务而造成的损害负有赔偿责任;共同进行活动的缔约国或国际组织应承担连带赔偿责任。但如缔约国已依据第153条第4款和附件三第4条第4款采取一切必要和适当措施,以确保其根据第153条第2款(b)项担保的人切实遵守规定,则该缔约国对于因这种人没有遵守本部分规定而造成的损害,应免除担保国赔偿责任。① 由此可以看出,《深海法》的出台是全面推进依法治国在深海勘探开发领域的落实。党的十八届四中全会通过《中共中央关于全面推进依法治国若干重大问题的决定》,强调要努力实现国家各项工作法制化。海洋强国建设作为我国社会主义建设的重要内容,也必须要依法推进,实现海洋工作法制化。作为全面推进依法治国建设重要的一环,《深海法》的出台初步实现了我国深海海底区域资源勘探开发工作有法可依,对我国海洋法制建设具有重要促进作用,做到开发未动,立法先行。《深海法》的出台表明,我国深海海底区域资源勘探开发工作坚持走法制化道路。与"文件治理"和"人治"相比,把"法制"作为深海海底区域资源勘探开发的最高体制,主要有以下三个方面的突出作用:一是确保我国深海资源勘探开发工作的延续性,国家将深海资源勘探开发作为一项长期的事业发展。二是实现我国深海资源勘探开发工作有据可依,确保领导有力、资源集聚、体制运转正常。三是保护相关主题的权利,给从事海底勘探开发的承包者以能够预期未来的可能性,给其投资事业以安全感,确保我国深海资源勘探事业的健康稳定可持续发展。

作为规定我国深海资源勘探开发规则及制度的法律文件,《深海法》确立了我国深海资源勘探开发体制的基本内容,即深海行政管理体制机制和深海勘探开发体制机制。一是管理主体,负主要责任的是国务院海洋主管部门,由其负责对深海海底区域资源勘探、开发和资源调查活动进行监督管理。此外还有国务院其他有关部门,按照国务院规定的职责负责相关管理工作。二是管理职责,《深海法》对相关管理主体的职责进行了规定,主要包括对勘探开发的行政许可权、批准权、备案登记、通报、组织、环境保护、监督检查、行政处罚等。深海法对管理主体和管理职责规定的比较清晰,可操作性很强。三是勘探开发申请,中国的公民、法人或者其他组织可以向国际海底管理局申请从事深海海底区域资源勘探、开发活动。但是,要从事该活动必须向国务院海洋主管部门提出申请。基本精神是降低标准、鼓励参与。四是科学研究与资源调查,采取的是国家主导、鼓励社会参与、开放共享的原则,积极促进我国深海领域科学技术研究和资源调查水平的提升。五是环境保护,《深海法》对参与深海勘探开发的主体提出了较为严格的要求,要求采取有效的技术和措施,防止、减少、控制勘探、开发区域内的活动对海洋环境造成的污染和其他危害,保护生态系统,保护可能面临灭绝危险的濒危生物并保障其他海洋生物的生存环境,维护海洋生物多样性,维护海洋资源的可持续利用。

---

① 《公约》第 139 条第 2 款。

三、《深海法》确定的制度

（一）行政审查制度

区域勘探开发活动具有很大的风险性，需要有严格的资格审查制度对其开发资质进行考察，因为一旦出现问题，承包者很难有能力去承担损失，《公约》第153条第2款规定：自然人或者法人如果想对区域内的资源进行勘探开发，其必须以成员国的担保作为前提要件。而一旦成员国已经制定较为合理的法律制度来审查了申请人的勘探资质，这时如果开发者没有遵循合同的义务，成员国将不负赔偿责任。我国《深海法》的制定原则亦与国际海底管理局之规定相配套，按照全人类共同共有原则来看，一个国家是没有资格给本国自然人或法人发放勘探开发许可证的，但如果国家为申请的主体提供担保，并按照法律规定对申请者履行了严格的审查义务，那么其发放勘探开采许可的行为将有利于其与国际海底管理局签订合同，这样的行为是被提倡的。《深海法》第二章明确规定了勘探开发主体申请条件，包括申请者的基本情况、目标矿种说明、财务及技术情况、工作计划及对环境可能产生的影响、应急预案以及其他相关材料。同时规定了一些申请者需要履行的义务，包括严格履行申请合同的内容、保障人身财产安全、保护环境、接受监督等，并且申请过程采取了双重申请的原则，即申请者须先向国务院海洋主管部门提交申请，通过审批之后才能与国际海底管理局签订勘探开发合同。

（二）环境保护制度

众所周知，深海勘探开发活动是一项高污染、高破坏的行为，其对深海环境所造成的破坏也是巨大的，如何能在取得深海资源的同时将破坏程度降到最低是海洋立法过程中所必须要考虑进去的内容。《深海法》第三章即规定了深海勘探开发的承包者需要在环境方面所履行的相关义务。第12条要求承包者需要采取当时可获得的先进措施防止对其勘探开发领域内的环境造成危害。第13条要求承包者依据国务院海洋主管部门制定的环境基线对其勘探开发活动对环境造成的影响进行评估。第14条要求承包者不断保持对其开发活动的对环境造成的影响进行实时监测，并保存记录。第15条要求承包者采取必要措施保护脆弱的海洋资源及海洋环境。在我国《深海法》第六章中表明，在环境保护问题上我们不仅注重事前预防和过程中的监控，也规定事后的惩罚机制及环境修复机制，即如果损害行为确实出现了，我们有相应的惩罚或补救措施来完善承包者的义务，如果违反合同规定、造成人身、财产、环境破坏或不配合国务院海洋主管部门接受监督的，将会受到不同程度的处罚，在罚则这方面的规定及梯度相当完备。

（三）安全保障制度

《公约》第146条规定：在"区域"内进行勘探开发等活动的，承包者应采取必要措施保障安全,此处提及的必要的措施涵盖范围较为广泛,包括保证航行安全、海上的生命安全、作业安全保障、深海活动相关相关的维护要求以及深海活动中所涉及的劳动保障规定。① 我国《深海法》在第9条第2款中规定承包者有保障人身和财产安全的义务;在第24条中规定造成人身伤害、财产损失的,承包者应当对所造成的损害负相应的赔偿责任。相较于其他国家有关立法来看,我国在安全保障制度方面的规定较为笼统并且没有订立相应的配套措施,应当具体到航行、勘探和开发活动期间以及从事海洋科学活动期间。

四、深海勘探开发体制配套与完善的方向

《深海法》对我国深海海底区域资源领域勘探开发体制机制进行了规定,这些规定是科学的、符合我国国情的。为确保我国深海海底区域资源开发利用事业持续健康发展,针对体制机制,我们接下来要做好以下几方面的工作:一是尽快制定出台实施细则和配套性制度,落实、细化《深海法》确定的体制机制。重点是:(1)确定海洋主管部门行使《深海法》规定职权的具体部门,把责任落实到实处。(2)明确深海领域"相关部门"具体包括哪些。(3)在"通报"制度之上,进一步明确"协调"制度,建立部际协调机制,确定协调责任主体。(4)明确具体工作的程序。如许可、批准、通过、监督检查、行政检查、行政处罚等工作的工作程序。(5)推动中国大洋事务管理局和中国大洋协会职能重新定位和转变。通过授权、委托等形式,充实中国大洋事务管理局和中国大洋协会的职能,适应《深海法》出台后的新形势,进一步促进大洋事业发展。二是进一步调研,做好比较研究,学习海洋发达国家体制机制的有益方法。调查研究近期制定深海法的国家设立深海资源勘探开发主管机构的相似做法,对它们的机构设置、职权配置、工作程序等进行比较性研究,做好借鉴吸收工作。三是顺应国际上深海资源勘探开发和管理体制改革趋势,进一步完善我国大洋工作体制机制。建立部际协调、海洋主管部门负责、专门机构主管、企业参与、社会协同的体制机制,在国家主导下充分发挥市场作用和社会力量,积极作为,为人类和平利用深海资源,作出中国应该有的贡献。

总之,《深海法》的贯彻实施是我国深海大洋事业发展的重要里程碑,为我国深海勘探开发事业的健康稳定发展保驾护航,为维护我国海洋权益、发展深海科学、和平利用深海资源作出了重要贡献。但这部法律在执行过程中还会碰上很多新问题,需要出台更多法律法规进行补充和完善。因此,希望我国能把深海立法作为一项长期工作对待,使之日益完善。

---

① 张梓太,沈灏.深海海底区域资源勘探开发立法研究——域外经验与中国国策.全国环境资源法学研讨会,2014.

国际海底区域海洋环境保护研究

曲亚囡

自然资源是人类社会不断发展的物质基础,随着陆地资源的不断枯竭,人们逐渐把发展的目光转向了海洋。海洋蕴藏着巨大的能量和资源,海底资源则在海洋资源中占了相当大的比重。国际海底资源是指分布在国家管辖范围以外海床和洋底及其底土的、可以被人类利用的物质、能量和空间,包括富含铜、镍、钴、锰等金属的多金属结核、富钴结壳、热液多金属硫化物、天然气水合物等非生物资源和其他生物资源等,其中多金属结核、富钴结壳和海底热液硫化物矿床等已被公认为21世纪具有商业开发前景的资源。各国除了开采本国大陆架海底资源外,全世界正兴起开采国际海底资源的热潮。

一、海洋环境保护的国际法规范

早在20世纪50年代,国际社会就已经开始关注海洋环境保护的立法,当时国际社会上已经存在一些国际习惯和一般法律规则,经过20多年的发展,国际上已经产生了相当数量的国际条约和协定,海洋环境的国际立法体系开始正式形成。

(一)《联合国海洋法公约》关于海洋环境保护的规定

由于海洋环境问题的不断增加,1982年《联合国海洋法公约》(以下简称《公约》)诞生时就对海洋环境保护作出了相关规定,不仅在国际海底区域一章中对国际海底区域开发过程中的海洋环境保护作出规定,而且单独列出一章阐明各国保护海洋环境的责任和义务。按照《公约》的规定,国际海底区域及其资源是"全人类的共同继承财产",任何国家不应对区域及其资源主张或行使主权或主权权利,任何国家或其自然人或法人不应将"区域"或其资源的任何部分据为己有,"'区域'内资源的一切权利属于全人类",由依据公约成立的国际海底管理局代表全人类为"全人类的利益"行使,开放给所有国家,并专为和平目的利用,不加歧视。《公约》第12章同时规定,各国应当采取必要的措施,减少和控制对海洋环境造成的污染,并负有保护和保全海洋环境的职责。

可以说,《公约》对海洋环境的保护作出了相对全面的阐述,为国际海洋环境的保护奠定了坚实的国际法基础,是一部划时代的海洋宪章,为世界各国保护海洋环境提供了明确的国际法律依据。

(二)其他国际公约关于海洋环境保护的规定

国际上关于海洋环境保护的公约除了《联合国海洋法公约》以外,还包括

1972年《防止因倾倒废物及其他物资而引起的海洋污染的公约》、1972年《防止船舶和飞机倾弃废物污染海洋公约》,这两个是关于控制海洋倾废的公约,还有1992年《保护东北大西洋海洋环境公约》、1973年《国际防止船舶污染公约》及其1978年议定书、1990年《关于石油污染的准备反应和合作的国际公约》以及《1976年勘探开发海底矿产资源油污损害民事责任公约》等。此外,还有关于海洋生物资源保护的国际公约,例如1992年《生物多样性公约》等。这些关于环境保护和生物资源保护的公约共同构成了国际海洋环境保护的法律体系,各国都应当在国际法的框架下履行保护海洋环境的义务。

此外,国际海底管理局分别于2000年、2010年和2012年通过了《"区域"内多金属结核探矿和勘探规章》《"区域"内多金属硫化物探矿和勘探规章》和《"区域"内富钴铁锰结壳探矿和勘探规章》。这三个探矿和勘探规章对《公约》关于海洋环境保护的规定进行了补充和界定,对于国际海底区域海洋环境的保护具有重要的意义。

(三) 国际海底区域环境保护主体的责任和义务

上述国际公约、国际海底管理局规章等国际法律文件基本构成了海洋环境保护的国际法体系,也由此确定国际海底区域海洋环境保护的国际法律主体主要有三个,即担保国、承包者和国际海底管理局。

1. 担保国

担保国是指为承包者在国际海底区域内多金属结核勘探活动可能对环境造成影响的勘探开发活动提供担保的国家,旨在指明除了多金属结核矿区承包者,国家也应对国际海底区域环境的保护承担相应的责任。担保国如果作为承包者直接从事国际海底区域的开发活动,则其应当承担的责任与承包者并无不同。如果担保国并不直接从事国际海底区域的开发活动,而是为承包者提供一种担保,则其应当按照《公约》及国际海底管理局的三个勘探规章履行义务。《公约》规定,缔约国应当确保"缔约国、国有企业、或具有缔约国国籍的自然人或法人所从事者"在国际海底区域的活动按照《公约》的规定进行;确保已经采取一切必要的措施,协助国际海底管理局遵守《公约》的规定;确保承包者是在其本国的国内法律制度范围内履行合同条款和《公约》规定的义务。

2. 承包者

承包者是国际海底区域开发的主要主体,并且是国际海底区域开发对海洋环境造成污染损害的直接责任承担者,其勘探开发活动对海洋环境的影响不容忽视。《联合国海洋法公约》、国际海底管理局相关规定以及各国国内法都对承包者在国际海底区域勘探开发海底矿产资源作出了相应规定。根据《公约》第145条规定和国际海底管理局制定的《区域内多金属硫化物探矿和勘探规章》中第5条

"在探矿过程中保护和保全海洋环境"规定,每一承包者应采用预防做法和最佳环境做法,在合理的可能范围内尽量采取必要的措施防止、减少和控制在该"区域"内的探矿活动对海洋环境造成的污染和其他危害。各探矿者尤应减少和消除:①探矿活动对环境造成的不良影响。②对正在进行和计划进行的海洋科学研究活动造成的实际和潜在冲突或干扰,并在这方面依照今后的相关准则行事;探矿者应同管理局合作,制定并实施方案,监测和评价多金属硫化物的勘探和开发可能对海洋环境造成的影响。

3. 国际海底管理局

国际海底管理局是联合国管理国际海底区域及其资源的一个国际组织,1994年成立于牙买加,主要任务是为筹备建立国际海底管理局和国际海洋法法庭而制定有关规则、规章,处理先驱投资者申请登记问题。根据《公约》的规定,国际海底管理局应当制定海底开发活动及保护海洋环境所需要的规则、规章和程序并予以执行。《区域内多金属硫化物探矿和勘探规章》第 33 条规定,管理局应依照《公约》和《协定》的规定制定并定期审查环境规则、规章和程序,以确保有效保护海洋环境,使其免受"区域"内活动可能造成的有害影响。为了确保有效保护海洋环境,使其免受"区域"内活动可能造成的有害影响,管理局和担保国对这种活动应采取《里约宣言》原则 15 所反映的预防做法和最佳环境做法。

二、国际海底区域海洋环境的现状

(一)国际海底区域开发对海洋环境造成的影响

1. 海洋生态系统遭到破坏

过度的开发将会对海洋环境产生巨大的压力,开采可能导致海水浑浊,海水矿物含量改变;可能噪音过大影响周围海域的生长环境;可能有放射性元素扩散污染海水环境。在加工过程中,可能会有废水、废弃物和生活垃圾等排入海中,海底的核试验可能对海洋生态系统带来巨大的威胁。海洋生态系统环环相扣,任何一个环节的失衡都可能导致整个海洋生态系统的崩溃。人类对国际海底区域资源的开发已经对海洋生态系统产生了严重的破坏和威胁。

2. 海洋生物资源受到威胁

尽管海洋生物资源被人类所认知的数量要远远少于陆地生物资源,但是海洋生物资源却比陆地生物资源更为珍贵。随着人类科技的进步,对国际海底区域的开发也在不断扩大,在开发过程中,会产生大量的污水和废物,甚至可能对海水造成极大的污染,这些污染会导致海洋生物大量死亡,海洋生物多样性急剧下降,甚至整个渔业和捕捞业都会受到影响。

3. 海洋非生物资源面临枯竭

海水中的非生物资源从总体上来说,可分为溶解于海水的化学资源和海底矿产资源两种。国际海底区域开发的主要是海底矿产资源,主要有石油和天然气、海滨砂矿、深海的锰结核和含金属泥质沉积物以及其他矿产资源。其中,石油和天然气占分别全球探明总量的 34% 和 26%,构成了海底矿产资源的绝大部分产值。这些矿产资源基本上都是不可再生资源,过度的开采不仅是对资源的浪费,更会破坏海底结构,甚至影响到其他非生物资源的勘探开发。

(二) 国际海底区域海洋环境面临的挑战

1. 国际海洋环境制度不健全

现有的国际环境制度对发达国家与发展中国家的利益分配不够平衡,发展中国家在国际海底区域的开发中相对处于弱势的地位。虽然发达国家和发展中国家共同作为全球海洋环境法律制度的制定者,但是技术的支持和资金的供给都存在较大的差距,发展中国家难以有效发挥其自身的优势,往往成为被动的执行者,而不是规则的制定者。再加上国际环境制度所应具备的代表性、透明性、可预见性、信息可得性以及争议解决机制等尚未在一个完整的法律体系中加以确定。

2. 环境评价与责任机制不完善

环境评价与责任机制对全球海洋环境保护的作用不容小觑,已经得到了国际社会的肯定,并且在生物多样性的养护和可持续利用方面起了积极的作用。分析国际海底勘探开发活动对海洋环境的特殊影响并进行必要的评价,对危害海洋环境的主体进行追责并明确责任限度等事项都是及其必要的。但是,国际海底区域的环境影响评价和责任机制在法律和技术层面上都存在着许多亟待解决的问题。

3. 利益冲突与矛盾加剧

人类共同继承财产原则在区域开发的利益上倾向于协调发达国家与发展中国家对"区域"及其资源上的利益主张,但仍然消除不了对一些技术能力落后、财政状况堪忧的发展中国家对环境保护责任的承担能力的质疑。而且,"区域"采矿探矿活动的污染本身也容易影响到上覆水域,可能涉及其他国际法规则重叠适用,加剧环境污染问题的复杂性。此外,承包者如果过度开采资源而不对其加以保护,肆意污染海洋环境,只会让海洋生态环境进一步恶化,使海洋资源进一步枯竭。

4. 国际合作不深入

世界海洋环境的保护需要各国的共同努力,《联合国海洋法公约》也是在各国不断的谈判、利益的妥协与让步的基础上产生的。但是在国际条约的制定过程中,发达国家往往占据主导地位,扮演着国际游戏规则制定者的角色,导致很多发展中国家在利益博弈中处于劣势地位。代表的利益不同,各国自然在国际合作中考虑的预期利益也不同,这必然会阻碍各国共同合作维护海洋环境的清洁。再加上各国国内法的不同和《公约》的有限性,导致国际海底区域海洋环境保护国际合作的不深入。

三、国际海底区域海洋环境保护的路径选择

目前,国际上关于海洋环境保护的立法并不健全,《公约》也并非解决海洋环境问题的万能钥匙,毕竟,仍然有一部分国家没有加入公约。各国在遵守《公约》规定的义务的同时,应当积极制定国内法对承包者进行规制,在开发的同时,坚持保护海洋环境的基本原则,加强国际合作,才能实现互利共赢。

(一)构建完善的世界海洋环境保护法律体系

国际海底区域开发是建立在"公平分享自然资源"的基础之上的,各国和承包者不仅享有相同的权利,其保护海洋环境的义务和责任也是相同的。除了在国际上制定国际规则,缔结国际条约,形成国际法律文件,各国也应当积极制定国内法。因为完善健全的国际海洋环境保护体系并不是仅仅由国际法构成的,而是由国际法与国内法共同构成的。因此,必须建立健全各种保护海洋环境及海洋、海底生物资源的国内和国际法律制度,维护参与国和未参与国的合法权益。

(二)建立健全海洋环境保护的评价与责任机制

国际海底矿产资源的开发,必须实行环境评价与责任机制。在进行勘探海底矿产资源时,应对海底区域的矿址做详尽的环境影响评价与研究,评价开采会给生物造成的不利影响,以及对水系统的质量变化和由此引起的破坏力和危害。建立海洋环境责任制度,依照联合国的有关规定制定海底区域污染标准,制定开发的最低污染限度,明确污染的限度,对产生污染损害的责任主体严格追责。

(三)坚持可持续发展与环境保护并行

可持续发展是指"既满足当代人的需要,又不对后代人满足其需要的能力构成危害的发展"。可持续发展原则目前处于形成、发展时期。可持续发展原则对现代国际海洋环境保护活动有着普遍的指导意义,贯穿国际海洋活动的始终。可持续利用、世代间公平、环境与发展一体化是可持续发展原则的基本内容,也是环境发展的重要目标。因此,国际海底区域的资源开发应当坚持海洋环境保护与可持续发展并存的原则,实现人口、资源和环境的可持续发展。

(四)加强多途径国际合作

随着海洋环境保护意识的提高,海洋环境的国际性、区域性合作都取得了一定的成果。除了在理论上有完善的法律体系做支持,实践中还要制定国际条约、协定等国际法律文件,开展对话机制、加强国际组织的桥梁和监督作用。各国应当进一步开展海洋外交,丰富国际合作的形式,积极开展与国际组织和有关国家进行海洋环境保护方面的广泛深入的合作与交流,积极加入国际合作执行机构,

在全球化的背景下,通力合作保证海洋环境保护法律制度的实施,实现海洋环境的可持续利用。

四、结语

人类的生存发展离不开海洋,世界经济社会的发展更离不开海底资源和清洁的海洋环境。在国际海底资源的开发过程中,海洋环境保护可能成为各国及承包者责任的"高发区",人们在开发资源的同时,应当节约资源、减少污染、合理开发、有效利用,切实履行海洋环境保护的义务,实现人口、经济、社会、资源和环境的可持续发展。

深海区域海底资源物权研究[①]

王黎黎　汪稳

深海区域海底资源的物权研究必然涉及《联合国海洋法公约》,因为如果严格依据《联合国海洋法公约》(以下简称《公约》)的相关规定,那么深海区域海底资源不属于任何一个国家管辖,为全人类共同共有。各个国家都有权依法进行开发。伴随着我国《中华人民共和国深海海底区域资源勘探开发法》的实施,界定深海区域海底资源的物权属性研究并厘清深海区域海底资源的权属制度成为海底资源可持续开发利用与保护的重要问题。

一、深海区域海底资源的物权属性界定

随着海洋科研和开发技术水平的提高,加上社会对资源需求的日增,人类活动范围已发展到了宇宙、极地和深海底等区域。地球是一个水球,约百分之七十一的面积为海洋,而海洋面积的百分之六十左右为国际海底区域,其蕴藏着丰富的海底资源。随着这些深海底资源的价值逐渐被大众认识和开发,资源的争夺在国际上也越演越烈。为规范海底开发,维护全人类利益,1982年《联合国海洋法公约》创设了一项新的海洋法制度——国际海底区域,它是指"国家管辖范围以外的海床和洋底及其底土"。

《公约》第133条第1款规定,"资源"是指"区域"内在海床或其下原来位置的一些固体、液体或气体矿物资源,其中包括多金属结核。在国际社会上,深海区域海底资源的法律性质一直饱受争议,学界存在着三种不同观点,即无主物学说、共

[①] 基金项目:大连海事大学法学博士后流动站研究课题《我国海上行政执法体制研究》以及辽宁省教育厅2015年科学研究一般项目《海上行政主体研究——基于"一带一路"的法治思考》(W2015069)的部分理论成果。

有物与公海自由学说以及人类共同继承财产学说。经过联大机构和联合国第三次海洋法会议的审议和讨论,最终在 1982 年通过的《联合国海洋法公约》中作了明确的规定,确立了人类共同继承财产(The area and its resources are the common heritage of mankind)原则,也就是说"区域"及其资源是人类的共同继承财产。这实际上确立了深海区域海底资源的物权归属,即是全人类共同共有,不属于任何一个国家管辖。人类共同继承财产进一步发展成为海洋法的基本原则。

(一)人类共同继承财产的形成过程

人类共同继承财产概念源于 1967 年马耳他驻联合国大使帕多在联大会议上提出的国际海底区域及其资源应为全人类共同继承财产。1968 年联大通过决议,对这一概念进行肯定。1969 年联大又以决议的形式限制海底资源的开发。1970 年联大再次通过决议宣布国际海底区域及其资源为全人类共同继承财产。1982 年《公约》将"全人类共同继承财产"这一概念以法律的形式确立下来,并对区域及其资源的开发制度作了详尽细致的规定。①

(二)人类共同继承财产包含的原则

根据公约关于人类共同继承原则概念及其原则出发所作的具体规定,即从《公约》第 137、140、141、143、148、149、150、151、157 条相关规定可以看出,人类为主体,财产为标的,所有形式为共同共有。人类共同继承原则涉及以下原则:

1. 共同共有

共同共有人虽对共同财产享有平等的权利,但这种权利是不能独立支配的,这种权利的行使必须得到全体共同共有人的同意,即代表全人类的国际海底管理局的同意。任何国家或国家集团未经国际社会的全体同意而对共同财产所作的任何行为都是对共同财产的侵犯,都是违法的。②

2. 共同管理

共同管理的表现形式就是建立国际海底管理局,各国通过管理局共同参与国际海底区域及其资源的管理工作,由管理局控制"国际海底区域"内活动,管理"区域"内资源,可以实现公约的目的,即获得共同发展,为全人类谋福利。③

3. 共同参与

国际海底区域内的活动,向所有国家开放,目的是通过平等参与"区域"内的活动,提高技术和获得培训的机会,求得发展。④

---

① 肖锋.《联合国海洋法公约》第十一部分及其修改问题[J].甘肃政法学院学报,1996(6),2:56.
② 参见:高之国.论国际海底制度的几个问题.中国政法大学学报,1984(1):70-80.
③ 参见:高之国.论国际海底制度的几个问题.中国政法大学学报,1984(1):70-80.
④ 金永明.看国际海底区域制度[N].中国海洋报,2005-5-24.

4. 共同获益

国际海底区域内活动取得的收益,由各国共享,为人类获益。[①] 人类共同继承财产原则的上述内容是相互关联、相辅相成的。

综上所述,深海区域海底资源具有物权属性,即是全人类共同共有,不属于任何一个国家管辖。全人类按照规则共同享受所有权、使用权、处分权以及收益权。

二、深海区域海底资源的物权形式规则内容

根据人类共同继承财产原则,深海区域海底资源归全人类共同所有。在深海底资源没有得到各国密切关注之前,深海区域与公海一样适用公海自由原则,只是单纯地使用公海,不需要对某一地区拥有排他性的占有。但随着科技的不断创新和发展,深海区域的资源得以开发,越来越多的国家认识到深海区域不可取代的地位,许多早期的国际法学家主张海底为"无主物",也有主张依照公海自由理论处理深海海底区域,把勘探和开发深海海底的自然资源视为公海自由之一,认为深海海底资源开采自由是与公海渔业自由相类似的。然而,深海区域海底资源是相对固定且有限的,其资源的开采,不同于在公海上捕鱼自由、航行自由的原则,开采深海区域海底资源必须以占有该资源区域为前提条件,必须取得排他性的权利,也就是要取得深海区域海底资源的排他性使用权。

(一)"排他性使用权"涉及的平行开发制度

深海区域海底资源的物权形式规则实质上表现为深海区域海底资源的排他性使用权,这种排他性使用权的取得规则即是《公约》中确定的"平行开发制度"。

针对深海区域海底资源的勘探、开发权,所谓平行开发制度是指,在国际海底管理局的组织和控制下,国际海底区域的开发,一方面由国际机构(指国际海底管理局的企业部)来进行;同时在另一方面,也由缔约国及其公、私企业通过与管理局签订合同进行勘探和开发。后者在申请开发时,应提供两块有同等商业价值的矿址,其中一块为保留区,由企业部牵头开发;另一块作为合同区,由申请人自行开发。[②] 这也就意味着除了国际机构以外,其他国家可以通过申请取得海底资源的排他性使用权。

(二)"排他性使用权"的资格及程序

《公约》在规定勘探和开发制度的同时,明确了开矿者的主体,即:企业部、缔约国或国营企业、在缔约国担保下的具有缔约国国籍或由缔约国或其国民有效控制的自然人或法人,具体要求如下:

[①] 梁淑英.人类共同继承财产原则的含义[J].政法论坛(中国政法大学学报),1990(5):46-51.
[②] 肖锋.《联合国海洋法公约》第十一部分及其修改问题[J].甘肃政法学院学报,1996(2).

1. 企业部申请勘探和开发"区域"资源的条件

根据公约及其附件和执行协定的有关规定,企业部申请的条件如下:(1)企业部勘探和开发国际海底区域资源的正式书面工作计划须经管理局及其法律和技术委员会核准;(2)企业部应遵守本公约和管理局的规则、规章和程序;(3)企业部提出的工作计划应随时证明其财政及技术能力的证据;(4)应按照管理局所制定的规则、规章和程序,附上对所提议的活动可能造成的环境影响的评估和关于海洋学和基线环境研究方案的说明。

2. 企业部以外其他实体申请勘探和开发"区域"资源的条件

公约及其附件和执行协定规定,企业部以外的申请者(缔约国、自然人、法人)的任何组合,参与国际海底区域资源开发活动的形式有两种:第一,在非保留区与管理局签订合同的方式开采矿物资源;第二,在企业部表示愿意同其他实体联合开发的保留区与企业部采用联合企业或分享产品等联合安排的形式开采矿物资源。其申请进行勘探和开发"区域"资源的资格如下:(1)自然人和法人的申请者必须由其国籍所属的缔约国担保。担保国的责任是确保所担保的开发合同的承包者应依据合同条款及其公约规定的义务进行"区域"内活动。如果承包者作出不法行为造成损害,担保国和承包者应负赔偿责任。然而担保国和承包者并不承担连带责任,担保国赔偿责任的存在并不影响承包者承担和履行其赔偿责任。承包者应先于担保国履行赔偿责任,而只有在承包者不能完全赔偿其应负责的损害时,担保国才有义务对未能赔偿的损害部分承担剩余责任。但如果该担保国已制定法律和规章并采取行政措施,则该国对其所担保的承包者因不履行义务而造成的损害,应无赔偿责任。① (2)申请者应具备勘探和开发国际海底区域资源的财政和技术能力。(3)履行公约第十一部分的规定,管理局的规则、规章和程序,管理局各机关的决定和同管理局订立的合同而产生的义务。(4)接受管理局对国际海底区域内活动的管辖和控制。(5)应按管理局所制定的规则、规章和程序,附上对所提议的活动可能造成的环境影响的评估和关于海洋学和基线环境研究方案的说明。

深海区域海底资源的物权形式规则内容实质上包含处分权、使用权以及收益权,但是管理局作为全人类的代理机构直接以"平行开发制度"为原则,实现了国际海底区域的处分权,符合资格的申请者在成果申请后即获得了深海区域海底资源的使用权与收益权,这就是深海区域海底资源的物权形式规则内容的具体实施方式。

---

① 高健军.国际海底区域内活动的担保国的赔偿责任[J].国际安全研究,2013(5):36-51.

三、我国《深海海底区域资源勘探开发法》的相关解读

我国已于1991年登记为先驱投资者,2001年我国与国际海底区域管理局签订了勘探合同,合同内容中规定东北太平洋勘探面积为75 000平方公里的多金属结核的专属权及优先开发该区域多金属结核资源的开发权。根据《联合国海洋法公约》和联合国海底管理局要求,《公约》的缔约国需制定本国深海底区域资源勘探开发法以确保切实履行各国作为担保国的监督义务。我国作为勘探合同的担保国,有责任采取一切必要和适当的措施,确保被担保的承担者在从事"区域"内活动时遵守《公约》等的规定。我国于2016年2月26日颁布了《中华人民共和国深海海底区域资源勘探开发法》(以下简称《深海法》),为我国海底区域资源勘探开发提供了法律依据。

(一) 物权属性

我国《深海法》中明确规定,《深海法》是为了维护人类共同利益,即建立在国际海底区域资源是归全人类所有的基础上,全人类可以进行深海海底区域资源的勘探以及开发,但是为了保护海洋环境,促进深海海底区域资源可持续利用,中国制定《深海法》以实现大国义务。

(二) 物权权能体现

我国《深海法》明确规定本法适用对象为中华人民共和国的公民、法人或者其他组织深海海底区域资源勘探、开发和相关环境保护、科学技术研究、资源调查活动。同时国家通过《深海法》保护从事深海海底区域资源勘探、开发和资源调查活动的中华人民共和国公民、法人或者其他组织的正当权益。

《深海法》第二章具体规定了勘探开发的申请要求与程序;第三章就勘探开发中涉及的环境保护予以明确规定;第四章以国际海底区域的可持续发展为宗旨,规定了科学技术研究与资源调查;第五章与第六章明确了监督检查与法律责任。

《深海法》作为我第一部规范我国自然人、法人及相关组织在我国管辖外海域开展相关活动的法律,是在《联合国海洋法公约》及相关国际法文件规定的制度框架内进行的,充分考虑了国内法和国际规则的衔接和融合问题。根据深海法的相关规定,国家鼓励和支持在深海海底区域进行资源勘探、开发活动,我国公民、法人、和其他组织从事深海海底区域资源勘探、开发活动应当坚持和平利用、合作共享、保护环境、维护人类共同利益的原则。该法反映出我国政府维护国际海底秩序、推动国际深海科技发展、和平利用深海资源的决心、努力和负责人大国的担当。①

---

① 贾宇. "区域"资源开发与担保国责任问题——中国深海法制建设的新发展[J]. 中国海洋法学评论(中英文版),2016(1):1-26.

讨论海底资源勘探开发问题

吴亚茜

2016年2月26日下午，十二届全国人大常委会十九次会议表决通过了《深海海底区域资源勘探开发法》（以下简称《深海法》），此法的通过实施对于我国海洋的工作是一个重大的突破。面对海底资源所蕴含的巨大吸引力，早期各国为了进行开采纷争不断，为了保护海洋的和平于1982年制定了《联合国海洋公约法》，把国家管辖范围以外的海床洋底及其底土规定为国际海底区域，并明确规定该区域及其资源是人类的共同继承遗产，任何的国家都不可以对此区域行使主权，对海底资源的一切权利由国际海及管理局代表全人类行使。近几年来，许多国家纷纷制定了关于深海资源开发的相关法律，我国在经过仔细审慎的研究之后，于今年出台了《深海法》，这是我国走向深海海底所迈出的巨大一步。

"蛟龙号成功突破7 000米，表明我国具备了载人到达全球99.8%以上海洋深处进行资源勘探等作业的能力，具备了参赛资格。"大洋协会办公室主任刘峰说，除此之外，"彩虹鱼"号研制项目也在顺利进行中，标志着我国逐渐打开了海底资源的大门。

我国对于在《深海法》中有对资源勘探开发、环境保护、科学技术研究与资源调查、监督检查、法律调查等几个方面做出了规定。本文试对其中的资源开采勘探方面的问题进行讨论。

《深海法》中对资源的勘探开发的问题在第二章做了详细的规定。结合1982年的《联合国海洋公约法》，概括起来有以下几种制度。

一、对进行海洋勘探的申请者进行严格的身份审查制度

海底资源包括有巨大经济价值的多金属结核等矿物和其他的珍贵原料，使得很多不法分子为了追求高价值的经济利益而非法进行开采，由于非法组织或者个人往往不顾后果，只片面追求眼前利益，采用粗暴的勘探手段，从而对其他资源造成了严重的破坏，不但有损于海洋资源的可持续发展，甚至会引发国际争端造成严重后果。申请者在提出申请并按照法律规定提供相关材料后，国务院海洋主管部门应当对申请者提交的材料益的可以给予批准并作相关文件，对于不符合国家利益的则不得给以批准。

二、建立平稳有序的市场秩序

交易市场的秩序维持，一方面需要参与者的自发性意识，另一方面则需要法律的强制保障。在面对巨大经济诱惑的时候，人们出于对金钱的渴望，难免会产

生破坏安定交易市场的念头,在此种观念的驱动下实施扰乱市场秩序的行为。此时就需要有健全的法规进行强制保障,例如需要保证该区域的矿产供应量,避免造成因为供小于求的紧张局面;要求在该区域内的自然资源的价格合理而又稳定,既要保证对生产者有利同时又能保障消费者的权益,同时促进供求的长期平衡;市场秩序一旦陷入混乱,被利益冲昏了头脑的违法犯罪分子将会疯狂地对海底资料进行掠夺,那么对海底的稳定发展势必会产生损害,所以立法者充分意识到了保护市场秩序的重要性,并制定了相关的法律。

三、确保国家主权完整,保护发展中国家

主权是一个国家独立自主地处理对内、对外事物的最高权力,因此国家必须要具有主权并且主权是神圣不可侵犯的。法律规定的所有缔约国,不论其经济发展情况、政策规定、社会地位、国家大小如何,都可以拥有资源开会的机会,这从表面上看是保障发展落后国家对海底资源的平等开发,更深层次的其实是对各国平等地位的保护,对各个国家主权完整地位的肯定。同时法律杜绝垄断现象的出现,如果在对深海资源进行开采的过程中出现国家垄断的现象,那么就是与所有签订与缔结《联合国海洋公约法》的国家相对抗,法律此时必须要发挥它的强制力作用进行干预,不能破坏了法律规定的海底区域及其资源是人类的共同继承遗产这一原则。

四、重视对海洋环境的保护

环境问题是我国长期以来贯彻实施可持续发展战略一直关注的问题,海底资源是丰富的,但是由于人们现在对深海仍未有明确的认识,既不知道对海底资源进行开采获取的利润有多大,也无法估计实施开采后会对海洋造成什么样的影响,但随着科学技术的发展和人们对海洋问题关注度的逐渐增加势必会考虑到海洋环境保护这个问题。所以申请开采者应当在许可的范围内,利用可获得的先进技术,采取必要措施,防止、减少、控制勘探、开发区域内的活动对海洋环境造成的污染和其他危害。保护和保全稀有或者脆弱的生态系统,保护海洋生物多样性,维护海洋资源的可持续利用。

五、开采者不得突破特定许可范围

《海洋法》明确规定了承包者对勘探、开发合同区域内特定资源享有相应的专属勘探、开发权。要注意该条款所说的"特定资源"即申请者在提出开采申请后得到有关机关的许可后进行开采时,必须要严格控制在得到许可的开采范围内进行开采,不得在得到批准的特定范围后,私自扩大开采范围或者提出申请开采的是甲类资源,但实际开采的却是乙类资源。即申请者要注意,事先提出了怎样的开

采请求事后就必须要按照此要求进行，不得随意更改。但是在实际的实践中，难免会出于不得已要进行变动的情况，为了解决此类情况的出现，法律规定"在承包者在转让勘探、开发合同的权利、义务前，或者在对勘探、开发合同作出重大变更前，应当报经国务院海洋主管部门同意"。在有如此完备的法律规定的情况下，如果还抱有钻空子的心态私自对开采范围、种类、合同变动进行调整，不报有关机关批准同意的，就要按照相关法律的规定进行严惩。

六、严格恪守保护海洋的义务

海底丰富的自然资源可以给予开发者带来巨额的经济利益，在开采者行使权力收获利益的过程中，自然也要自觉履行保护海洋的义务。具体来说，不但要保护海底的文物、铺设物的安全，还要保护海底其他自然资源的安全，不可以因为任何人或者任何组织的开采对海洋的生态造成破坏。更重要的是保护下海进行勘探、开采作业的人员安全。即承包者进行勘探作业时要遵守中华人民共和国有关安全生产、劳动保护方面的法律、行政法规。因为生命权的无价的，不管面对多大的金钱诱惑都要保证作业人员的生命安全。这一点与民法中的《劳动法》有相似之处。

七、明确规定了对违法者的罚则

《深海法》逐条地规定了海洋进行勘探开采的承包者所享受的权利和承担的义务，法律的制定并不是为了惩罚犯罪，而是要起到一种警醒作用，告知人们什么行为应为、什么行为不应为，但在告知无果的情形下，即在告知后，被告者仍实施了法律明令禁止的行为，那么此时法律就要充分的实施它的强制作用。《深海法》规定造成人身伤害、财产损失、海洋环境损害的，承包者应当对所造成的损害负相应的赔偿责任。对于违背该法律的行为大多数是以财产刑为主，对构成犯罪的则要追究其刑事责任。具体来看对于不同行为的性质设置了不同金额的惩罚，相比其他违法犯罪活动的惩罚力度要大得多，这一部分是因为涉及海洋的违法活动通常都会产生影响较为恶劣的社会后果。

《深海法》对开采、勘探方面做出了详细的规定，使我国的公民、法人和其他组织拥有了获取海底资源的途径，全方位的促进企业向创新型模式的改革，开辟了更广泛的市场，不仅会提高企业自身的发展地位，为生产者带来可观的利益，同时也逐步促进了我国经济总体水平的提高。同时，《深海法》明确了"深海海底资源勘探、开发活动应当坚持和平利用、合作共享、保护环境、维护人类共同利益的原则"，即在法律许可的范围内，科学合理地进行资源开采，避免资源的重复浪费，提高资源的有效利用率。对不同部门的职责分工明确，形成垂直管理的部门体系。一方面体现了我国自觉的履行国家义务，保障了我国在海底区域的权益；另一方面表明了我国愿意维护海底和平的负责任态度。

深海水下文化遗产盗捞法律问题研究

庞 薇　左 楠　李文静

一、深海水下文化遗产的内涵与外延

(一) 深海水下文化遗产的内涵

深海水下文化遗产的定义是随着当今社会的科技而发展的,人们对于世界的探索不仅仅局限于征服陆地,更是转向海洋从浅海向深海的探索。人类的不断的求知使人类对于海底的资源重视度越来越高。自 2001 年联合国教科文组织《保护水下文化遗产公约》发生法律效力时,公约对于深海水下文化遗产的定义为:系指至少 100 年来,周期性地或连续地,部分或全部位于水下的具有文化历史或考古价值的所有人类生存的遗迹。"这是对水下文化遗产的一般概括性规定,它对水下文化遗产设定了三个限制性条件:一,时间条件,即周期性地或连续性地满 100 周年;二,地理条件,即部分或全部位于水下;三,性质条件,即具有文化、历史或考古价值的所有人类生存的遗迹"之后,本款又采用了正面列举和反面排除的方式,进一步对水下文化遗产加以界定。

(二) 深海水下文化遗产的外延

联合国教科文组织(UNESCO)1956 年《关于适用于考古发掘的国际原则的建议》(以下简称《建议》),《建议》提出了关于"考古发掘"的定义,包括了成员国的内陆或领海及底层下进行的考古活动,水下文化遗产被纳入其中,这预示了水下文化遗产被重视的前景,具有十分重要的意义。虽然《建议》只限于成员国内陆或领水内,却广为成员国的国内立法所接受。因海洋法公约谈判进程缓慢,保护水下文化遗产又势在必行,应一些国家的呼吁,欧洲理事会于 1978 年通过了《水下文化遗产报告》,这也是首次明确提出"水下文化遗产"的国际文件。而后,欧洲理事会又通过了有关水下文化遗产的第 848 号建议,建议起草一项有关水下遗产保护的欧洲公约。之后诞生的 1985 年《保护水下文化遗产欧洲公约》(草案)确定的保护对象为:"全部或部分位于海洋、湖泊、河流、运河、人造水库、或其他水体,或有潮汐现象的地区,或其他周期性被水淹没地区,之所有遗迹、物品及人类存在的遗迹;或从以上环境寻回之所有遗迹、物品及人类存在的遗迹。"虽然公约保护的是存在 100 年以上的水下文化遗产,但不影响缔约国对不足 100 年的水下文化遗产采取相同的保护措施。

此外,1985 年《有关文化财产犯罪的欧洲公约》、1992 年修订后的《保护考古遗产欧洲公约》,也采用了单独提及水下文化遗产的方式加以保护。1982 年《联合国海洋法公约》没有能够对水下文化遗产足够重视,只有在第 149 条和第 303 条对"海洋考古和历史文物"做出了一些笼统的规定,但是没有明确界定"海洋考古和历史文物"的概念。国际法协会 1994 年《保护水下文化遗产布宜诺斯艾利斯公约》(草案)中列举了遗址、建筑、房屋、人工制品、人类遗骸、失事船舶、飞行器、其他运输工具或其任何部分、所载货物或其他物品外,该定义的一个突出特点就是包括了"有考古价值的环境和自然环境"。

2001 年联合国教科文组织《保护水下文化遗产公约》第 1 条规定了水下文化遗产的定义:"水下文化遗产系指至少 100 年来,周期性或连续地,部分或全部位于水下的具有文化、历史或考古价值的所有人类生存的遗迹。"《公约》列举了部分外延:"包括:(1)遗址、建筑、房屋、人工制品和人类遗骸,及其有考古价值的环境和自然环境;(2)船舶、飞行器、其他运输工具或其任何部分,所载货物或其他物品,及其有考古价值的环境和自然环境;(3)具有史前意义的物品……"这个定义比较宽泛,与国际法协会 1994 年公约草案十分相近,可以看出公约要最大限度地保护水下文化遗产的意图,从公约的规定可以看出,一些海底设施,比如管道、电缆等,并不在公约的保护之列。

二、我国深海水下文化遗产盗捞问题现状分析

中国有着悠久的历史和文化,中国曾经有过辉煌的对外海上交往史,作为中国历史文化的历史鉴证,中国沿海历史文物的丰富程度也非同寻常。仅就中国沿海古代沉船而言,据国家博物馆水下考古学研究中心主任张威估计,在中国沿海有不少于 30 000 艘的古代沉船。

1. 海底设备的精良改进使深海水下文化遗产的保护面临严峻的挑战

相对于陆上文物而言,中国近浅海领域的文物由于深藏海底,在人类的发展历史因为技术问题难以接触。但随着人类科学技术的进步,深藏海底的古代沉船已经不再遥不可及。1942—1943 年,Jacques-YveCouateau 和 Emile Gagnan 开发了水中呼吸器,为包括考古学在内的一切水下科学探索提供了最基本的保证。随着这项技术的普及和发明,浅海、近海区域的古代海底文化遗产开始受到越来越严重的威胁。由于船舶的装载量大,在文物市场上素有"一艘船十个墓"的说法。通常一艘普通中型商船就能装载 10 万件以上的瓷器,如此数量庞大的文物所具有巨大的经济价值使得越来越多的国家和私人公司把目光瞄准了中国沿海大量的古沉船上,中国沿海地区正成为非法打捞最严重的地区之一。1983 年,英国人哈彻在中国南海水域一艘无名沉船上打捞了约 25 000 件 17 世纪中国瓷器,绝大部分是景德镇的青花瓷器,同年哈彻将其中 22 178 件在荷兰阿姆斯特丹拍卖,从中获益超过千万美元。哈彻绝不会是第一个或最后一个非法打捞者,1997 年以来,中国水下考古队在西沙海域进行过文物普查工作,结果就发现了大量被盗掘

的海底文化遗址。2005年6月,福建省平潭县"碗礁"海域发现大量水下文物。当地渔民、专业潜水员和各地文物贩子蜂拥而至,进行疯狂抢捞。迫于文物破坏和流失的严峻形势,一个多月后,国家博物馆水下考古研究中心水下考古队首次对这艘被命名为"碗礁一号"的沉船进行了抢救性发掘,共发掘出古代瓷器等文物16 000多件。

而根据专家估计,从这条船上被盗走的文物超过1万件。在"碗礁一号"事件之后,盗捞团伙不仅具备了一定的文物鉴赏知识,也更新了一批先进的打捞设备,盗捞和交易手段日益升级。在2005年查获的非法打捞海底古瓷器案件中,盗捞者驾乘的只是木质小渔船,航速慢,机动性差,水下工作人员使用的也是极其简陋的潜水设备。这样装备精良,组织严密的盗捞组织是的我国海底的文化遗产面临这十分严峻的挑战。

2. 我国目前深海水下文化遗产的保护处于被动局面,不利于文化遗产的保护

近些年来,我国海底文物保护实际上处于比较被动的局面。我国的文物保护机构并不享有一定程度上的行政化的保护措施的权利。例如,文物保护机构部门的人员限制,要想彻底高效地保护深海水下文化遗产必须和人民警察尤其是和海警加强合作。在没有实现多个部门的良好的合作之前,文物保护机构面临强大的非法打捞组织只能在获得线索后进行抢救性打捞、发掘。据实践案例表明:2007年12月21日,对沉没于广东省阳江海域的南宋商船"南海Ⅰ号"进行整体打捞。"南海一号"是迄今为止我国发现的海上沉船中年代最早、船体最大、保存最完整的远洋贸易商船,船舱内保存文物总数为6万~8万件。这也是在盗捞造成水下文物破坏和流失的严峻形势下进行的抢救性发掘。目前正在汕头打捞的南澳一号古沉船也是如此。毫无疑问,如何应对日益猖獗的海底文物非法打捞,保护我国海底文化遗产已经是一项迫在眉睫的紧迫任务。我国海底文化遗产保护目前面临着的主要难题主要是制度性的。

首先,在立法制度方面,我们国家目前尚且没有一部专门的又关于"深海水下文化遗产保护"的法律制度,无法准确的定性盗捞行为是否行为一发生及构成刑法所规定的有关于文化遗产方面的刑事犯罪。还是他们之间会有一个界限,一部分的行为是归类似于行政法性质的"深海水下文化遗产保护"性质行政处罚,二者的边界的确定是盗捞行为界定之关键,也是打击此种行为之必要。其次是,有关于打击盗捞行为的部门,目前我国文物保护机构,当下的值法律和只是赋予了其发现和保护文物的职能,并不享有打击有关于文物犯罪的职能。这一点从文物保护机构的人员配置上就能看出来。在打击犯罪和行政违法行为上,人民警察一直是主力。要想真正地实现有力有效的深海水下文化保护,主管水下保护职能的文物部门一定必要加强与海警的合作,尤其加强与海警海上巡逻与安全执法方面的合作。

三、盗捞行为的法律渊源

前面主要是从国内和国际以及当前国内对水下文化遗产的保护工作中存在的各种问题进行了阐述，盗捞是水下文化遗产保护最大的威胁。由于水下文物的特有属性和价值，我们要从不同的法律角度来研究这个问题。

（一）国际法

联合国教科文组织在《公约》中明文规定，水下文化遗产是我们人类文化遗产的一个重要构成元素[①]，全世界的国家都应担负起保护水下文化遗产的责任。中国十分同意并支持《水下文化遗产保护公约》的相关原则性内容和具体规定。在《公约》中也明确指出赞成人们以负责任的和非闯入的方法进入仍然存在于水底的水下文化遗产，但是类似的相关活动不能妨碍对水下文化遗产的管理和日常保护，更不可以对水下文化遗产进行商业开发。虽然我们在此处所要讲的是盗捞水下文化遗产，但是盗捞这种行为有更大的破坏力和影响力，也应当属于公约所禁止的行为。

在中国水下文化遗产多散布于沿海地区，一般多在本国的大陆架和专属经济区内发现。这些文化遗产同样属于《联合国海洋法公约》的保护范围内，中国作为《联合国海洋法公约》的缔约国有权对盗捞行为进行惩处。在《水下文化遗产保护公约》中有一条款专门解释了它和《联合国海洋法公约》的关系："在国际法的大框架下，公约的内容不能和它相悖。应该使赋予国家的各项权利和义务，包括管辖、执行等在内的都能得到保证。"[②]盗捞水下文化遗产在中国同样不能被允许，对于那些从盗捞中获益的违法犯罪者，我们可以依据公约中的条款对其行为给予严厉的制裁。

（二）刑法

提起盗捞我们很可能将其和盗窃联系在一起，当然在刑法条文中明确指出了犯盗窃罪应当受到的惩处，而盗窃对象是文物则是它的一种加重情节。对于水下文化遗产来说，它也属于文物的一部分，此时就需要我们特殊情况特殊对待，考虑将盗捞水下文化遗产的行为列入刑法。

首先考虑的一点是这种盗捞行为和盗窃的性质相类似，虽然此处的盗捞不同于我们平时我们常说的盗窃，但是都是行为人以非法占有为目的，秘密地窃取不属于自己财物的行为。对于盗捞水下文化遗产来说行为人必然是在国家不注意的情况下，采用各种手段秘密地打捞水下文化遗产，然后再倒卖、走私。这一行为

[①] 苏燕.联合国教科文组织通过《保护水下文化遗产公约》[N].中国建设报，2001-11-09.
[②] 《水下文化遗产保护公约》第3条。

足以使本国的国有利益受到损失,但是目前也没有相关的条文对此进行规制,因而使得违法犯罪者依然猖狂。在此我们从刑法的四个构成要件上来讨论盗捞水下文化遗产的原因和必要性。

相对于盗窃罪而言客体就是公私财物,一般便是指动产。而这种公私财物具备的特征是:(1)能被人们所控制和占有;(2)具有一定的经济价值,并且这样的经济价值既可以是客观的也可以是主观的;(3)能够被移动;(4)他人的财物。对于水下文化遗产来说,因为它的特有属性,它属于国有财产,并且即使它沉没在海底,仍然属于动产可以被移动转移。而它的经济价值则是不可估量的,以上完全可以得出水下文化遗产也属于盗窃罪的客体。而构成盗捞水下文化遗产罪的客观方面则表现为行为人具有盗捞水下文化遗产或多次盗捞水下文化遗产的行为。从"盗捞"我们便可以得知这种行为的秘密性,违背了国家的意志,将水下文物打捞出来转移为自己所有或是走私。我们在盗窃罪中总是强调是采用"和平"的方式将他人占有的财物转移第三人占有的过程,如果手段中含有暴力成分,就不能定盗窃罪。但是在盗捞水下文化遗产时我们不需要考虑采用"和平"的手段,因为水下文化遗产一般存在于海底,行为人在打捞的过程中为保证自己的行为不被发现会采取暴力手段以保证自己能顺利打捞水下文物,所以我们可以允许行为人在打捞过程中采取任何手段,这样在定罪量刑的时候我们也可以清楚地定罪。再者就是犯此罪的主体是一般主体,包括自然人和集团,而且必须达到刑事责任年龄且具备刑事责任能力。在集团犯此罪的时候要区分主犯和从犯,因个人起到的作用不同,而有不同的定罪量刑标准。而主观要件必须为直接故意,且具有非法占有水下文化遗产的目的。在这里我们所说的是直接故意而不包括间接故意,要求行为人明知自己的行为是盗捞水下文化遗产而且希望自己的行为能够达到最终的结果。因为间接故意强调的是"放任结果的发生",在盗捞水下文化遗产的过程中并没有这种放任的心理状态,行为人必定是希望自己得到水下文化遗产才实施的盗捞行为。

从刑法的四个构成要件考虑,虽然在盗捞水下文化遗产的很多方面都和盗窃罪相同,但是由于水下文化遗产的特殊性,只有将它单独列入刑法的条文中,才能够最大化地体现盗捞行为的严重性,也只有这样我们才可以严惩那些违法犯罪者。

解决了将盗捞水下文化遗产的行为规制到刑法中的问题,接下来要考虑细化规定水下文化遗产入刑的问题。一是要解决的既遂的问题,怎样确定行为人的行为是构成既遂还是未遂,这需要一个明确的规定。[①] 该罪的客观方面是违反国家文物的保护规定,私自盗捞水下文物的行为。盗捞,是指未经文物保护部门的批

[①] 《刑法》第22条、23条。

准而私自挖掘的行为。而挖掘行为则应理解为具有目标性的实行行为。而在事实上行为人在实施这一行为之前还有一个准备工作,这里认为在盗捞行为之前,在海底等地方勘察的行为属于实行行为之前的预备行为。我国刑法法条明文规定,在实行犯罪行为之前,为实行犯罪行为所做的前期准备条件,包括准备犯罪工具、摸清犯罪人情况和路线等是犯罪预备。其特征主要是指行为人已经开始实施了犯罪的预备行为,还没有着手犯罪的实行行为。此处要明确的便是这种勘察行为不构成犯罪既遂,如果在这一阶段犯罪嫌疑人被执法人员抓获,就不能按照盗捞水下文化遗产罪来定罪。

二是在判决此罪的时候是否考虑"多次"。[①] 刑法解释中对盗窃罪这一类罪名中的盗窃行为都会对"多次"进行明确的规定,几次以上算是多次,多次实施盗捞的行为应该怎样处罚,这都是要考虑在内的问题。而盗捞水下文化遗产不同于盗窃罪,它的特殊性导致了我们要对此处的"多次"进行准确的规定,何为"次",何为"多次"都要得到准确的解释。首先则是由它的特殊性决定了盗捞的行为是一个循序渐进的过程,而不是一蹴而就的。不少盗捞行为人为了盗捞水下文物会用好多"次"、好多天。对待这种情况如果按照每起即认定为"一次",多起就认定为"多次"的话,这显然会导致量刑过重,同时也忽略了盗捞行为的连续性的特点,因为多次行为都是基于相同的目的,实施相同的行为,同时基于相同的对象,这也反映了盗捞的过程。因此在刑法解释中对此处进行解释的时候要将盗捞水下文化遗产罪认定为连续犯,而不能将每次的行为单独分割开来进行定性。对于"多次"的定性要从严解释。"多次"中的"次"因从刑法用于可能具有的含义范围内对其进行解释。但"多次盗窃"和"多次抢劫"中的"多次"在定性中有很大的差异[②]。前者是犯罪的成立条件即多次盗窃中的每一次盗窃行为都可以从宽解释,而后者则是法定刑的升格条件是从严解释。对于盗捞水下文化遗产的行为也要从严解释,此罪不是结果犯而是行为犯,只要实施了盗捞水下文化遗产的行为就应认定为盗捞水下文化遗产罪,而不能从盗捞的水下文物的价值来认定,这只能是在定罪量刑中我们需要考虑的一个条件。

鉴于水下文化遗产的考古价值和实际的价值,在定罪量刑方面我们要十分严格,不能只从行为人的行为这一个角度来考虑。我们要综合多个方面,同时考虑其他类似罪名的刑度,从而做到真正的罪行法定,对犯罪人达到很好的警示作用。

(三) 行政法

此处所说的行政法是海洋行政法,正如我们一直强调的,海洋水下文化遗产

[①] 最高人民法院《关于审理盗窃案件具体应用法律若干问题的解释》第五条第十二项对多次盗窃的认定。

[②] 王敏,丁海棠.如何认定盗掘古墓葬罪中的"多次"及规范"鉴定意见"[J].法制博览(中旬刊),2014(1).

的特殊性，一般的执法不能够完善的处理这个问题。水下文化遗产属于国家海洋局和国家文物局的管辖范围，当某些主体违反法律规范时，此时有管辖权的主体便可以给予其处罚（海洋行政处罚则是指海洋行政主体对被认为违反行政法律规范的公民、法人和其他组织给予的一种制裁）。

前一部分提到盗捞水下文化遗产的行为应当被列入刑法，只有这样才能更好地达到打击犯罪的目的。但是在现阶段，在发现盗捞海洋水下文化遗产的现象时，我们只能依据行政法对其做出惩罚。随着海洋权益备受瞩目，我国的海上执法队伍也在不断地壮大，这就为我们的海洋执法和海上维权等提供了有力的保障。

对于盗捞者，海洋执法人员在发现其盗捞行为时，必须当场阻止其盗捞行为。当然必须有两名执法人员在场，出示相应的证件，这是合法做出执法行为的前提。还有一点比较重要的是执法人在执法的过程中允许携带枪械等器具，执法时如遇盗捞者的强烈反抗，执法人员可以将其当场制服并给予行政处罚。依据《行政法》或《海洋行政执法》可以给予违法者高达几十万的处罚。在这一系列处罚之后，我们可以给盗捞者听证的机会，通过听证来对事实进行论证以达到减轻自己责任的效果。

当然给予盗捞者行政处罚是因为他的行为还不足以对海洋水下文化遗产造成直接的损害或威胁，只是在刚要实施的时候被执法人员发现的时候给予的处罚。当盗捞者已经达到自己的目的或是破坏了水下文化遗产，此时行政处罚不能达到严厉打击犯罪的效果，我们便需要刑法对其的行为进行处罚。

四、面对盗捞行为的挑战法律对策及其建议

在如今这种形势下，根据国外已有的法律法规，结合目前中国颁布的这两部的法规，对中国的立法进行完善，从而达到更好地保护水下文化遗产的目的。

（一）明确禁止商业性开发

在《保护水下文化遗产公约》中明文规定禁止对海洋水下文化遗产进行商业性开发，因为类似的商业性开发很可能会破坏现存完整的水下文化遗产，而使得以后很难对其进行修复，失去原有的价值。

但是在《中华人民共和国水下文物保护管理条例》中也明确提出禁止任何人或单位私自发掘水下文化遗产。对于已经打捞上来的水下文物而言，《中华人民共和国文物保护法》也指出打击"非法"出售文物。但是为了更有效地保护海洋水下文化遗产，我们有必要在《条例》中明确"禁止商业性开发"来保护水下文化遗产，也是为了日后能有效地应对非法盗捞行为。

同样在立法的同时，我们也要明确任何人或单位不得以交易为目的，而将水

下文化遗产进行交换或买卖。为了保护水下文化遗产的完整性，我们在立法或是修改原有法律法规的时候，应着重考虑这一点。

（二）确立就地保护原则

之所以要将海洋水下文化遗产保护起来，是因为其所具有的珍贵的考古价值。但是我们在打捞的过程中难免会使得水下文化遗产受到一点的破损，这样就会对我们日后的科学研究会造成一点阻碍。面对濒临危险的水下文化遗产时，我们会进行紧急抢修。当为了科学研究或是了解水下文化遗产所具有的价值时，我们有必要制定出一套系统完整的方案以保证在打捞的过程中不会对水下文化遗产造成破坏。因此我们强调就地保护原则。这也是对水下文化遗产最好的保护方式。

在《条例》中增加就地保护原则，一方面是指我们在进行任何开发水下文化遗产的活动之前，都要首先考虑就地保护。另一方面是指在允许的情况下对水下文化遗产进行开发时，开发活动要本着保护水下文化遗产为原则。

当然强调就地保护时，我们也考虑到这也有助于防止盗捞现象的发生。在有水下文化遗产的地方建立起相应的保护站，让一些盗捞者心存余悸，同样也有利于高效地保护水下文化遗产。

五、结语

水下文化遗产是世界各民族文物中不可或缺的组成成分，其重要性不言而喻。对中国来说它不仅是我们国家的财富，同时也是我们考古工作中不可或缺的一部分。但是随着科技的进步，文物保护放肆已经不再局限于陆地的文化遗产，一些不法分子的黑手已经深入到海底，觊觎这些珍贵的水下文化遗产。然而由于现在法律不健全，一些非法打捞的方式和一些盗捞水下文化遗产的行为不能得到公正的处理，使得原本就不完善的保护工作更加艰难。在当前"一带一路"和"21世纪海上丝绸之路"的大背景下，我们要加强和周边临海国家和一些大国的交流合作。当前，中国对于国外水下文化遗产保护法律的研究主要还是集中在英、美、法、日等西方国家的相关法律。于此相比较而言对于一些属于发展中国家或是第三世界国家的相关法律确是很少的研究。中国在完善相关立法上要借鉴不同发展水平国家的法律，这样才能使得我们国家在制定相关法律的时候，既能够符合国家也能够做到和其他国家的交流合作。在《水下文化遗产保护公约》的基础上，与周边的国家签订类似的条款，共同商定保护水下文化遗产的方法。只有各个国家之间积极商定方法，和平规避冲突，解决相互间的争端，水下文化遗产才能够维持原有的完整性，保护好属于人类的共同的文化财富。

我国深海法律制度研究[①]

戴雅婷　潘耀亮

2016年2月26日十二届全国人大常委会第十九次会议表决通过了《深海海底区域资源勘探开发法》(以下简称《深海法》)。通过立法的形式规范我国公民、法人或者其他组织在公海海底从事深海海底区域资源勘探、开发活动,在我国这是首次。出台《深海法》既是我国积极履行《联合国海洋法公约》(以下简称《公约》)缔约国义务的体现,也表达了维护全人类共同利益的美好愿望,体现了大国担当。

一、国际海底区域法律地位和开发制度

(一)国际海底区域的概念

国际海底区域,简称"区域",有关制度主要规定在《公约》的第十一部分以及附件三(探矿、勘探和开发的基本条件)和附件四(企业部章程)中。《公约》第一条第一款中对此是这样定义的:"区域(国际海底区域)"是指国家管辖范围以外的海床和洋底及底土,即各国专属经济区和大陆架以外的深海海底及其底土。

国际海底制度的产生源于大洋底多金属结核的发现。国际深海区域的面积有2.517亿km^2,占据了全球海洋面积的65%,其深度为2 km以下的区域。国际海底区域中的资源占据全部海底资源的70%左右。其中含有多金属结核资源3亿吨左右,蕴含丰富的钴结壳热硫化物等矿产资源,约有1 350亿吨石油、140万亿m^3天然气,可再生能源理论储值为1 500亿千瓦。20世纪60年代,如此丰厚的资源吸引着当时美国等少数具有开采能力的发达国家,其先进的技术有望对大洋底部的资源进行商业性的开采,而与此同时,发展中国家由于尚不具备开采能力,无法进行在国际海底区域的开采中分得一杯羹,引发了少数发达国家与发展中国家的激烈争辩,企图在第三次海洋法会议上确定对自己有利的国际海底及其资源的法律地位和资源开发制度,双方针对这一议题展开了唇枪舌剑,最终成果便是上述文中提到的《公约》第十一部分以及附件三、附件四。然而,这一结果并没有得到发达国家的认可,以美国为首的一些发达国家借口《公约》关于海底区域开发制度的规定有利于发展中国家而拒不签署或批准《公约》,这最终导致了

[①] 基金项目:1. 辽宁省法学会课题(辽会〔2016〕20号)。2. 辽宁省国际教育"十三五"科研规划课题(16NGJ044)。3. 大连市社科联(社科院)重点课题(2015dlskzd114)。4. 辽宁省教育厅课题(沉浸式远程互动教室研究与实践)。5. 2015年大连海洋大学研究生教育教学改革与创新工程优秀教材建设项目海上犯罪侦查实务(dhdy20150403)。6. 2016年度大连海洋大学社科联立项课题(xsklzd-11)。

1994年《关于执行1982年12月10日〈联合国海洋法公约〉第十一部分的协定》的缔结。协定在缔约国的费用、企业部、技术转让、合同的财政条款等诸多方面对《公约》进行了实质修改,大大减少了缔约国的费用,取消了强制性技术转让的规定,并决定由管理局秘书处暂行企业部的职责。①

(二)"区域"及其资源的法律地位和平行开发制

"区域"及其资源是人类共同继承财产。1967年8月17日,马耳他驻联合国大使阿维德·帕多博士向联合国大会提交提案及备忘录,建议宣布国家管辖范围以外的海床、海底及底土,是人类共同的继承财产,由此打开了联合国探讨海洋法的大门。帕多认为:"用人类共同继承财产这一新概念取代古老的海洋自由;并建议联合国宣布国家管辖范围之外的海床洋底及其资源为人类共同继承财产。"②1970年通过的《关于各国管辖范围以外海床、洋底及底土的原则宣言》是对"人类共同继承财产"这一原则所作的国际法上的确认。《公约》则对"区域"及其资源的法律地位予以确认。

对于"区域"的资源,实行平行开发制。平行开发制是发达国家和发展中国家长期博弈并相互妥协的产物。所谓平行开发制,就是"区域"的开发活动由国际海底管理局企业部和缔约国同时开发。基于"区域"及其资源的法律地位,为了全人类的福祉和利益,就目前来看,平行开发制是合理的、恰如其分的。

二、我国《深海法》的特征

《深海法》的通过为我国的深海法律制度奠定了基石,为我国深海事业的发展注入了强有力的定心剂。《深海法》赋予了我国自然人、法人、其他组织在公海海底从事勘探和开发活动的充分的权利,也规定了相应的义务。该法的出台有助于中国更好地履行担保国责任。《深海法》共七章29条,它涵盖了立法宗旨、立法原则、勘探开发制度、环境保护制度、科学技术资源与调查、法律责任及监督等各方面,对深海资源勘探开发进行了全方位规范。不仅将对人权保护的要求渗透在整部法律条文之中,更是囊括了《公约》"区域"制度部分并未涉及的保护深海生物多样性以及税收等问题。③

立法始终坚持保护海洋环境,促进"区域"资源可持续利用,维护人类共同利益的原则。《深海法》第一条立法宗旨以及第三条立法原则始终强调这一点。这表明了我国维护人类共同利益的信心和决心,以此原则为引领,展现了我国积极

---

① 马呈元,李居迁. 国际法[M]. 北京:中国人民大学出版社,2013:152.
② 周忠海. 国际法[M]. 北京:中国政法大学出版社,2008:345.
③ 人民网:http://fj.people.com.cn/ocean/n2/2016/0324/c354245-28005861.html,最后一次访问2016年12月22日。

履行国际义务、负责任的大国形象。事实上,维护人类共同利益贯穿《深海法》始终,对勘探开发主体的限制、程序的规定以及保护海洋环境、法律责任等各个方面的规范,都是在为保护海洋环境,维护人类利益提出切实可行的实施方案,实际上就是在为维护人类共同利益做努力。

第二条规定:"符合申请条件的我国公民、法人和其他组织均可申请对深海海底资源的勘探开发、科学技术研究、资源调查及有关环境保护等。"这是一项鼓励、引导性的政策规定,为像上海彩虹鱼海洋科技股份有限公司这样的民营企业打了定心针,在法律及政策的引导下为其指明了未来发展的方向,公民可独自申请深海海底资源勘探开发也是本法的一大亮点。

此外,在法律责任方面,规定由国务院海洋主管部门对承包者进行的深海海底资源的勘探开发活动进行监督检查;对于违反本法规定的行为也规定了相应的法律责任,包括行政责任、民事责任、刑事责任,切实保证有关规定的有效落实。

三、《深海法》的未来发展

《深海法》的通过一方面为我国推进海洋强国建设,坚持法治海洋提供了新航标;另一方面对于维护我国合法勘探、开发的承包者提供了法律层面的保障,承包者进行深海海底资源勘探、开发的活动不仅受到国际法的授权还受到国内法的保护。近日,全国人大环境与资源保护委员会调研组一行,赴青岛开展以"贯彻落实《深海法》,推进地方深海事业发展"为主题的调研活动,了解《深海法》最新贯彻实施情况。就目前来说,《深海法》为我国开发深海海底区域奠定了法律基石,提供了大方向,但还需要更加全面、完善的配套制度,以使其作用更加充分地发挥。针对法条中一些不够具体、详细的规定,可以制定专门的深海资源勘探开发制度规范,具有可操作性,明确到各个细节,如资源勘探开发申请审批程序及相关要求、深海资源勘探开发环境调查和环境影响评价的规则、资源调查研究的资料样品汇交及使用制度、深海活动监督检查职责和程序等等。关于完善颁发勘探和开发许可证的规章制度,在该制度中,深海资源勘探开发许可证的颁发主体、包含的条款、颁发标准、许可证的变动及撤销都应有相关规定。另外,还要完善环境调查评价制度。

此外,在深海法治建设中,密切关注国际动态,学习其他国家关于深海资源勘探开发、环境保护等方面的政策及法律制度,在积累反思本国管理建设经验的同时,借鉴海洋大国的深海区域管理开发经验,取长补短,因地制宜,不断完善符合我国国情的深海区域法律制度和管理工作。

海洋面积占地球表面积的70%以上,而深海海底区域面积占海洋面积的70%。在广阔的深海空间蕴藏着丰富的资源,有些资源只有深海才富有。开展深海资源研究开发是建设海洋强国的必然选择。《深海法》的制定实施,有利于树立我国负责任的大国形象,提升话语权,有利于规范深海资源勘探开发活动,提升我国深海活动竞争力,有利于进一步统筹国内力量,共同推进海洋强国建设进程。

《深海法》法律制度意义及实用性考量

刘 洋[①] 裴兆斌

一、中国在深海制度问题上的立场

《中华人民共和国深海海底区域资源勘探开发法》(以下简称《深海法》)于 2016 年 5 月 1 日正式施行。习近平总书记更深层次地抛出"建设 21 世纪海上丝绸之路"构想,十八届四中全会作出了全面推进依法治国战略部署。中央在"十三五"规划意见中提出"积极参与网络、深海、极地、空天等新领域的国际规则制定"要求。《深海法》立法背景、原则、目标和主要内容都表明了中国在深海制度问题上的立场,即:秉承人类共同遗产,支持国际海底管理局的管理职能,将资源勘探和海洋环境维护两把抓。而《联合国海洋法公约》(以下简称《公约》)中国际海底和海洋科学研究、海洋环境保护与安全等部分与中国《深海法》的内容相交叉,对于资源利用和环境保护的目标,两者不谋而合。同时,中国进行了深海水底周围环境的相关研究,如基线调查及实地勘测等。在技术研发角度,中国对创作的开采模式采取了相关的测验。从机关编制的角度,中国亦组建了深海研究中心,大洋协会同时设立了一个深海样本存储库。由于海洋海底的深邃和不可预测性,全部相关机构和学者在深海活动、设备制造、管理和培训等方面进行采取了大量的技术交流和资源共享。

二、《深海法》的法制建设意义

(一)《深海法》是中国进行深海资源勘探活动的法理依据

《公约》确立的"区域"内资源勘探开发的法律制度,为世界每个国家树立了资源勘探事宜方面的标杆。若干国家遵循《公约》及有关法规,在其国内法里制定了安全保障、执法监督、法律责任、环境保护等制度,对资源勘探者在海底内开展活动的约束提供了法理支持。从颁布的《深海法》可知,中国公民、法人或者其他组织在进行深海海底区域资源勘探、利用的过程中,应当在勘探前得到国务院海洋主管部门依法核实,被告知允许后才能进而提交申请书。经国际海底管理局审查后,签署勘探、开发合同,成为承包者后应当依据《深海法》的要求,履行勘探、开发合同,遵循合同约定的多项规定。而且《深海法》的另一大原则即竭力维护开展深

[①] 刘洋(1991—),女,山东省潍坊市人,大连海洋大学法学院/海警学院 2015 级硕士研究生。

海海底区域资源勘探、利用的我国公民、法人或者其他组织的合法权益。承包者能够获得合同区域区里指定资源相应的专属勘探、开发权，除了得到国际法的认可和肯定，也得到我国法律方面的支持。

（二）《深海法》是中国履行《公约》义务的重要保证

依据《公约》，缔约国应该去建立有关法律规范，以保证本国公民、法人或者其他组织按《公约》规范在"区域"内进行资源勘探、开发活动。《公约》把国际海底区域（简称"区域"）及其资源确认为人类全部继承的财产。无论哪一个国家都不能对"区域"和资源行使主权或者其强调的主权权利，应该让国际海底管理局去作为全人类的发言人。身为《公约》缔约国和重要的深海活动参加者，中国努力研讨深海法律，十分看重保护深海环境，进一步加深深海资源挖掘研究，维护承包者的合法权益，约束资源勘探者在"区域"的动作，防止其资源勘探、利用的过程中对海洋环境造成伤害，在"区域"资源的可持续利用方面具有重要的意义。

（三）《深海法》是中国开展法治海洋战略的主要部分

《深海法》其中的一项意义就是作为约束资源勘探者们开展深海海底区域资源勘探、利用的法律。此项法律制度对中国深海事业的发展提供基础性的指导，并将进一步规范和促进中国在深海海底区域的活动。它成为中国公民、法人或者其他组织开展深海海底区域资源勘探与探测的行为标杆，其本身及相关法律也对于进一步理顺我国海洋法律的体例、强化人民遵循海洋法律的意识、增强海洋法治进程、联动海洋事业的健康进展，对我国大洋事业主动融入建设法治海洋的大战略、对海洋事业有序、健康发展具有重大意义。

三、加强我国《深海法》法律制度的实施

现在随着对海洋及其资源的需求与依赖日益提升，海洋资源相关的争端日益突出，中国应积极地加强应对的对策，有效地将《深海法》与《公约》的法理依据进行接轨，加强资源勘探，维护中国海洋资源权益及保护人类共同的海洋环境。

（一）强化对海洋法的研究

《公约》作为国际海洋现行规则的基准，使国际海洋法实践走上规范化的轨道，这就意味着我国解决资源勘探问题时，要将《公约》放在首要位置。要全面了解并履行《公约》，对《公约》的条款进行细致的分析，并且将《深海法》与《公约》相结合，中国要同时抓紧海洋基本法的修订以及其他海洋开发、事务（例如海洋区域法、海洋安全执法等）等相关法规的完善。在现在海洋利益分割、纠纷处理等趋于法制化的时代，海洋国际法与国内法之间有着越来越频繁的互动，两者之间存在冲突在所难免。一旦发生冲突，要积极地从国际已发生的案例中搜集经验，知道

什么情况下应采用哪项法律规定,并说明其根据,使其有理有据。使用《公约》及其他有效的国际法律制度作为维护我国海洋权益的武器的同时,完善我国相关的国内法律制度并使之向有利于我国利益的方向发展,对于我国海洋权益争端的顺利解决至关重要。

(二) 提高对海洋资源权益的重视程度

我国长期以来海洋观念淡薄,缺乏海洋意识,没有把海洋作为国土重要的一部分来看待,给了其他国家侵占我国海域、勘探中国资源的可乘之机。我国要根据国内经济发展和国际权益之争的新形势,作出一系列实施海洋开发的战略部署,完善海洋体制机制(设立国家海洋事务委员会等那样的机构),全力推进我国海洋事业的发展。基于目前我国国民整体海洋资源意识和海洋权益法制观念薄弱的现状,要强化海洋意识的宣传、教育和普及,使海洋观念进入中小学生的课堂,从娃娃抓起,通过音乐、美术、社会等课程,加大孩子们对海洋的认识、求知欲。加强高校海洋学科建设,定期开展普及海洋意识、海洋生物资源、海洋宏观战略等形式的讲座、宣讲会等。国家加大对海洋综合人才和专家培养的投资力度,把全方位提升和强化海洋意识和人才培养作为长期战略任务,大力弘扬海洋文化。

(三) 提高海洋管理建设能力

为确保我国社会发展所需能源资源,加速海洋开发进程无疑是一项必要且可行的路径选择。《深海法》规定:国家支持深海科学技术研究和专业人才培养,将深海科学技术列入科学技术发展的优先领域,支持企业进行深海科学研究与技术装备研发;支持深海公共平台的建设和运行,建立深海公共平台共享合作机制。我们要以《深海法》为指导,大力推进深海高新装备的国产化、系统化发展;着力加强深海开发能力建设;推进相关船舶、保障基地和公共平台的建设;加强深海人才队伍建设,解决现有船舶、装备保障能力不足和自主发现、高效勘探和科学评价海底资源能力不足的问题,组建实力更加强大、装备更加精良的海上部队,以此来加大对属于我国海域的巡防,全面提升我国深海综合能力。

(四) 加强国际海洋事务的交流与合作

联合国大会对于海洋事务的讨论研究会议很多,我国能够参与联合国体制下的海洋政策与法律构建的机会逐渐增多,要积极的参与国际海洋领域交流,在积极地向在海洋维权领域有建树的其他国家学习的同时,我国必须坚持海洋资源勘探问题的政策和立场,让世界听见中国的声音。与此同时,加大与其他国家、组织关于深海资源问题的外交交流,找到突破口,采取新思路(例如搁置争议、共同开发的策略),促进与其外交谈判与政治协商,表明对深海资源和平共赢的积极态度,并且采取有效的措施,缔结其他领域(例如,海洋环保、海上航行与安全、打击非传统的犯罪等领域)的合作协议是我国应努力推行的新方向。

四、结语

随着海洋的重要性越来越凸显,像中菲南海仲裁案这类的海洋问题很可能会愈演愈烈,而我国要尽快搜集证据,强调深海资源人类共同遗产这一国际惯例,以积极的态度在国际舞台发声,向国际组织主张海域主权,进而通过和平的方式解决海洋争端。我国更要从整体上提高海洋的管理能力,使用法律积极应对海洋问题,维护我国的海洋权益。

以《深海法》出台为契机浅谈我国海洋立法的未来发展

裴兆斌　杨斯婷

近几十年以来,我国经济得到了大幅提升,越发重视在海洋方面的保护与发展,并制定了海洋强国战略,因此对于深海海底资源的开发与保护也成为我国走向海洋强国的一个必经之路。随着资源的需求和技术的提升,深海海底区域的战略地位越来越受到国际社会的高度关注,尤其是在制定法律保护各海洋自权益的问题上各个国家日益活跃,而我国作为一个负责任的海洋大国也是重要的参与者之一。因此,本文旨在通过分析深海立法的出台背景、与《联合国海洋法公约》(下文简称《公约》)相互联系、体现出的积极意义以及未来的发展方向来引起国内各个部门对于深海海底区域开发法律问题的重视,最终希望能够进一步完善我国海洋法律体系。

一、《深海法》颁布的国内外背景

(一)国际立法背景

20世纪60年代,随着世界范围内的原材料价格不断上涨,英国率先采取行动进入深海海底区域,并在区域内逐步开展相关研究。70年代开始,美国为了开发深海海底资源,派遣船队进入太平洋作业,随后又在80年代初制定了相关的深海海底区域资源勘探开发的法律。在此之后,又有十几个国家开始制定这方面法律,包括前苏联、日本、英国、法国等,它们无疑对深海海底资源表现出了浓厚的兴趣,都想从中分走一杯羹,由此在全球范围内掀起了一场"蓝色圈地运动"。更为严重的是,在经济利益的驱动下,为了掠夺深海海底资源,各国不惜发动战争,对深海海洋环境形成了一系列的不利影响。正是因为此种现象的出现,联合国在1982年制定了《公约》,并且在1994年正式得以生效。

以法律地位为标准,《公约》将海洋面积划分成3个部分,即国际海底区域、公海与国家管辖海域。其中,国家管辖海域又涉及更为具体的划分,包括大陆架、专属经济区、毗邻区与领海;除此之外的所有海洋区域的海水部分被称为公海,而与之相对应的底土、洋底以及海床都被称为国际海底区域。《公约》中也对"区域"及其资源进行了详细的规定,即它是全人类所共有的财产,因此无论是哪个国家、法人或者自然人都没有主权权利,也不得擅自将"区域"及其资源据为己有。对"区域"内资源的一切权利属于全人类,由管理局代表全人类行使。至此,各国必须在严格依照《公约》相关规定的基础上进行海底开发活动,此外,还需要遵照相关国际法律规则,如海洋法庭提出的"咨询意见"以及国际海底管理局所制定的"管理局规章"等。

(二) 国内立法背景

我国虽然是海洋大国,但距离海洋强国的目标还相差甚远。制定并努力落实海洋强国战略,严格遵守国际条约是我国作为《公约》缔约国首先应当履行的义务。开发深海海底资源,进行深海海底区域工作,保护深海海底环境,需要依靠法律来保障其贯彻落实。

2016年5月1日,《深海法》的颁布实施标志着我国深海海洋工作在海洋资源的法律保护方面取得了突破性的进展。与美国、德国、英国等在该领域立法较早的国家相比,我国在这方面显得较为滞后,但是在范围方面独具特色。因为本法全面涵盖了"勘探、开发""环境保护""科学技术研究与资源调查""监督检查"和"法律责任"等内容,将《公约》的要求细致全面的渗透在整个法律条文中,不仅符合《公约》要求,而且展现了其科学性与创新性,对提升我国深海资源勘探开发能力、维护我国在蓝色海域权益、促进全人类和平利用深海资源具有重要作用。

二、《深海法》与《公约》的良好衔接

《深海法》的基本原则在于全人类享有对"区域"及其资源的共同主张权利,在这一点上与《公约》以及国际海底管理局的相关规章等国际法律法规进行了良好衔接和融合,在制度设计上充分顾及了中国管理者(中国政府、国务院海洋主管部门等)、深海海底资源勘探开发主体(中国的公民、法人或者其他组织)和国际海底管理局之间的关系。该法还多次提及和平利用、合作共享、维护人类共同利益等原则,这些均是《公约》的基本要求。

(一) 在管理和控制方面

《公约》首先要求各个缔约国应当确保具有其国籍或者在其控制范围内的自然人或法人依照公约规定开展"区域"内活动。若缔约国已经制定相关法律或者规章,与此同时又能通过相应的约束制度管控其担保的承包者所开展的活动,那么就不承担赔偿责任。此规定意在说明缔约国应当履行好管理和控制的责任,从而保证相关的活动主体能够尽可能地减少对"区域"环境的影响。如果缔约国未

按照规定进行管控,造成的不利后果必须自行承担。纵观全部条款,正是为了督促缔约国将自身负有的监管责任落实到位,《公约》制定了一系列的较为详细的规范,并坚决要求缔约国依据规定承担责任履行义务,这是实现"区域"安全开发的一个重要举措。

《深海法》虽然条文数目不多,但从第一条的立法目的到后面设专章规定勘探和开发、环境保护、监督检查以及法律责任,包括附则在内,都充分体现了公约要求履行的管理和控制责任,同时也充分反映了我国作为缔约国全面履行义务的态度和行动。具体来说,深海海底区域资源的勘探开发许可制度可谓是《深海法》的核心内容。在第二章勘探、开发章节中明确规定承包者若从事深海海底区域资源勘探开发活动,需要履行以下程序:

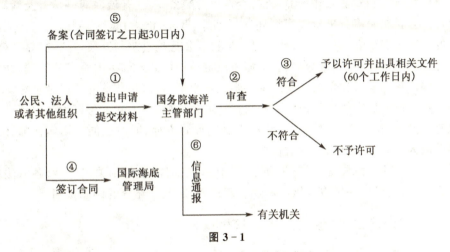

图 3-1

此外,根据《公约》的立法目的和宗旨,《深海法》对环境保护制度作出了专门的规定,提出了具体明确的要求。要切实保护深海海底区域环境,保护深海海底区域的生物多样性,采取必要措施,防止、减少、控制勘探、开发区域内的活动对海洋环境造成的污染和其他危害。在《深海法》二十九条的法律条文中,"环境"一词总共出现二十一次,除了在第三章针对环境保护制定作出的详细说明,其余各个章节都作了与此有关的一系列规定。这些规定与《公约》密切联系,为我国深海资源勘探、开发活动提供了行为准则。

(二)在权利保障方面

国际海底管理局(The International Seabed Authority)是根据公约的规定,基于各个成员国主权平等原则设立的机构,对国际海底区域负有充分的组织和管理权力,能够代表全人类行使相关的职权。在日常工作方面,该机构主要是需要推动海洋科学研究,制定相关的规章制定以规范海底开发活动,监控并保护海洋环境,此外还审核各种勘探计划申请,保障各项工作的顺利开展。中国同国际海底管理局一直保持着良好的合作关系。《深海法》延续公约对各方权利进行保障的趋势，在其中进行了如下规定，即国家对在深海海底区域进行调查、开发或者勘探的本国公民及法人或相关组织的正当权益予以保护。而我国作为担保方，对于其他承包方所进行了一系列深海海底活动，我国负有保障其合法权益的义务，以此确保活动主体的财产不受损害以及人身安全。这充分体现了各缔约国以及相关政府在深海海底区域所进行了一切活动的保护，切实保障活动主体的利益，如公民、法人或是其他组织等。

（三）在能力建设方面

《深海法》第四章对科学技术研究与资源调查作出了详细规定，国家大力支持深海科技研究和专业人才培养，支持企业进行装备研发，开展深海科学普及活动，促进深海科技交流。进行深海海底区域勘探、开发，能力建设是关键因素。从我国的实践发展来看，目前深海技术已经取得了长远的进步与发展，"三龙"体系（潜龙号、海龙号以及蛟龙号）也成为深海海底资源勘探开发的主力军，深海高新装备呈现国产化和系统化发展。先进的科学技术水平、精湛的装备配置以及训练有素的合格人员是提高能力建设的明确目标。此外，提高能力建设可以为各项活动提供充分的保障，这不仅仅体现在活动本身的保障方面，同时也能够切实保障开展活动的人员人身安全以及权益保护。

综上所述，《深海法》同时贯彻了国际法以及国内法的相关规定，对各方法律关系（政府、公民、法人以及国际海底管理局等）起到了充分的协调作用。

三、《深海法》的颁布产生的积极意义

（一）弥补了我国海洋立法的缺陷

海洋立法体系包括近海、远海、深海三个立体空间，然而我国的海洋立法体系存在明显缺陷。在远海、深海空间，我国除了参与《公约》之外，基本没有真正足于我国国情的法律规定。因此《深海法》的颁布在一定程度上弥补了我国海洋立法体系存在的缺陷。

纵观历史，数千年来各国纷纷通过战争夺取海洋资源。但在以和平与发展为主题的当今世界，战争的手段必然行不通，因此各国开始通过立法的方式宣称主权，争夺海底资源。然而，国内立法的空白必将导致各个缔约国对其担保的承担者行为所造成的损害责任承担法律责任。也就是说，如果没有法律作为保障，没有相对应的立法支撑，缔约国极有可能为违法勘探开发者的行为买单。因此，《深海法》的颁布是我国履行《公约》、弥补海洋体系空间立法缺陷的重要环节，同时也是我国对海洋资源开发从近海走向远海、深海的通行证。

（二）为其他国家的后续立法起到表率与示范作用

一方面，《深海法》将引领我国深海海底资源勘探开发事业进入新的发展阶段，不仅为承包者从事国际海底区域勘探、开发活动提供了基本准则，同时也有利于促进深海资源开发、勘探以及调查等各方面能力的增强，有效提高我国的国际竞争力。另一方面，截至目前，在国际社会上包括美国、英国、法国、德国、澳大利亚等在内的14个国家已完成了专门针对深海资源勘探开发的国内立法，但绝大多数国家还停留在深海海洋法律空白地带，因此我国《深海法》的出台也为这些国家的后续立法起到很好的参考和借鉴作用。

（三）对国际海洋立法的发展产生促进意义

《深海法》的出台，在一定程度上体现了我国作为缔约国的一种负责任的态度，即严格履行《公约》的相关规定的态度。由于我国开展了一系列的深海海底区域活动，在身份上作为最大的发展中国家以及联合常任理事国，该法也在世界各国面前展现了我国足够的担当，秉承一种共同开发、和平利用的信念，表明了我国坚决维护全人类共同利益、保护深海海底资源的原则，同时对国际海洋立法的发展，具有一定的促进和助推意义。

四、对深海海底区域未来发展的展望

（一）抓住机遇，进一步完善深海立法体系

尽管《深海法》的出台为我国深海海洋事业的发展作出了重要的贡献，但和海洋事业相对发达的国家相比，我国还存在一定的差距。因此要以法律的出台为契机，抓住机遇，尽快缩小差距。具体而言，作为国家海洋主管部门的国家海洋局，首先应当依照法律的具体规定，与其他相关部门密切配合、通力合作，务必落实各项工作。其次细化规则，会同各部门根据职责分工，尽快制定出相应的配套措施，完善深海立法体系。

（二）扩大公众参与，提升全民深海海洋意识

国家既要加强对深海海底区域的监管，又要善于调动社会力量，营造政府、企业、公民合力推动深海发展的良好氛围。建设海洋强国需要发挥海洋意识等软实力。放眼世界海洋大国的历史经验，海洋强国的实现不仅需要强大的海洋经济、科技、军事等硬实力，同样也需要海洋意识等软实力的强有力的支撑作用。增强全民海洋意识、加强海洋文化建设，将有利于提升海洋战略地位，有利于形成民族进取精神，提高全民海洋科学素养。相信在国家的鼓励支持下，在更多公民、法人和组织的参与下，全民深海海洋意识会有快速提高，我国深海科技事业能够得到进一步发展。

(三) 密切关注区域发展动态,努力履行各项国际义务

在深海海底区域内,通过目前的探测发现可以看出,其存在着巨大的潜力,任何发展动态都关系着每一个国家的切身利益。一直以来,我国始终坚持以一个严格遵守国际法律规则的大国形象出现在国际社会之中,并为国际法律规则的制定贡献了许多力量。海洋立法方面也不例外,以中国大洋协会的"深海环境基线及其自然变化"计划为例,该计划在国际海底管理局的"环境准则"修订中发挥了重要作用,《深海法》的出台再次表明我国切实履行国际义务的态度。因此,密切关注深海海底区域发展动态,切实履行国际义务也仍然将会是我国未来发展海洋战略的一个重要举措。

五、结语

《深海法》的出台既是我国作为缔约国履行《公约》的责任要求,体现了大国责任和义务担当,同时也让我国海洋事业的可持续发展有了一个坚实的法律依据,是承包者在深海海底区域内进行活动的重要准则。但要更深刻认识并严格执行法律规定,并且进一步完善海洋法律体系,这仍然是一个需要不断发现问题、分析问题以及解决问题的过程。